실전 예제로 배우는 GAN

파이썬, 텐서플로, 케라스로
다양한 GAN 아키텍처를 구축하고 활용하기

실전 예제로 배우는 GAN

파이썬, 텐서플로, 케라스로
다양한 GAN 아키텍처를 구축하고 활용하기

지은이 조시 칼린

옮긴이 박진수

펴낸이 박찬규 엮은이 전이주 디자인 북누리 표지디자인 Arowa & Arowana

펴낸곳 위키북스 전화 031-955-3658, 3659 팩스 031-955-3660

주소 경기도 파주시 문발로 115 세종출판벤처타운 311호

가격 25,000 페이지 260 책규격 188 x 240mm

초판 발행 2019년 07월 24일

초판 발행 2020년 05월 29일

ISBN 979-11-5839-165-2 (93000)

등록번호 제406-2006-000036호 등록일자 2006년 05월 19일

홈페이지 wikibook.co.kr 전자우편 wikibook@wikibook.co.kr

이 도서의 국립중앙도서관 출판시도서목록 CIP는
서지정보유통지원시스템 홈페이지(http://seoji.nl.go.kr)와
국가자료공동목록시스템(http://www.nl.go.kr/kolisnet)에서 이용하실 수 있습니다.
CIP제어번호 CIP2019027237

실전 예제로
배우는
GAN

파이썬, 텐서플로, 케라스로
다양한 GAN 아키텍처를
구축하고 활용하기

조시 칼린 지음
/
박진수 옮김

Packt> 위키북스

90%의 영감과 90%의 인내심을 지닌 내 아내 라라에게 바친다.

그렇다고 해서 180%까지 발휘한다는 뜻은 아니다.

한 번에 여러 가지를 아주 잘 해내는 사람이라는 뜻일 뿐이다.

저자 소개

조시 칼린(Josh Kalin)은 로봇공학과 머신러닝을 접목한 분야에 집중하는 물리학자이자 기술자이다. 고급 센서 및 산업용 로봇, 머신러닝, 자율 주행 차량을 연구하는 일에 종사한다. 물리학, 기계공학, 컴퓨터과학 학위를 취득했다. 여가 시간에는 차량을 다루는 일(36대의 소유 차량을 세어 보는 일), 컴퓨터를 조립하는 일, 로봇공학 및 머신러닝 분야의 신기술을 학습하는 일(이 책을 쓰는 일 같은 것)을 즐겨 한다.

이 미친 아이디어와 관련해서 나를 도와 주신 어머니, 아버지, 계부 및 계모, 친인척, 조부모님께 감사드리며, 도움을 준 친구들에게 고마워하는 마음을 전한다.

또한 아빠가 GAN을 연구하다가 머리를 언제 쥐어뜯게 될지까지도 이해하는 우리 아이들에게도 고마움을 전한다. 언젠가는 우리 아이들도 이 책의 내용이 무엇인지를 이해하기를 바란다.

이 책에 관해 떠벌리는 소리를 들어 준 제레미야에게 특별한 감사의 말을 전하고 싶다.

마지막으로 경탄할 만한 내 아내에게도 감사의 말을 전하고자 하는데, 아내 없이는 아무것도 할 수 없었을 것이다. 이 책을 완성할 수 있도록 힘을 보태준 일에 대해서는 그저 감사하다는 말만으로는 부족해 보일 정도이다.

감수자 소개

매유르 라빈드라 나알께데(Mayur Ravindra Narkhede)는 데이터 과학 분야 경력과 산업 분야 경력이 화려하다. 컴퓨터과학 분야에서 공학 학사 학위를 취득했고, CSE에서 인공 지능 전공으로 공학 석사 학위를 받은 연구원이다.

혁신적인 기술, 인공지능, 머신러닝, 데이터마이닝 및 디자인씽킹을 적용해 조직 특징을 개선하고 예측 능력을 높이고 수익성을 개선해, 원하는 요구 사항을 충족시키는 데 능숙한 데이터 과학자다.

석유와 가스, 금융 서비스, 도로 교통 및 운송, 생명 과학 및 자산 집약 산업용 빅데이터 플랫폼을 위한 머신러닝 모델이나 예측 모델과 같은 여러 고급 솔루션을 개발했다.

01

생성적 적대
신경망이란?

02

데이터 중심, 용이한 환경, 데이터 준비

06

CycleGAN을 사용해
화풍을 모사하기

서문

생성적 적대 신경망(GAN)을 개발하는 일은 복잡할 뿐만 아니라, 이해하기 쉽게 작성한 코드를 찾아보기도 어렵다.

이 책에서는 CycleGAN, SimGAN, DCGAN 같은 것뿐만 아니라, GAN을 사용한 모방 학습까지 포함해서, 현대적인 GAN을 구현한 여덟 가지 사례를 소개한다.

이 책에 나오는 각 장에서는 파이썬과 케라스의 공통 아키텍처를 기반으로, 점점 까다로워지는 GAN 아키텍처를 읽기 쉬운 형식에 맞춰 탐구한다.

이 책에서는 이런 식으로 다양한 유형의 GAN 아키텍처부터 다뤄 보게 함으로써 모델의 작동 방식을 이해할 수 있게 한다.

이 레시피(recipe)[1] 기반 안내서를 이용해 가짜 이미지를 만들어 내거나 고해상도 이미지를 생성하는 일, 텍스트와 이미지를 합성하는 일이나 비디오를 생성하는 일과 같은 주요 작업을 배울 수 있고, 해당 작업을 수행하는 방법도 배울 수 있다.

DCGAN 및 deepGAN 등의 사용 사례도 만나보게 될 것이다. 복잡한 애플리케이션을 다루는 작업에 익숙해지려면 다양한 현장에서 쓰는 실무용 데이터셋을 입수해 사용해 봐야 한다.

이 책에서 손을 뗄 무렵이 되면 여러분은 즉시 구현해 볼 수 있게 한 코드 기반 솔루션 덕분에, GAN 모델을 사용하는 동안에 직면하게 될 도전 과제나 문제를 해결할 역량을 갖추게 될 것이다.

이 책을 읽어야 할 사람

이 책은 GAN 분야 과제를 풀거나 작업을 처리해야 할 때 신속히 참조할 정보가 필요한 데이터 과학자나 머신러닝 개발자 및 딥러닝 전문 종사자가 읽는 게 바람직하다. 이 책을 최대한 활용하려면 머신러닝 개념에 익숙해 있어야 하고, 파이썬 프로그래밍 언어에 대한 실무 지식도 먼저 갖춰 둬야 한다.

---

1 (옮긴이) 이 책에서는 '조리법'과 '처방'이라는 중의적 뜻으로 쓰고 있다.

이 책에서 다루는 내용

1장, '생성적 적대 신경망이란?'에서는 GAN 아키텍처들을 소개하고 각 아키텍처를 구현한 사례들을 살펴본다.

2장, '데이터 중심, 용이한 환경, 데이터 준비'에서는 데이터를 조작하고 확대(augmenting)[2]해 보면서 불균형한 데이터셋이나 이상점이 아주 많은 데이터의 균형을 잡기 위한 토대를 마련한다.[3]

3장, '첫 번째 GAN을 100줄 이내로 만들기'에서는 우리가 논의한 이론을 현실화하는 방법과 케라스나 텐서플로 및 도커를 사용해 간단한 GAN 모델을 산출(produce)해 내는 방법을 설명한다.

4장, 'DCGAN을 이용한 새 외부 구조물에 대한 꿈'에서는 처음으로 심층 합성곱 기반 생성적 적대 신경망(deep convolutional generative adversarial network, DCGAN)을 구현하는 데 필요한 빌딩 블록을 다룬다.

5장, 'Pix2Pix를 이용한 이미지 간 변환'에서는 Pix2Pix의 작동 방식과 구현 방법을 설명한다.

6장, 'CycleGAN을 사용한 이미지 화풍 모사'에서는 CycleGAN이 무엇인지를 설명할 뿐만 아니라, CycleGAN 데이터셋을 분석하는 방법도 설명하고, CycleGAN을 구현하는 일에 관해서도 설명한다.

7장, 'SimGAN에서 모조 이미지를 이용해 사실적인 눈동자 사진을 생성하기'에서는 SimGAN의 작동 방식과 구현 방법을 보여준다.

8장, 'GAN을 사용해 이미지를 3D 모델로 만들기'에서는 3D 모델에 관해서 논하며, 이와 같은 3차원 모델들을 이미지를 사용해 구현하는 기술에 관해 이야기한다.

이 책을 최대한 활용하려면

파이썬에 대한 기본 지식이 먼저 갖춰져 있어야 하고, 머신러닝에 관한 개념에 익숙하다면 학습에 보탬이 된다.

---

2 (옮긴이) 통계 용어에 맞춰 번역했지만, 본래 뜻은 '증식'이나 '보강'이다.
3 (옮긴이) 통계 용어인 균형자료(balanced data)를 참조하면 균형잡기를 더 잘 이해할 수 있을 것이다.

예제 코드 파일 내려받기

이 책의 예제 코드 파일을 아래 사이트에서 내려받을 수 있다.

- **깃허브**
  https://github.com/PacktPublishing/Generative-Adversarial-Networks-Cookbook

- **위키북스 홈페이지**
  https://wikibook.co.kr/gan/

컬러 이미지 내려받기

이 책에 사용된 화면과 도형의 컬러 이미지가 있는 PDF 파일도 제공한다. 컬러 이미지는 다음 주소에서 내려받을 수 있다.

- **원서 홈페이지**
  https://www.packtpub.com/sites/default/files/downloads/9781789139907_ColorImages.pdf.

- **위키북스 홈페이지**
  https://wikibook.co.kr/gan/

사용된 규칙

이 책 전체에 사용된 많은 글자 표기 규칙이 있다.

본문 내 코드: 본문 내 코드 단어들, 데이터베이스 테이블 이름, 폴더 이름, 파일 이름, 파일 확장명, 경로 이름, 더미 URL, 사용자 입력 및 트위터 핸들을 나타낸다. 다음은 그 예다. "nvidia-smi 명령을 실행해 시스템에 설치된 드라이버의 버전을 알 수 있다."

코드: 다음과 같은 글꼴로 표시한다.

```
docker volume ls -q -f driver=nvidia-docker | xargs -r -I{} -n1
docker ps -q -a -f volume={} | xargs -r
docker rm -f
```

명령 행 입력 또는 명령 행 출력: 다음과 같은 모양으로 표시한다.

```
sudo ./build.sh
```

강조: 새 용어나 중요 단어 또는 화면에 표시되는 단어를 나타낸다. 예를 들어 메뉴나 대화 상자의 단어가 이와 같이 본문에 강조되어 나타난다. 다음은 그 예다. "이제 Save(저장)를 클릭하고 파일에 적절한 디렉터리 구조가 있는지 확인한다."

 경고 또는 주요 참고사항을 담은 부분은 이 기호로 표시한다.

 팁과 트릭을 담은 부분은 이 기호로 표시한다.

하위 단원

이 책에는 다양한 소제목(출발 준비, 수행 방법 …, 작동 방식 …, 추가 정보 …, 참고할 사이트)이 자주 등장한다.

이와 같은 소제목들은 레시피를 완성하는 방법을 명확히 알리기 위해 단 것인데, 이와 같은 소제목으로 구분한 각 단원의 역할은 다음과 같다.

출발 준비

이 단원에서는 레시피에서 기대할 수 있는 바를 알려주고, 레시피에 필요한 소프트웨어나 사전 설정 내용을 지정하는 방법을 설명한다.

수행 방법 …

이 단원에는 레시피를 따르는 데 필요한 단계들이 담겨 있다.

작동 방식 …

이 단원에서는 일반적으로 '수행 방법 …'에 나온 내용을 더 자세히 설명한다.

추가 정보 …

이 부분은 레시피에 대한 지식을 늘리는 데 필요한 추가 레시피 정보로 구성된다.

참고할 사이트

이 부분에서는 레시피와 관련해서 유용하다고 할 만한 정보를 담고 있는 사이트들의 주소를 보여 준다.

저장하지 않은 내용은 모두 사라진다.

—닌텐도 게임기의 '화면 종료' 문구

이번 장에서는 다음과 같은 레시피를 다룬다.

- 생성 모델과 판별 모델

- 신경망의 사랑 싸움

- 심층 신경망

- 아키텍처 구조의 기초

- 기본 빌딩 블록: 생성기

- 기본 빌딩 블록: 손실 함수

- 훈련

- 서로 다른 방식으로 모아 쓰는 GAN의 각 부분들

- GAN의 출력 내용

- GAN 구조의 이점

들어가며

꿈을 꾸는 신경망에 관해 들어 본 적은 없는가? 인공지능이 인간의 지능 수준에 가까워지고 있다는 말을 들어 본 적은 없는가? 사실, 아직까지는 인공지능을 두려워하지 않아도 된다는 점을 말하고 싶은 것이다. 그렇지만 꿈꾸는 신경망이란 것은 인간이 생각을 깊이 했을 때 꾸게 되는 꿈에서 멀리 떨어져 있지 않다. **생성적 적대 신경망(generative adversarial networks, GAN)**은 심층 신경망용 아키텍처 설계에 변화가 있을 수 있음을 드러낸 신경망이다. 이 새로운 아키텍처는 두 개 이상의 신경망이 서로를 향하게 하고, 서로 대항하듯이 훈련하게 함으로써, 결과적으로 **생성 모델(generative model)**[1]을 산출해 낸다. 이 책 전반에 걸쳐 우리는 이 아키텍처의 기본 구현을 다루는 데 초점을 맞추면서, 이 새로운 아키텍처의 현대적인 표현을 레시피의 형태로 집중해서 살펴볼 생각이다.

GAN은 오늘날 딥러닝 분야에서 중요한 연구 주제이다. 이 아키텍처 스타일이 큰 인기를 끌게 되었는데, 이 아키텍처를 사용하면 일반적인 방식으로는 학습하게 하기가 힘든 생성 모델까지 제작해 낼 수 있었기 때문이다. 이 아키텍처를 사용하면 얻게 되는 이점은 여러 가지다. 데이터가 한정된 상황에서도 **일반화(generalization)**를 할 수 있고, 작은 데이터셋을 가지고도 새로운 장면을 생각해 내게 할 수 있으며, **모조 데이터(simulated data)**를 더욱 진짜처럼 보이게 할 수 있다. 오늘날에 사용되는 다양한 기술을 구현하려면 상당히 많은 데이터가 필요하지만, GAN의 경우에는 적은 데이터만 가지고도 이런저런 일을 할 수 있다는 장점이 있으므로 중요한 논의 대상이 아닐 수 없다. 이 새로운 아키텍처를 사용하면 여러 가지 과업들을 완성하는 데 필요한 데이터 분량을 크게 줄일 수 있다. 극단적으로는, 이러한 아키텍처 유형을 사용한다면 그 밖의 아키텍처 유형들을 동원해 딥러닝 문제를 풀 때에 필요한 데이터의 10%만 있어도 될 때가 있다.

이번 장의 끝에 이를 때쯤이면 여러분은 다음과 같은 개념들을 알 수 있게 될 것이다.

- 모든 GAN 아키텍처가 다 똑같은 것인지, 그렇지 않으면 저마다 다른지를 알 수 있다.
- GAN 아키텍처에 새로운 개념이 하나라도 들어 있는지를 알 수 있다.
- 기본적인 GAN 아키텍처를 실제로 구축해 본다.

그럼, 출발하자!

생성 모델과 판별 모델

머신러닝과 딥러닝은 **생성 모델링(generative modeling)** 및 **판별 모델링(discriminative modeling)**이라는 두 가지 용어로 설명할 수 있다. 대다수 사람들이 잘 알고 있는 머신러닝 기술을 논의할 때 나오는 **분류(classification)** 기법은 전형적인 판별 모델링 기술에 해당한다.

---

1   (옮긴이) 생성 모델로는 생성적 적대 신경망 외에도 여러 가지가 있으며, 그 중에 어떤 것들은 생성적 적대 신경망보다 먼저 출현했다.

수행 방법 …

생성 모델링 유형과 판별 모델링 유형의 차이점을 다음과 같은 비유로 설명해 볼 수 있을 것이다.

판별 모델링

그림을 살펴본 다음에 해당 그림의 **화풍(style)**을 정하는 일은 무엇인가를 '판단'하는 일이므로, 판별 모델링 작업에 해당한다. 머신러닝에서 이 판별 모델링을 수행하는 방식을 설명하는 몇 가지 단계는 다음과 같다.

1. 먼저 데이터 내의 각 부분(divisions)을 이해하기 위해 합성곱 계층을 만들거나, 기타 학습된 특징들을 사용하는 머신러닝 모델을 만든다.

2. 그런 다음 훈련 집합(전체 데이터 중 60~90%로 구성)과 검증 집합(전체 데이터의 10~40%로 구성)이 모두 포함된 데이터셋을 수집해 둔다.[2]

3. 이렇게 해서 지니게 된 데이터를 사용해 머신러닝 모델을 훈련한다.

4. 이 머신러닝 모델을 사용해 어떤 데이터 점이 특정 **계급(classes, 주의!!! 반드시 하단에 보이는 각주를 참고해야 함)**[3]에 속하는지를 예측한다. 우리 예제에서는 어느 그림을 어떤 작가가 그린 것인지를 예측하고 있다.

생성 모델링

화풍에 대한 지식을 바탕으로 그림의 화풍을 결정한 다음에는, 다양한 화가의 화풍에 따라 그림을 재현해 내는 게 생성 모델링이다. 이러한 유형의 모델링을 수행하는 방법을 다음과 같은 몇 가지 단계로 설명할 수 있다.

1. 다양한 그림의 화풍을 **복제(reproduce)**[4]하는 방법을 학습하는 머신러닝 모델부터 작성한다.

2. 훈련 데이터셋과 검증 데이터셋을 수집해 둔다.

---

2   (옮긴이) 원문에서는 집합(set)과 데이터셋(dataset)을 구분하지 않고 있다. 그렇다면 어떨 때는 데이터 집합이라고 부르고 어떨 때는 데이터셋이라고 부를까? 원저자에 따라서 두 용어를 구분해서 사용하기도 하고, 혼용하기도 하지만, 일반적으로 보면 집합성을 강조할 때는 data set처럼 set을 앞 말에 띄운다. 반면에 파일성(파일 단위로 저장되어 있는 상태)이나 '한 뭉치로 된 데이터 집합'이라는 점을 강조할 때는 dataset처럼 앞 말에 붙인다. 이렇게 철저히 구분하는 저자가 있는 반면에 그렇지 않고 데이터 집합(dataset)과 데이터셋(dataset)을 구분하지 않는 저자도 있다. 그런데 번역을 하다 보면 집합성이 강조된 경우가 꽤 자주 있다. 특히 그런 경우에 '원소'라든가, 배치(수학 용어로는 집단)라든가 하는 수학 용어와 응응하게 하려면 '데이터 집합', '훈련 집합', '검증 집합' 등의 용어가 필요하다. 어쨌든 독자 입장에서는 '집합=셋'이라는 공식을 기억하면 편리하다. 옮긴이가 번역이 서툴러서 데이터셋과 데이터 집합을 혼용하는 게 아니라는 점을 이해했으면 한다.
3   (옮긴이) 이 책에서 저자는 class라는 낱말 한 가지로 통계학에서 쓰는 용어인 '계급'과 프로그래밍 시 쓰이는 객체의 '클래스'를 동시에 나타내고 있다. 번역 시에는 이 두 가지를 구분하기 위해 전자를 나타낼 때는 '계급'으로, 후자를 나타낼 때는 '클래스'로 번역했다. 역자의 다른 책이나, 그 밖의 머신러닝/딥러닝 관련 도서에서는 이 계급을 대체로 그냥 '클래스'로 표기하기도 한다는 점에 주의하자. 그리고 한마디 더 덧붙이면 이때 쓰이는 개념은 사실 단순한 '계급'이라기보다는 '부류'라는 말에 더 가깝다. 그래서 class를 계급으로 번역하기가 꺼려지지만 '부류'라는 말을 통계학/데이터과학/컴퓨터과학 등에서 거의 쓰지 않으므로 이 책에서는 통계학 용어를 그대로 차용해 '계급'으로 번역했다.
4   (옮긴이) '미술품 복제'라는 말에서 용례를 알 수 있다.

3. 이렇게 수집해 둔 데이터를 사용해 머신러닝 모델을 훈련한다.

4. 이 머신러닝 모델을 사용해 그림 작가가 그린 **사례**(examples)를 바탕으로 예측(추론)을 한다. 즉, **유사도**(similarity)라고 하는 **계량기준**(metrics)[5]을 사용해 모델에서 화풍을 재현하는 기능을 확인한다.

작동 방식 …

판별 모델은 **분포**(distributions)에 대한 계급 간의 **경계 조건**(boundary conditions)을 학습한다.

- 데이터가 많을수록 판별 모델의 성능이 좋아진다.
- 이 모델은 비지도 방식에 맞게 설계된 게 아니다. 다시 말해서 레이블(label)이 지정되지 않은 데이터를 사용할 수 있게 설계된 게 아니다.

이 점을 다음과 같은 그림으로 설명할 수 있다.

판별 모델링

생성 모델은 주어진 입력의 분포에 대한 계급들의 분포를 모델링한다.

- 생성 모델은 분포를 추정하기 위해 각 계급에 대한 확률 모델을 만든다.
- 생성 모델에서는 훈련을 하는 중에 알아서 레이블을 학습하게 되므로 레이블이 없는 데이터를 사용해도 되는 것이다.

이런 면을 다음과 같은 그림으로 설명해 볼 수 있다.

생성 모델링

---

5 (옮긴이) 원래는 '계량'이라는 통계학 용어에 해당하는 용어이며 '측정 기준' 또는 '척도'로 이해하면 된다. 정보통신 분야에서는 그냥 '메트릭'이라고도 부르기도 한다.

그러므로 생성 모델은 입력 분포를 정확하게 모델링하고 복제해야 하므로, 이와 같은 한계에 따라 무언가를 새로 산출해 내기가 상상 밖으로 어렵다. 반면에 판별 모델은 결정 경계들을 학습하기만 하면 되는데, 바로 이 점이 최근에 신경망들이 크게 성공한 이유이다. 그러므로 GAN 아키텍처란 것이 생성 모델링 분야에서 오래 쓰여 온 기법들에서 근본적으로 벗어난 것이라고 여겨도 무방하다. 우리는 신경망이 어떻게 발전해 왔는지를 다룬 다음에 바로 GAN 아키텍처 개발에 뛰어들 생각이다.

신경망의 사랑 싸움

여러분은 이 책을 읽음으로써 신경망 아키텍처 중에서도 특별히 GAN이라고 부르는 신경망 아키텍처를 더 잘 알기를 바랐을 것이다. 따라서 나는 신경망을 중심으로 진행되는 최신 머신러닝 기술 및 최신 딥러닝 기술의 기본적인 측면을 여러분이 이미 이해하고 있다고 여기고 논의를 전개하겠다. 신경망은 심층 신경망 형태로 된 아키텍처들이 출현한 이후로 비로소 인기를 끌 수 있었다. 많은 은닉 계층과 많은 양의 데이터를 활용함으로써 현대의 딥러닝 기술은 인간이 발휘하는 능력을 넘어설 수 있게 되어 수많은 애플리케이션을 빛나게 했다.[6] 이런 일이 어떻게 가능했던 것일까? 신경망은 현재 우리의 두뇌와 비슷한 방법으로 기본적인 **특징**(features)과 **관계**(relationships)를 학습할 수 있다. 이러한 자취를 따라서 연구자들은 두뇌가 자동으로 형성해 내는 사고 과정을 모방하기 위해 여러 신경망을 섞어 쓰는 새로운 방식을 연구해 왔다.

수행 방법 …

고전 소설에 나올 법한 이야기가 있다. 한 연구원이 여러 친구들과 술을 마시다가 자신이 연구하며 몰두하던 문제에 관한 직관 같은 것을 떠올렸다. '서로 대립하는 두 가지 신경망이 한 가지 문제를 풀기 위해 서로 다퉜다면 어땠을까?'라는 통찰 같은 것 말이다. GAN의 아버지라고도 불리는 이안 굿펠로우(Ian Goodfellow)는 2014년에 자신의 뛰어난 논문을 통해 **생성적 적대 신경망**(generative adversarial networks, GAN)[7]이라고 부르는 적대적 아키텍처를 대중화하는 일에 기여했다. 그러자 전 세계에 걸쳐 연구자들이 이 기술을 이리저리 변형해 가며 개발하기 시작했다. '세 개 또는 그보다 많은 신경망들을 서로 대항하며 싸우게 할 수는 없을까?'라거나, '손실 함수를 한 개 이상 제공한다면 어떤 일이 벌어질까?'라는 식으로 변형들을 생각해 내었다. 그렇지만 이런 유형의 질문들에 대해서 여러

---

6 (옮긴이) 계층이 네 개 이상이기만 하면 심층 신경망이기는 해도, 실무에서 쓰는 심층 신경망은 그 계층이 수십 개에서 수백 개에 이르기도 한다. 그리고 데이터 분량은 수만 건에서 수천 만 건, 심지어는 수억 건을 넘기도 한다. 신경망이 깊어질수록 편향(bias)이 줄고, 데이터가 많을수록 분산(variance)이 준다. 그러므로 딥러닝 기술을 구현하는 데 있어서 은닉 계층의 수를 늘리는 일과 데이터 분량을 늘리는 일이 필요하다.

7 (옮긴이) 저자나 역자에 따라서는 '적대적 생성넷', '적대 생성망', '생성적 적대 네트워크' 등으로 다양하고 부르고 있다. 그러나 모두 한 가지 원어를 저마다 다르게 부르는 것일 뿐이다.

분은 이 책의 끝 부분에서나 답변할 수밖에 없는 게, 이와 같은 문제들을 풀기 전에 먼저 이 아키텍처의 현대적인 변형을 구현해 보는 일에 초점을 맞춰야 하기 때문이다.

작동 방식 …

생성 모델링 및 판별 모델링[8]의 차이점을 이해해야 하고, 이러한 모델링을 하기가 어렵다는 점을 이해해 둬야 한다. 최근 수년간 판별 모델링이 큰 성공을 거둔 것처럼 보였다. 일반적으로 **생성 모델링 과정(generative modeling process)**이 작동하려면 **마르코프 결정 과정(Markov decision processes)**이 필요하기 때문에, 이러한 기법들에서는 설계를 상당히 조율하지 않으면 유연성이 부족하게 되는 일을 겪고는 했었다.[9] 다시 말하면, 오늘날 우리가 논의하고 있는 GAN 아키텍처가 출현하기 전까지는 그랬다는 말이다. 굿펠로우는 2014년에 발표한 자신의 논문에서 판별 모델과 생성 모델을 둘러싼 문제를 적절히 요약했다.

	심층 방향성(즉, 유향) 그래프 모델 (deep directed graphical models)	심층 무방향성(즉, 무향) 그래프 모델 (deep undirected graphical models)	생성적 오토인코더 (generative autoencoders)	적대적 모델 (adversarial models)
훈련 (training)	훈련을 하는 동안에 추론이 필요하다.	훈련을 하는 동안에 추론이 필요하다. 분배 함수(partition function)의 경사도(gradient)를 근사하려면 MCMC가 필요하다.	혼합(mixing)과 재구성 세대(reconstruction generation)의 능력 사이에 절충이 강제된다.	판별기와 생성기를 동기화한다. 헬베티카(Helvetica).[10]
추론 (inference)	근사적 추론을 학습한다.	가변적(variational)으로 추론한다.	MCMC[11]를 기반으로 추론한다.	근사적 추론을 학습한다.
표본추출 (sampling)	어렵지 않다.	마르코프 연쇄(Markov chain)가 요구된다.	마르코프 연쇄가 요구된다.	어렵지 않다.
$p(x)$를 평가 (evaluation)	다루기 힘들므로, AIS를 사용해 근사할 뿐이다.	다루기 힘들므로, AIS를 사용해 근사할 뿐이다.	명시적으로 표현되지는 않지만, 파젠 밀도 추정(Parzen density estimation)으로 근사될 수 있다.	명시적으로 표현되지는 않지만, 파젠 밀도 추정으로 근사될 수 있다.
모델 설계 (model design)	거의 모든 모델에서 극단적인 어려움이 생긴다.	다중 특성(multi properties)을 보장 받으려면 신중하게 설계해야 한다.	모든 미분 가능 함수 (differentiable function)가 이론적으로 허용된다.	모든 미분 가능 함수가 이론적으로 허용된다.

굿펠로우와 공동 저자들은 2014년까지 활자화된 생성 모델링 관련 문제를 그림으로 정리해 발표했다.

---

8 (옮긴이) 사람에 따라서는 '변별 모델링'이라거나 '구분 모델링' 또는 '식별 모델링'이라고도 부른다.

9 (옮긴이) 표에 나오는 헬베티카 시나리오, 즉 최빈값 붕괴(mode collapse, 즉 '모드 붕괴)와 같은 경우가 일어났다는 말이다. 바로 아래 각주를 참고하자.

10 (옮긴이) '헬베티카 시나리오'를 말하고 있으며, 이는 GAN 등의 훈련 시 최빈값 붕괴가 벌어지는 경우를 의미한다. 예를 들면 다양한 동물 사진이 들어 있는 데이터를 학습한 GAN에서는 동물 데이터 분포에 대해서 다봉 분포(multi-modal distribution)를 보여야 정상인데, 다봉 분포를 이루는 다양한 최빈값(mode, 즉 모드) 중에 특정 모드에만 고착된 경우를 말한다. 예를 들면 고양이 사진만 생성기가 생성해 낸다든가 하는 게 그러한 예다. 위키북스에서 펴내고 옮긴이가 번역한 『딥러닝 모델 설계를 떠받치는 기술』(위키북스)과 『따라 하면서 배우는 유니티 ML-Agents』(위키북스)에서도 이러한 문제를 언급하고 있다. 참고로 '최빈값 붕괴'를 '모드 붕괴'라고도 부른다.

11 (옮긴이) 저자가 따로 설명하지 않고 있지만, '마르코프 연쇄 몬테 카를로(Markov chain Monte Carlo) 방법'을 말한다.

이 표를 통해 굿펠로우와 공동 저자들이 얻어낸 점은 무엇일까? 본질적으로 이전의 생성 모델은 훈련해 구축하기가 어려웠다. 훈련 및 설계 측면에서 보면 여전히 GAN에도 어려운 부분이 있지만, 그 밖의 것들에 비하면 구성하기가 편리해서 근본적으로 유연하게 출력할 수 있게 하는 변화를 일으켰다. 이런 점을 보여 주기 위해 **3장, '첫 번째 GAN을 100줄 이내로 만들기'**에서 100줄이 넘지 않는 코드로 GAN 신경망을 구축해 볼 것이다.

심층 신경망

그렇게 하기 전에 우선 **심층 신경망(deep neural network)**이라는 개념부터 살펴보자. 머신러닝 분야에서 **신경망(neural network)**이라는 말은 두뇌에서 발생하는 신경 처리 과정을 똑같이 모방하는 기술을 의미한다. 인공 신경망 분야에서 **뉴런(neurons)**이란 단어는 우리 두뇌 속 **신경세포(neurons)**와 마찬가지로 우리가 지식을 학습하고 일련의 기초 정보를 유지하기 위해 사용하는 신경망 구조의 기본 구성요소를 나타낸다.[12]

수행 방법 …

신경학적 처리 과정(neurological process)[13]에서는 이전에 경험한 내용을 본보기로 삼아 데이터를 이해하고 결론이나 결과를 형성하는 데 필요한 구조를 학습한다.

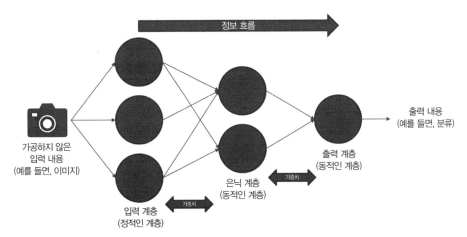

뉴런들은 입력에서 은닉 계층을 거쳐 단일한 출력으로 이어지게 연결된다.

---

12 (옮긴이) 이 책에서는 neuron이란 단어를 신경생리학을 강조할 때는 '신경세포'로, 딥러닝 모델의 단위장치(unit)를 지칭할 때는 '뉴런'으로 번역했다.
13 (옮긴이) 즉, 신경생리학을 모방해 인공 신경망에서 처리하는 과정

이 기본 아키텍처는 다음 단원에서 소개할 심층 신경망의 기반을 형성할 것이다.

해당 모델[14]을 구축할 때는 다음과 같은 기본 단계를 따르게 된다.

1. (이미지 또는 그 밖의 입력 데이터 등의) 입력 내용이 (정적인) **입력 계층**으로 전송된다.

2. 그런 다음 단일한 **은닉 계층** 또는 이어져 있는 여러 은닉 계층이 이 데이터를 바탕으로 연산한다(operates).

3. **출력 계층**은 이 모든 정보를 출력 형식으로 집계한다

작동 방식 …

원래 1940년대 초반에 수학적인 구축 과정을 통해 잉태된 인공 신경망이 1980년대에 역전파 (backpropagation)라는 기법을 사용하게 되면서 대중화되었다. 요컨대, 역전파는 인공신경망이 **에 포크(epoch)**[15]마다 각 계층의 **가중치(weights)**를 조정할 수 있게 해주는 기법이다. 1980년대에는 계산 능력의 한계로 인해 특정 수준의 훈련만 허용되었다. 컴퓨터 처리 성능이 커지고 관련 연구 분야 가 확대되면서 머신러닝과 더불어 딥러닝 분야에도 르네상스 같은 시기가 도래했다.

컴퓨터 처리 성능이 가성비를 갖추게 되자 신기술인 심층 신경망이 탄생했다. 텐서를 아주 빨리 계산할 수 있는 능력을 갖춘 **그래픽 처리 장치(GPU)**를 활용할 수 있게 하는 몇 가지 라이브러리가 이러한 심 층 신경망 구축용으로 개발되었다.[16] 심층 신경망이라고 하려면 입력 계층과 출력 계층 사이에 은닉 계 층이 네 개 이상이어야 한다는 기본적인 전제를 충족해야 한다.[17] 일반적으로 심층 신경망을 나타내는 **그래프(graph)**[18]에는 수천 개의 뉴런이 있는 경우가 흔하고 그러한 신경망은 훨씬 더 나은 학습 능력 을 지니게 된다. 이러한 구성이 다음 그림에 나와 있다.

---

14 (옮긴이) 즉, 앞 문장에서 말한 아키텍처에 따라 설계된 모델을 말한다.
15 (옮긴이) 훈련용 데이터셋, 검증용 데이터셋을 사용해 훈련을 하고 손실 오차 등으로 평가하고 가중치까지 조절하는 한 차례 훈련 과정. 이런 훈련 과정을 여러 차례 거치며 더 잘 훈련해야 하므로, 보통 에포크를 수십 번에서 수백 번이 되게 한다.
16 (옮긴이) 예를 들면 NVIDIA 사의 GPU 칩셋을 장착한 그래픽 카드들에서는 Cuda와 cuDNN이라고 하는 라이브러리를 사용해 해당 그래픽 카드가 텐서 연산을 담당하게 할 수 있다.
17 (옮긴이) 은닉 계층이 두 개 이상인 경우부터 심층 신경망으로 보기도 한다. 하지만 실무에서는 보통 은닉 계층이 50개 이상 정도는 되어야 심층 신경망이라고 여긴다.
18 (옮긴이) 인공 신경망을 마디점(node)과 간선(edge)이 있는 그래프로 표현할 수 있다.

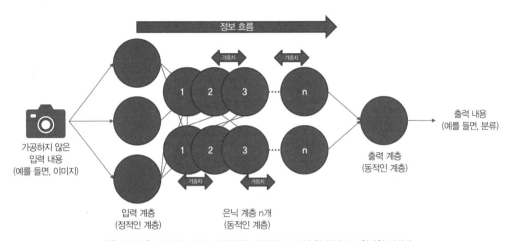

심층 신경망은 신경망의 기본 아키텍처를 상대적으로 단순한 방식으로 확장한 것이다.

이 아키텍처는 심층 신경망이 어떤 식으로 구성되는지를 보여준다. 쓸 만한 신경망이 되게 하려면 이 아키텍처를 기본적으로 더 많이 수정해 재구성하기는 해야 하지만, 이 기본적인 그래프만으로도 심층 신경망을 구현하는 데 필요한 부분들을 어느 정도는 알 수 있을 것이다. 이 모든 것을 GAN에 맞게 하려면 어떻게 해야 할까? 심층 신경망은 다음 단원에서 볼 수 있듯이 GAN 아키텍처에 필수적인 부분이다.

사이킷런(scikit-learn)이나 케라스와 같은 프레임워크에서 신경망 아키텍처를 구축하는 일을 연습해 보면 이와 같은 기본 개념들을 이해할 수 있을 것이다. 다양한 드롭아웃(dropout)[19] 유형들 간의 차이점이나 활성 함수(activation functions) 유형들 간의 차이점을 이해해 두는 게 좋다. 이 책에서 여러 가지 사례를 연구해 보는 동안에 이러한 도구들[20]이 보탬이 된다.

아키텍처 구조의 기초

마침내 여러분이 기대하던 부분에 이르렀다. '어떻게 해야 GAN을 구축할 수 있는가?'라는 질문에 답할 차례라는 말이다. GAN이라는 신경망 아키텍처를 구성하려면 몇 가지 주요 구성요소가 필요하다. 첫째, 케라스(Keras)나 **파이토치(PyTorch)**는 텐서플로(TensorFolow)를 백엔드(back-end, 후단부)로 사용하는 프런트엔드 프레임워크로서 신경망을 쉽게 생성할 수 있게 해 주는 메서드를 모아 놓

---

19 (옮긴이) '통계 대상에서 중도에 제외한다'는 의미를 지닌 통계학 용어인 '중도탈락(dropout)'에서 유래한 용어로 보인다. 신경망의 기본 단위인 뉴런을 훈련 중에 제거하는 일을 말한다. '일부 뉴런을 중간에 제거(remove)하거나 삭제(delete)하거나 소거(zeroed out)하는 일' 정도로 이해하면 된다.

20 (옮긴이) 즉, 드롭아웃 기법들이나 활성 함수들.

은 것이다. 이러한 필수 부분에 관해서는 **2장, '데이터 중심, 용이한 환경, 데이터 준비'** 및 **3장, '첫 번째 GAN을 100줄 이내로 만들기'**에서 광범위하게 다룰 것이다. 두 번째로, 우리는 생성기(generator)와 판별기(discriminator)라고 부르는 두 가지 신경망 기반 구성요소를 도출해야 한다.

수행 방법 …

고전적인 비유를 들자면 생성기는 위조범(counterfeiter)이라고 할 수 있을 테고, 판별기는 FBI 요원(FBI agent)이라고 할 수 있을 것이다. 위조범은 FBI 요원의 검사를 통과할 수 있는 위조 서류(fake documents)를 만드는 새로운 방법을 끊임없이 모색한다. 이 두 구성요소의 목표를 세분화해 보자.

1. **위조범에 해당하는 생성기의 목표**: 경찰(cop)이 진작(real one, 眞作)과 모작(fake one, 模作)을 구별하지 못하도록 물품을 만들어 낸다.

2. **경찰에 해당하는 판별기의 목표**: 진품(real products, 眞品)과 모조품(fake products, 模造品)을 분류해 내는 사전 경험을 바탕으로 예외적인 제품을 탐지한다.[21]

작동 방식 …

지금쯤이면 이런 비유를 통해 내용을 충분히 이해할 수 있게 되지 않았는가? 이런 비유를 게임 이론 형태로 된 문제로 재구성해 보자. 첫 번째 GAN 구현의 최소최대 문제이다.[22] 다음 단계들은 이러한 유형의 문제를 만들어 내는 방법을 보여준다.

- **생성기의 목표**: 진짜 같은 가짜 출력을 생성해 내어 판별기가 실수로 진짜와 가짜를 잘못 분류하게 되는 가능성을 극대화한다.

- **판별기의 목표**: 판별기가 진짜 이미지와 생성된 이미지를 구별하지 못하는 (확률) 목표인 0.5를 달성하게 되기까지 최적화한다.

 최소최대 문제(minimax problem)를 '미니맥스 문제'라고도 부르는데, 가장 큰 손실(또는 그 반대)에서 함수를 최대화하는 데 중점을 둔 이론이다. GAN의 경우, 이는 적대적인 방법으로 훈련하는 두 모델로 표현할 수 있다. 훈련 단계에서는 생성기에 대한 훈련 손실 오차를 최소화하는 데 중점을 두게 되는데, 한편으로 그 과정에서 판별기의 (판별 확률은) 가능한한 0.5에 근접해져야 한다(이런 확률이란 판별기가 진짜인지 가짜인지를 말하기 어려운 지경에 해당한다).

---

21 (옮긴이) 이 책에서 저자는 real, real one, real products 등의 여러 가지 표현을 쓰는데, 이를 한 가지 낱말로 번역해 버리면 저자가 의도한 어감을 전달할 수 없으므로, 이 용어들을 모두 구분할 수 있게 번역하느라 어쩔 수 없이 다소 생소해 보이는 낱말들도 사용해 번역했다. real은 '진짜', real one은 '진작', real products는 '진품'으로 번역했다. 모두 '진짜 작품'을 나타내는 말이다. 마찬가지로 fake는 '가짜', fake one은 '모작', fake products는 '모조품'으로 번역했다. 모두 '모조 작품'을 나타내는 말이다. 참고로 위작이나 위품이라고 번역하지 않은 이유는 '사기'치려는 의도가 담긴 행위가 아닌 단순한 기계의 화풍 모사(style tranferring) 행위이기 때문이다.

22 (옮긴이) 사실 생성 모델이 원래는 최소최대 검색 알고리즘에서 비롯된 것으로 보인다. 그래서 원저자도 여기서 최소최대 문제를 다루려는 것으로 보인다.

GAN 프레임워크에서 생성기는 판별기와 동시에 훈련을 시작해야 하지만, 실제로는 판별기가 이미지를 분류할 수 있어야 하므로[23], 대체로 훈련을 시작하기 전에 몇 개의 에포크만큼 먼저 판별기부터 훈련해야 한다. **손실 함수(loss function)** 라고 부르는 이 구조에는 아직 다루지 않은 부분이 한 개 남아 있다. 이 손실 함수를 기준으로 삼아 생성기와 판별기를 훈련하는 도중일지라도 훈련을 중단(stopping)하게 할 수 있다.[24] 이런 부분들을 모두 감안할 때, 이 부분들을 모아 훈련 가능한 무엇인가로 구조화하려면 어떻게 해야 할까? 다음 그림을 보라

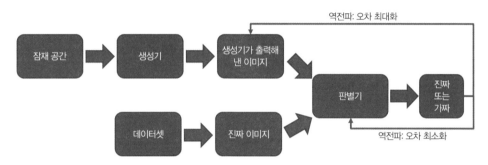

생성적 적대 신경망의 흐름을 추상적인 형태로 나타낸 그림인데, 이 그림에서는 각 사각형(즉, 블록)이 저마다 기본 함수를 나타낸다.

이 아키텍처를 사용해 각 부분을 구성요소 기술인 생성기, 판별기 및 손실 함수로 분해할 차례이다. 또한 훈련과 추론을 다루는 단원에서는 모델을 훈련하는 방법과 모델이 훈련된 뒤에 데이터를 획득하는 방법을 간략히 설명한다.

기본 빌딩 블록: 생성기

이러한 구성요소들이 어떤 식으로 함께 모여 구성되는지 이해하려면 개별 구성요소에 초점을 맞춰야 한다. 나는 특정 아키텍처를 구성하는 각 부분이 더 두드러져 보일 수 있도록 조금은 강조해서 나타내려고 한다.

수행 방법 …

다음 그림 중에서 강조한 부분은 생성기 아키텍처를 이루는 주요 부분들을 나타낸다.

---

23 (옮긴이) 판별기는 이미지가 진짜인지 또는 가짜인지로 분류하기만 한다. 이로써 마치 판정을 내리는 것처럼 보이게 하는 것이다.
24 (옮긴이) 즉, 조기 중단(early stopping)을 할 수 있다는 말이다.

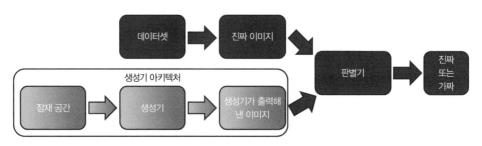

생성기 아키텍처의 구성요소: 잠재 공간, 생성기, 이미지 생성 부분

그림을 주목해 보면, 생성기 부분에서 개발해야 할 코드 중에 핵심 부분이 무엇인지를 알 수 있을 것이다.

생성기를 만드는 방법을 개념적으로 설명하기 위한 몇 가지 단계는 다음과 같다.

1. 우선, 생성기는 잠재 공간(latent space)[25]에서 **표본(samples)**[26]을 추출해 잠재 공간과 출력 간의 관계를 생성하는 게 역할이다.

2. 그런 다음에 우리는 입력(즉, 잠재 공간)에서 출력(이미지인 경우가 대부분임)을 향해 가는 신경망[27]을 만든다.

3. 한 모델 안에서 생성기와 판별기를 서로 연결해 적대 모드(adversarial mode)를 취하게 함으로써 생성기를 훈련한다(이 설명서의 모든 생성기와 GAN 레시피가 이러한 단계들을 보여준다)[28]

4. 생성기의 훈련을 끝낸 뒤에는 생성기를 추론에 사용할 수 있다.[29]

작동 방식 ⋯

각 빌딩 블록[30]이 무척 독특하기는 하지만, 그 중에서도 생성기는 틀림없이 이해해야 할 가장 중요한 개념이다. 이 전체 훈련 과정이 완료된 후에 생성기는 마침내 표현하려고 하는 이미지(즉, 출력)를 생성한다. GAN 훈련에 관해서 말할 때면, 생성기 훈련과 직접적으로 관련되어 있다는 의미라고 생각하면 된다. 이전 단원에서 언급했듯이, 대부분의 아키텍처에서는 훈련 과정에 착수하기 전에 몇 에포크만큼 먼저 판별기를 미리 훈련해 두어야 한다. 그렇게 하지 않으면 전체 훈련 과정을 완성할 수 없다.

---

25 (옮긴이) 여기서 '잠재 공간'이란 임의로 만든 데이터 점들로 이뤄진 가상의 공간을 말한다. 즉, 가상의 데이터로 채워진 벡터 공간이나 행렬 공간이라고 생각하면 된다.

26 (옮긴이) 통계학에 맞춘 용어이지만, 그냥 '샘플'이라고 부르는 경향이 있다.

27 (옮긴이) 즉, 그림에 보이는 '생성기' 부분.

28 (옮긴이) 이 책에 나온 비유를 동원해 설명하자면, 위조범과 수사관을 짝을 짓게 한 뒤에, 수사관이 진작인지 모작인지 구별하지 못 하는 상태가 될 때까지 생성기가 계속해서 진작에 가까운 모작을 제작해 보도록 훈련한다는 뜻이다.

29 (옮긴이) 이 책에 나온 비유를 동원해 설명하자면, 훈련을 마친 위조범(생성기)은 이제 위작을 잘 그려낼 것이므로, 새로운 그림을 제시하고 화풍을 모사해 모작을 만들어 내게 할 수 있다는 뜻이다.

30 (옮긴이) 즉, 그림에 나오는 각 상자들이 나타내는 구성요소들.

이러한 각 부분과 관련된 코드(즉, 이 책에 나오는 여러 과정을 거치며 구축할 코드)의 구조를 이해해야 한다. 각 장에서 각 구성요소의 클래스를 정의할 생각이다. 생성기 클래스에는 세 가지 주요 함수가 들어 있어야 한다.

```
 1   class Generator:
 2
 3       def __init__(self):
 4           self.initVariable = 1
 5
 6       def lossFunction(self):
 7
 8           return
 9
10       def buildModel(self):
11
12           return
13
14       def trainModel(self,inputX,inputY):
15
16           return
```

생성기 개발을 위한 클래스 템플릿: 여기에 소속된 각 함수는 각 생성기 클래스에 대해 구현해야 하는 기본 구성요소를 나타낸다.

손실 함수인 lossFunction에서는 모델을 훈련 시에 쓸 사용자 정의 손실 함수를 정의한다(특정 구현에 필요한 경우). 모델 구축 함수인 buildModel은 주어진 신경망의 실제 모델을 구성한다. 우리가 판별기 외의 어떤 것도 내부 훈련 메서드들을 사용할 것으로 보이지는 않지만, 어쨌든 모델을 훈련해 나가는 순서(sequence)가 이 클래스 안에 있게 될 것이다.

기본 빌딩 블록: 판별기

GAN 아키텍처 중에서 생성기 아키텍처는 데이터를 생성해 내는 역할을 담당하는 걸 알게 되었으므로, 이번에는 판별기 아키텍처를 소개해 보겠다. 판별기는 생성기가 '출력한 내용'과 '진짜 이미지'를 놓고 둘 중에 어느 게 진짜인지 또는 가짜인지 여부를 결정하는 데 사용된다.

수행 방법 …

아래 그림에서 강조 처리한 부분인 판별기 아키텍처는 이미지가 진짜인지 가짜인지를 가려내는 역할을 담당한다. 이번에는 제작할 신경망에만 초점을 맞추고 있는데, 이는 이번 장의 훈련 레시피에서 다룰 훈련 단계를 포함하지 않기 때문이다.

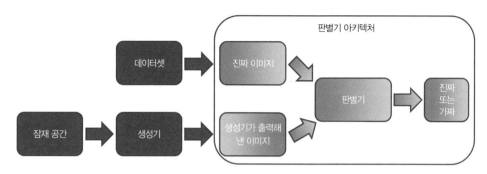

판별기 아키텍처의 기본 구성요소들

판별기 역할을 담당할 신경망으로는 일반적으로 간단한 아키텍처로 이뤄진 **합성곱 신경망**(convolution neural network, CNN)을 사용한다. 처음에 나오는 몇 가지 예제에서 우리가 사용할 신경망 유형이 바로 이 합성곱 신경망이다.

다음과 같은 몇 가지 단계로 판별기를 구축하는 과정을 설명할 수 있다.

1. 먼저, 진짜와 가짜를 분류(그러므로 이진 분류에 해당)하는 데 쓸 합성곱 신경망을 만든다.

2. 진짜 데이터로만 구성된 데이터셋을 만들고, 생성기를 사용해서 가짜 데이터로만 구성된 데이터셋도 만든다.

3. 그런 다음 진짜 데이터와 가짜 데이터를 사용해 판별기 모델을 훈련한다.

4. 우리는 생성기를 훈련함으로써 훈련된 판별기와 서로 균형을 잡는 방법을 학습하게 할 것이다. 판별기가 너무 뛰어나게 되면 생성기가 발산(diverges)하게 된다는 점을 이용하자는 말이다.[31]

작동 방식 …

그럼에도 불구하고 이번 예제에는 왜 판별기만 사용하려고 하는지 궁금한가? 이 판별기에서는 여러 판별기 모델의 장점을 모두 취할 수 있고, GAN 전체에 대한 적응 손실 함수(adaptive loss function)로 작용할 수 있다는 점 때문이다. 다시 말하자면, 이 판별기가 데이터의 **근원 분포**(underlying distribution)에 적응할 수 있다는 말이다.[32] 현재의 **딥러닝** 판별 모델(deep learning discriminative models)이 오늘날에 크게 각광받는 이유 중 하나가 바로 이런 점이다. 과거에는 데이터의 근원 분포

---

31 (옮긴이) 생성기가 발산하게 되면 판별기가 식별하기 어려울 만큼 잘 모방한 데이터(예를 들면 이미지)를 생성해 내지 못하고 알아보기 힘든 데이터를 생성해 내게 된다.

32 (옮긴이) GAN에서 생성기의 목표는 진짜 데이터(예를 들면 진짜 이미지)의 분포에 최대한 일치하는 데이터 분포를 지닌 가짜 데이터를 생성해 내는 것이다. 즉, GAN이란 진짜 데이터 분포를 완벽히 모방해 낼 수 있는 가짜 데이터 분포를 생성기가 찾아 내어 그 분포를 바탕으로 가짜 데이터를 생성해 내게 하는 게 목표인 셈이다. 그러므로 데이터 분포는 GAN의 핵심 개념이다.

에 대한 일부 경험적 계산을 너무 자주 직접 해야 했다. 오늘날의 심층 신경망은 데이터 분포를 바탕으로 삼아 적응하고 학습할 수 있는데, GAN 기법에서는 이런 측면을 활용한다.

궁극적으로, 판별기는 진짜 이미지가 진짜인지 가짜인지, 그리고 생성된 이미지가 진짜인지 가짜인지를 평가(evaluate)할 것이다. 초기에 진짜 이미지는 척도(scale)[33]가 가리키는 점수를 높이는 반면에, 생성된 이미지인 경우에는 그러한 점수를 낮춘다.[34] 점차적으로, 판별기는 생성된 이미지와 진짜 이미지를 구분하는 데 어려움을 겪게 된다.[35] 판별기는 모델을 구축하는 일에 의존하게 될 것이고, 잠재적으로는 초기 손실 함수에 의존할 것이다. 이 책 전체에서 다음과 같은 클래스 템플릿을 사용할 텐데, 이 템플릿은 판별기를 나타낸다.

```
1   class Discriminator:
2
3       def __init__(self):
4           self.initVariable = 1
5
6       def lossFunction(self):
7
8           return
9
10      def buildModel(self):
11
12          return
13
14      def trainModel(self,inputX,inputY):
15
16          return
```

판별기 개발을 위한 클래스 템플릿: 각 판별기 클래스에 구현해야 하는 기본 구성요소를 나타낸다.

이번 단원의 마지막 부분에 가서 우리는 판별기를 한 가지 순차 모델(sequential model)에서 생성기와 더불어 훈련해 볼 생각이다. 그러므로 이 판별기 클래스에 나오는 trainModel 메서드는 특정 아키텍처에서만 사용하게 된다. 단순함과 통일성을 위해서, 대부분의 레시피에서는 trainModel 레시피를 구현하지 않을 생각이다.

---

33 (옮긴이) 즉, GAN의 유용성을 나타내게 한 계량기준(metric).
34 (옮긴이) 즉, 진짜인지 가짜인지를 재는 잣대(scale)를 기준으로 보았을 때 진짜라면 점수가 높을 것이고, 가짜라면 점수가 낮을 것이라는 말이다.
35 (옮긴이) 당연한 말이지만 생성기가 점점 더 진짜에 가까운 이미지를 생성해 낼 것이기 때문이다.

기본 빌딩 블록: 손실 함수

각 신경망에는 훈련하는 데 필요한 어떤 **구조 요소(structural components)** 같은 게 있다. 신경망에서는 주어진 문제 집합에 대해 훈련 과정 중에 가중치를 조절함으로써 손실 함수가 최적화되게 한다.[36] 신경망이 좋은 결과를 산출해 내면서도 수렴(converges)하도록 하려면 신경망에 알맞은 **손실 함수(loss functions)**를 선택하는 일이 필수적이다.

수행 방법 …

생성기도 신경망의 일종이므로 손실 함수가 필요하다. 그렇다면 이 아키텍처에서 어떤 손실 함수를 사용해야 할까? 이러한 질문은 근본적으로 보면 어떤 차를 운전해야 할지에 관한 질문과 같다. 생성기에 맞는 손실 함수를 적절하게 선택함으로써 즉, 신경망을 사용하는 목적에 맞게 손실 함수를 선택함으로써 신경망이 수렴할 수 있게 해야 한다.

작동 방식 …

이 책에서 다루게 될 다양한 아키텍처에서 우리는 각기 서로 다른 도구들[37]을 사용해 볼 텐데, 이에 따라 서로 다른 결과를 얻게 될 것이다. 예를 들어 굿펠로우와 그의 동료들이 쓴 초기 GAN 논문에 나오는 **생성기용 손실 함수**를 살펴보자.

$$\nabla_{\theta_g} \frac{1}{m} \sum_{i=1}^{m} log(1 - D(G(z^{(i)})))$$

적대적 훈련을 할 때 생성기에서 사용하는 손실 함수

이 방정식은 판별기가 옳게 판단했는지를 나타내는 로그 확률을 판별기가 줄여 나가고 있다는 점을 간단히 나타낸다. 이 방정식은 벌어지고 있는 적대 훈련 모드 중 일부를 보여 줄 뿐이다. 이와 관련해서 생성기의 손실 함수가 문제가 된다는 점 또한 고려해야 한다. **경사도 포화(gradient saturation)**는 학습 성공 여부를 나타내는 데 사용되는 경사도들이 0에 가까워서 학습을 거의 불가능하게 할 때 발생하는 문제로, 이런 문제는 손실 함수를 잘못 설계해서 벌어질 때가 있다. 그러므로 적절한 손실 함수를 선택하는 일이 생성기에서도 필수적이다.

---

36 (옮긴이) 즉, 손실 함수를 계량기준(metric)으로 삼아 신경망을 적합(fit)시켜 나간다는 뜻이다.
37 (옮긴이) 원저자는 손실 함수나 활성 함수를 도구로 보고 있다.

이제 굿펠로우의 논문에 나오는 **판별기용 손실 함수**를 확인해 보자.

$$\nabla_{\theta_d} \frac{1}{m} \sum_{i=1}^{m} [logD(x^{(i)}) + log(1 - D(G(z^{(i)})))]$$

GAN에 적용되는 표준 교차 엔트로피 구현

이 방정식은 표준 교차 엔트로피(standard cross-entropy)를 구현한 것이다. 본질적으로, 이 방정식에 보이는 독특한 점들 중 한 가지는 **미니배치(mini-batches)**[38]가 여러 개일 때 훈련되는 방식이다. 이 점에 관해서는 이번 장의 뒷부분에서 이야기해 볼 생각이다.

앞에서 말했듯이, 전반적인 아키텍처[39]에 대해서 판별기는 마치 **'학습된 손실 함수'**인 것처럼 동작한다. 그렇지만 생성기나 판별기와 같은 각 모델이 서로 짝을 이루게 되는 GAN 아키텍처들에서는, 각 부분적 모델들을 구축할 때도 여러 가지 손실 함수가 필요하다. 이런 경우에 대비할 수 있게 손실 함수용 템플릿 클래스 한 개를 정의해 이러한 손실 메서드들을 저장해 두자.

```
1    class Loss:
2
3        def __init__(self):
4            self.initVariable = 1
5
6        def lossBaseFunction1(self):
7
8            return
9
10       def lossBaseFunction2(self):
11
12           return
13
14       def lossBaseFunction3(self):
15
16           return
```

사용할 손실 함수가 무엇인가에 따라 선택적으로 구현되는 손실 함수의 클래스 템플릿

우리는 레시피들을 개발하는 과정에서 이 템플릿을 계속해서 거듭 사용할 것이다. 이와 같은 코드 베이스(code base)[40]를 조금 더 표준화하면 코드를 읽기도 쉽고 유지하기에도 좋다.

---

38 (옮긴이) 수학 용어인 집단(batch)을 사용한 번역어로 바꾸자면 '작은 집단' 또는 '소집단'이 되겠다. 훈련 데이터를 분할해 만든 작은 데이터 집단이란 뜻이다.

39 (옮긴이) 즉, 생성기 아키텍처나 판별기 아키텍처처럼 부분적인 아키텍처가 아닌 GAN을 이루는 전체 아키텍처.

40 (옮긴이) 즉, 여기저기서 다르게 구현해 사용할 수 있는 기본 코드.

훈련

이제 모든 부분을 이해했는가? 더 나아갈 준비가 다 된 건 아닐까? 아니다! 이런 아키텍처 유형을 훈련하기 위한 최선의 전략을 이해해 두어야 한다.

수행 방법 …

GAN 모델은 소위 적대 훈련(adversarial training)[41]에 의존한다. 다음 그림을 보면 서로 상충되는 것으로 보이는 두 가지 오차 함수(error functions)가 각기 '최소화/최대화(minimized/maximized)'되고 있다는 점을 알 수 있을 것이다.

작동 방식 …

이 책의 앞 부분에서 작업을 진행하는 동안에 최소최대 문제에 관해 이야기한 적이 있다. GAN 아키텍처는 모든 에포크에서 두 개의 미니배치를 **표본추출(sampling)**[42]하는 동시에 생성기에 대한 오차를 최대화하는 한편으로 판별기에 대한 오차를 최소화할 수 있다.

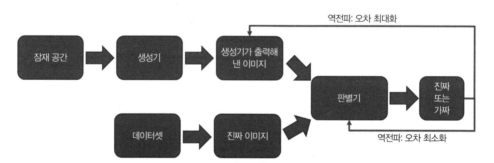

GAN 모델 훈련 시에 일어나는 역전파 단계를 보여줄 수 있게 고쳐 그린 아키텍처 그림

앞으로 나올 각 장에서 우리는 GAN을 훈련한다는 게 무엇을 의미하는지를 다시 살펴볼 것이다. 생성 모델은 좋은 결과를 얻도록 훈련하기가 어렵기로 악명이 높다.[43] GAN도 이와 같은 생성 모델 중 하나

---

41 (옮긴이) 사실 이미 굳어져버린 용례에 따라 '적대'라는 말로 번역했지만, 그 원래 뜻에 비춰 보면 '대항'이라는 말이 적합한다. 그러므로 '적대 훈련'이라기보다는 '대항 훈련'이 개념에 가깝다. 육군에서 대항군을 두어 훈련하게 하는 일을 생각해 보면 이해하기 쉽다. '대적'해서 싸우는 게 아니라 '대항'해서 겨루는 것일 뿐이다. 전자는 지나치게 '투쟁'을 강조한 개념인 반면에 후자는 '대련'을 잘 나타내는 개념이다.

42 (옮긴이) 즉, '표집(標集)' 또는 '샘플링' 또는 '추출'. 그 밖의 통계학 분야의 많은 용례와 더 잘 어울리게 하려면 '표집'으로 번역해야 하지만, 이 용어를 낯설어 하는 사람이 많아 '표본추출'이라는 번역어를 채택했다. 근래에는 '샘플링'이라고 부르는 경향이 있어 보인다.

43 (옮긴이) 예를 들면 여러 동물의 특징을 한 번에 보여 주는 기묘한 사진을 생성하게 여러 동물 사진을 학습하게 했더니, 그 중에서도 고양이를 닮은 그림만 생성해 낸다든가 하는 일이 벌어지는 경우가 이에 해당한다. 이런 현상 중 하나로 최빈값 붕괴(mode collapse)를 들 수 있다.

이므로 이런 점에서 별로 다르지 않다. 다행히 모델들을 수렴하게 하여 성과를 낼 수 있도록 하는 '팁'과 '트릭'들을 여러분은 이 책에서 배울 수 있다.

서로 다른 방식으로 모아 쓰는 GAN의 각 부분들

지금까지 우리는 몇 가지 간단한 GAN 구조를 탐구해 왔는데, 이 책에서는 서로 다른 일곱 가지 GAN 유형을 살펴볼 수 있다. 이러한 GAN 유형들을 다룬 각 논문들 대다수에서 반드시 알아둬야 할 점은 생성기와 손실 함수들에서 변화가 일어난다는 점이다.

수행 방법 …

생성기는 이미지(즉 출력)를 생성하며, 손실 함수는 훈련 과정을 주도함으로써 다양한 함수가 최적화 되게 한다. 실제로는 어떤 변화가 일어날까? 이런 질문을 여러분과 함께 탐구할 수 있어서 기쁘다. 그 럼 다양한 아키텍처를 간단히 살펴보자.

작동 방식 …

GAN을 이해하는 가장 간단한 개념인 **화풍 모사(style transfer)**[44]에 대해 논의해 보자. 이러한 유형 의 방법론[45]에는 여러 가지 변형이 있는데, 특정한 모사 방식에 맞춰 GAN의 아키텍처도 변경되어야 한 다는 점에서 보면 매력적이다.[46] 예를 들어 어도비 리서치 랩(Adobe Research Labs)에서 나온 논문 중 하나에서는 화장을 하거나 화장을 지우는 일에 초점을 맞추고 있다.[47] 여러분은 어떤 사람의 사진을 보고서 그 사진에서 볼 수 있는 화장법을 다른 사람의 사진에 적용할 수 있겠는가? 이러한 일을 담당하 는 아키텍처를 나타낸 아래 그림에서 볼 수 있듯이, 이 아키텍처 그 자체는 상당히 발전된 것으로 이런 기술을 현실적으로 구현할 수 있게끔 한다.

---

44 (옮긴이) 미술 용어이다. 미술 용어를 모르는 사람들이 '스타일 전이'라는 말로 번역해서 사용하고 있는데 이는 전이 학습(transfer learning)과 혼동될 여지가 있으므로 지양하 는 게 좋겠다. 한편으로, 미술 작품에 대해서는 화풍 모사라고 번역할 수 있지만 음악 작품이나 문학 작품 등에 대해서는 '화풍 모사'라고 할 수는 없으므로 더 일반화된 말이 필 요하다. 그러므로 '작풍 모사(style transfer)'라는 말을 제안한다. 작풍(作風)이란 작품에 나타난 예술적인 기법이나 특징을 의미하며 국어 사전에 등재된 용어이다. 미술품의 작 풍을 일컫는 용어인 화풍과 달리 미술품(주로 이미지로 표현된 것)에만 국한되지 않고 사용할 수 있다.

45 (옮긴이) 즉, 화풍 모사 기법.

46 (옮긴이) 쉽게 설명하자면, 미술 작품 모사에 쓰이는 GAN 아키텍처를 음악 작품 모사에 쓸 수는 없으므로, 음악 작품 모사에 쓰기 알맞게 GAN 아키텍처를 변경해야 한다는 말 이다. 마찬가지 원리로 화풍(더 넓은 개념은 작풍)이란 것은 형식(또는 형태)만을 말하는 게 아니라 예술적인 수법(예를 들면 붓을 누르는 힘의 강약 조절 방식) 또한 일컫는 말이 므로, 예술적인 수법이 달라지면 이에 따라 GAN 아키텍처를 바꿔야 할 수도 있다는 말이기도 하다.

47 (옮긴이) 화장이란 행위를 얼굴이라는 도화지에 그림을 그리는 행위라고 여기면 화장 또한 화풍 모사 대상이 될 수 있음을 알 수 있다. 다만, 화장붓을 사용하는 방법과 화장에 사 용하는 색조/재료 등이 다르므로 화풍 자체가 일반적인 미술 작품과 다르다고 할 수 있다.

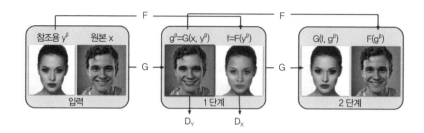

이 특정 아키텍처는 현재까지 가장 발전된 아키텍처 중 하나이다. 개별적인 손실 함수가 다섯 개나 있다! 이 아키텍처에 대한 흥미로운 점 중 하나는 화장을 입히는 일과 화장을 지우는 기능을 동시에 학습할 수 있다는 점이다. GAN이 화장을 입히는 방법을 이해하게 되었다면, GAN은 화장을 제거하는 데 필요한 원본 이미지를 가지고 있는 셈이 된다는 점을 여러분은 알 수 있을 것이다. 손실 함수가 다섯 개나 될 뿐만 아니라, 다음 그림에서 볼 수 있듯이 생성기의 구조 또한 상당히 독특하다.

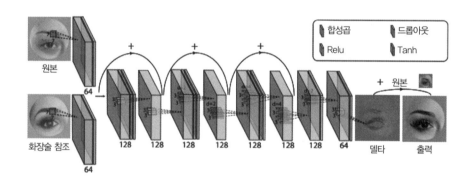

그런데 이런 화장 방식 모사 기법을 왜 굳이 다뤘을까? 우리가 다루려는 레시피 중 하나는 화풍 모사에 불과하므로 우리가 만들려는 GAN 모델이 이런 수준에까지 이를 필요는 없다는 점을 이 화장 기법과 비교해 보면서 알아차릴 수 있기 때문이다. 왜 그런 것일까? 현실적인 화장 애플리케이션을 구성하려면 모델을 적절히 조정해 판별기를 속일 수 있어야 해서 더 많은 손실 함수가 필요하다. 반면에, 화가의 화풍만 모사하는 경우를 생각해 보면, 앞서 나온 데이터 분포에서 볼 수 있었듯이, 서로 이질적인 여러 화장 '방식(style)'을 처리하지 않고 한 가지 '화풍(style)'을 일률적으로 모사하기만 하면 되므로 상대적으로 더 쉽게 구현할 수 있다.

GAN의 출력

어쨌든 여러 GAN의 구조와 유형이 서로 다를 수 있다는 점을 여러분은 알게 되었다. GAN이 다양한 일에 사용될 수 있다는 점도 알게 되었다. 그런데 GAN이 출력해내는 건 무얼까? 신경망(심층 신경망이든 아니든)의 구조가 서로 비슷하므로, 그 밖의 신경망이 산출해 낼 수 있는 모든 값을 GAN도 산출해 낼 수 있을 것이다. 이렇게 산출해 내는 것이 값 형식이 될 수도 있고 이미지 형식이나 기타 여러 변량(variables) 형식이 될 수 있을 것이다.[48] 그렇기는 해도 요즘에는 GAN 아키텍처를 한 가지 이미지를 적용해 다른 이미지를 수정하는 일에 주로 쓰고 있기는 하다.

수행 방법 …

몇 가지 예를 들어 GAN의 능력을 알아보자. 이번 단원에서 가장 중요한 부분 중 하나는 이 책의 끝 부분쯤에 이르러서는 이 모든 아키텍처를 구현할 수 있음을 알게 된다는 점이다. 다음 단원에서 다룰 주제는 다음과 같다.

- 한정된 데이터로 일하기: 화풍 모사

- 새로운 장면을 꿈꾸기: DCGAN

- 모조 데이터로 보강하기: SimGAN

작동 방식 …

GAN의 일반적인 응용 형태인 화풍 모사(style transfer)나 DCGAN 및 모조 데이터(simulated data)를 늘리는 일 등과 관련해 여기에서 논의해 볼 세 가지 핵심 단원이 있다.

한정된 데이터로 일하기: 화풍 모사

사진을 유명 화가(예를 들면 모네)의 화풍에 맞춰 쉽게 변환해 내는 신경망을 본 적이 있는가? GAN 아키텍처는 화풍 모사라고 하는 이런 신경망 유형에 종종 사용되며, 이 책의 레시피 중 하나에서 화풍 모사를 수행하는 방법을 배우게 된다. 다음에 보이는 그림은 우리가 곧바로 적용해 볼 수 있는 생성적

---

[48] (옮긴이) GAN을 응용하면 이미지 생성(즉, 작화)을 할 수 있을 뿐만 아니라, 그 밖의 여러 변량을 생성하는 일 즉, 문장 생성(즉, 작문이나 작사)이나 음악 생성(즉, 작곡), 영상 생성, 뉴스 기사 생성 및 그 밖의 다양한 콘텐츠도 생성할 수 있다는 점을 말하고 있다. 그러므로 GAN을 비롯한 여러 생성 모델이 장래 콘텐츠 산업에 막대한 영향을 끼칠 것이라는 점도 알 수 있다.

적대 신경망 아키텍처의 가장 간단한 응용 사례를 표현한 것 중 하나이다. 이 특별한 아키텍처가 지닌 강력한 능력에 대한 간단한 예를 들면 다음과 같다.

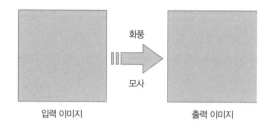

이미지 A는 입력에 표시되고 이미지 B는 화풍 모사된 이미지를 나타낸다. 이 입력 이미지에 '화풍'이 적용되었다.

우리 대신에 그림을 그려 줄 이와 같은 대리인들(agents), 즉 이러한 GAN 아키텍처들의 독특한 점 중한 가지는, 여러분에게 익숙한 일반적인 딥러닝 기술에 비해서 **사례(examples)**[49] 수를 덜 요구한다는 점이다. 유명 화가의 작품 수가 적어서 각 화풍에 대한 훈련용 사례 또한 적을 수밖에 없으므로 데이터 셋의 크기가 크게 제한되게 되고, 이에 따라 과거에는 더 발전된 기술을 동원해야 화가들의 화풍을 복제할 수 있었다. 그렇지만 오늘날에는 이런 기술을 사용해 누구나 자신의 마음속에서 '모네'와 같은 뛰어난 화가의 능력을 끄집어 낼 수 있게 되었다.

새로운 장면을 꿈꾸기: DCGAN

우리는 새로운 장면을 꿈꾸는(dreaming) 신경망에 관해 이야기한 적이 있다. GAN 아키텍처의 또 다른 강력한 응용 사례가 있다. **심층 합성곱 생성적 적대 신경망(deep convolution generative adversarial network, DCGAN)** 아키텍처는 일반적인 분류기와는 반대되는 방향으로 신경망이 작동할 수 있게 한다. 즉, 어떤 **입력 구문(input phrase)**이 신경망으로 들어가면 신경망이 이미지를 생성해 출력해 준다.[50] 이러한 출력 이미지를 생성하는 신경망은 고전적인 CNN 아키텍처를 기반으로 한 판별기를 이기려고 노력한다.

생성기가 특정한 수준을 넘어서게 되면 판별기는 훈련을 중단하는데(https://www.slideshare.net/enakai/dcgan-how-does-it-work), 다음 이미지는 DCGAN 아키텍처를 사용해 입력에서 출력으로 옮겨 가는 방법을 보여준다.

---

49 (옮긴이) '사례'란 데이터 집합의 원소(즉, 관측치)를 말하며, 이는 테이블 형식(예를 들면 엑셀 스프레드시트)에서 각 행(row)에 해당하고, 파일 형식에서는 각 레코드(record)에 해당한다. 인스턴스(instance)라고도 부른다. examples와 instance의 흔한 용례(즉, 예제를 지칭하거나 클래스의 인스턴스를 지칭하는 경우)와 다르다는 점에 유념하자.

50 (옮긴이) 예를 들어, '고양이'라는 구문을 입력하면 고양이 사진을 만들어 출력해 주는 방식이다. 기존에 흔히 쓰던 분류기에서는 반대 방향으로 작동했는데, 예를 들면 고양이 사진을 보여 주면 '고양이'라고 알려 주는 식이었다.

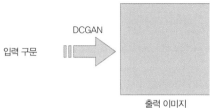

이미지에 대한 이름(명사)이 입력 구문으로 주어지면, DCGAN은 입력 구문을 이미지로 변환해 출력 공간에 표시한다.

궁극적으로 DCGAN은 난수 집합(예를 들면 단어에서 파생해 낸 숫자들 같은 것)을 가져 와서 이미지를 생성한다.[51] DCGAN은 입력 내용과 입력되는 이미지들에 첨부된 해당 레이블 간의 관계를 학습하기 때문에 이것을 가지고 재미있게 놀아 볼 만하다. 모델이 한 번도 겪어 본 적이 없는 단어를 우리가 입력할지라도 DCGAN은 여전히 출력 이미지를 만들어 낼 것이다. 이런 모델이 지금까지 본 적이 없던 단어에 대해서 어떤 종류의 이미지를 우리에게 안겨 줄지 궁금하기는 하다.

모조 데이터로 보강하기: SimGAN

애플은 최근 **모조 이미지(simulated images)**[52]를 진짜처럼 보이게 만드는 일에 초점을 둔 SimGAN이라는 아키텍처에 관한 논문을 발표했다. 논문 저자들은 눈동자 이미지를 **보강(enhancing)**[53]하기 위해 SimGAN이라는 특정 GAN 아키텍처를 사용했다. 이 문제는 어떤 면에서 흥미로울까? 모델을 쓸 필요가 없는 진짜 사람 손을 상상해 보자. SimGAN을 사용하면 진짜 사람 손으로 그린 것처럼 보일 법한 이미지도 생성해 낼 수도 있어서 상당히 흥미롭다. SimGAN에서 다루는, 모조 데이터 보강이라는 이 기술이 실생활에도 쓰이게 되면 많은 회사에 완전히 새로운 접근 수단과 이익을 안겨 줄 것이다.[54] SimGAN 아키텍처를 사용하다 보면, 실제로는 이 신경망의 아키텍처가 그다지 복잡하지 않다는 점을 알게 될 것이다.

51 (옮긴이) 이렇게 아무렇게나 만든 데이터(즉, 난수를 사용해 임의로 만든 데이터)가 들어 있는 공간이 앞에 나온 적이 있는 '잠재 공간'이다.

52 (옮긴이) 앞서 나온 GAN 유형 중 한 가지에서 만든 모작이 이러한 모조 이미지의 한 가지 사례이다.

53 (옮긴이) enhancing은 천문학 용어로도 쓰인다. '해상도 보강'이란 컴퓨터를 이용해 천문 사진의 화질을 높인다는 뜻이다. '해상도 복원'과 비슷한 개념이다. 그러므로 여기서는 '진짜에 가깝게 복원하기'라는 개념으로 이해하면 좋을 것 같다. 이런 개념을 바탕으로 오래 된 사진 복원, 망원 사진의 해상도 보강, 보안 시설의 생체 인식 기술 개발, 물체 검출 기능 향상 등의 응용 분야를 생각해 볼 수 있다.

54 (옮긴이) 이미 '자동 콘텐츠 생성'이라는 주제에 맞춰 논의되고 있는 부분이다. 콘텐츠 산업 분야에 큰 변화를 일으킬 것으로 기대되고 있다. 간단한 예로 카메라나 사진 편집 프로그램에서 화질 개선(처음 찍은 사진을 모작으로 간주하면 화질을 개선할 수 있음)을 해 낼 수 있다.

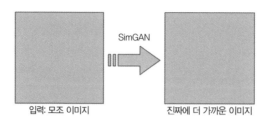

간단한 SimGAN 아키텍처 사례. 아키텍처 및 구현에 관해서는 곧 자세히 논의한다.

진짜 비법 양념에 비유할 만한 것은 애플 개발자가 신경망을 훈련하는 데 사용했던 손실 함수에 담겨 있다. 손실 함수를 이용하면 GAN 훈련을 조기에 중단해도 되는 시기를 알 수 있다. 이 아키텍처가 강력한 이유는 실제 데이터에 레이블을 일일이 부여하는 일은, 레이블이 붙은 데이터를 자동으로 산출 (produce, 즉 제작)하거나 생성(generate)하는 방식에 비해 비용이 더 많이 들기 때문이다. 시간과 비용이라는 측면에서 봤을 때 레이블을 완벽하게 덧붙인 **모조 데이터(simulated data)**를 빠르고 저렴하게 생산할 수 있을 뿐만 아니라 거래 공간을 제어할 수 있기까지 하다.

GAN 구조의 이점

아무튼, 이다지도 특별해 보이는 이번 장에서 무언가 배울 만한 게 있었는가? 나는 마지막 단원인 'GAN 구조의 이점'에서 GAN 구조가 왜 멋진지 그리고 어떤 점 때문에 장래 연구에도 사용할 만큼 강력한 도구가 될 수 있는지를 요점 정리 형태로 설명해 볼 생각이다.

수행 방법 …

이와 같은 요점을 정리하기 위해, 다음과 같은 세 가지 핵심 질문으로 시작해 보자.

1. GAN의 아키텍처들이 모두 서로 같은가?
2. GAN 아키텍처 내부에 새로운 개념이 하나라도 들어 있는가?
3. 어떻게 해야 GAN 아키텍처를 실용적으로 구축할 수 있는가?

우리는 또한 이번 장에서 논의한 핵심 내용을 검토해 볼 것이다.

작동 방식 …

다음과 같은 세 가지 핵심 질문을 살펴보자.

- GAN의 아키텍처들이 모두 서로 같은가?
  - GAN의 모양(shapes)과 크기에는 제한이 없다. 간단하게 구현한 것도 있고 복잡하게 구현한 것도 있다. GAN을 적용하려는 분야와 생성된 입력에 필요한 정확도가 어느 정도냐에 따라 모양과 크기가 달라질 뿐이다.
- GAN 아키텍처 내부에 새로운 개념이 하나라도 들어 있는가?
  - GAN은 심층 신경망을 중심으로 한 딥러닝 아키텍처의 발전에 크게 의존한다. GAN의 아키텍처 중에서 기발한 부분으로는 두 가지(또는 그 이상의) 신경망을 서로 훈련하게 하는 아키텍처라는 점과, 이러한 부분적 신경망들이 서로 적대적이라는 특성을 들 수 있다.
- GAN 아키텍처를 실용적으로 구축하려면 어떻게 해야 하는가?
  - 생성기와 판별기 그리고 관련 손실 함수들은 우리가 각 장을 배워 나가면서 하나씩 익혀 두어야 할 기본 빌딩 블록으로서, 우리는 이러한 빌딩 블록들을 쌓아서 GAN 모델을 구축하게 된다.

이번 장에서 기억해야 할 핵심 사항은 무엇인가?

- 초기 GAN 논문은 머신러닝이라는 공간에서 이제 막 운동을 시작한 일에 불과하다고 할 수 있다.
- 생성기와 판별기는 훈련 구성 방식이 독특한 신경망이다.
- 손실 함수들은 훈련 도중 아키텍처가 수렴할 수 있도록 하는 데 중요한 역할을 한다.

연습문제

다음 강의를 준비하는 데 필요한 몇 가지 기본 문제가 있다. 연습문제를 풀면서 정리해 보자.

1. 이미지넷(ImageNet)을 기반으로 CNN을 제작해 모든 MSCOCO[55] 계급들을 분류해 보라.
    힌트: 쓸 만한 모델이 아주 많다. 추론 모드(inference mode)에서 실행 중인 모델 중 한 개를 간단히 입수한 다음에 어떻게 작동하는지를 확인해 보기만 하면 된다.

2. 기본 GAN 아키텍처를 그려 보라.

3. 그러고 나서 이번 장에서 배운 주제를 바탕으로 아키텍처를 개선해 보라.

4. 생성기와 판별기를 빌딩 블록으로 생각하라.

---

55 (옮긴이) 마이크로소프트 사에서 제공하는 데이터셋과 API.

2장 | 데이터 중심, 용이한 환경, 데이터 준비

이번 장에서는 다음과 같은 레시피를 다룬다.

- 데이터가 그다지도 중요한가?

- 하지만 먼저 개발 환경부터 설정해야 한다.

- 데이터 형식

- 데이터 전처리

- 비정상 데이터

- 데이터 균형조절

- 데이터 확대(data augmentation)[1]

들어가며

데이터로 머신러닝 알고리즘을 만들 수도 있지만, 데이터 때문에 알고리즘이 깨질 수도 있다. 이번 장에서는 데이터 조작, 데이터 확대 및 불균형 데이터셋(즉, 이상점이 아주 많은 데이터)의 균형을 조절하기 위한 기본 작업을 설명한다. 각 레시피에서는 오픈소스 라이브러리를 사용해 생성적 적대 신경망(GAN)의 훈련을 가속화하는 방법에 대한 지침을 제공한다.

---

1 (옮긴이) augmentation에 대한 통계학 용례에 맞춰 '확대'로 번역했지만, '데이터 증식'이나 '데이터 증대', '데이터 늘리기' 또는 '데이터 보강'이라는 말이 더 개념에 알맞는 말이다. 이미 지닌 데이터를 이리저리 변형해 데이터 분량을 더 늘린다는 뜻이다.

데이터가 그다지도 중요한가?

데이터는 머신러닝 알고리즘의 피와 같은 것이라고 할 만큼 중요하다. 모델은 제공받은 데이터가 많을수록 좋아진다. 어쨌든, 음식으로 무엇을 섭취했는지에 따라 몸의 상태가 결정되게 마련이니 말이다. 우리는 학습을 위해 양질의 정제된 데이터셋을 개발하는 데 집중해야 한다. 환경 설정을 시작하고 알고리즘으로 처리할 데이터를 준비하는 일이 이와 같은 일의 출발점이다. GAN에서는 GAN이 아닌 그 밖의 기술들에서 사용하는 데이터셋보다 훨씬 적은 데이터셋만 가지고도 훈련하게 할 수 있는데, **데이터 준비(data preparation)** 과정에서는 이와 같은 근본적인 이점을 누릴 수 있도록 준비를 해 줘야 한다. 이런 이점은, 어떤 형태로 응용을 하게 되든 대응할 수 있도록 사용할 데이터를 확실한 것으로 만들어 두어야 한다는 뚜렷한 전제 조건을 따를 때 누릴 수 있다.

출발 준비

이 분야에 대해 내가 아직까지 알려주지 않고 깊숙이 감춰 둔 비밀 중 하나는 데이터를 준비하는 데 시간이 많이 걸린다는 점이다(때로는 전체 업무 처리 시간 중의 75% 정도까지 필요하다). 사람들이 왜 데이터 준비에 많은 시간을 쏟게 되는지에 대해 나는 수년간이나 의문을 지녀 왔었는데 그 대답은 정말 간단했다.

쓰레기 입력 → 쓰레기 출력

프로젝트의 성공이나 실패 여부가 데이터로 인해 결정된다. 사용할 만한 데이터를 찾아 낸 후에라도 그 중에서 적절한 데이터 부분만을 활용해 학습하게 하는 일에 정말 힘써야 한다.

수행 방법 …

다음과 같은 구성요소들을 포함하는 파이프라인을 구축해야 한다.

- 데이터 전처리(data preprocessing)
- 데이터 균형조절(balancing data)[2]
- 비정상 데이터(anomalous data) 처리
- 데이터 확대(datga augmentation)

2 '데이터 저울질'이라는 말이 가장 적절한 번역어일 것이다. 이상점과 정상 분포 사이에 적절한 균형이 잡혀 있는지를 확인하는 일이기 때문이다.

이 네 가지 개념이 이번 장의 발판이 된다. 예제를 사용해 이 네 가지 영역에서 작업을 진행하면서 우리는 모델이 적절한 **특색과 특질(traits and qualities)**을 학습하게 하는 데 있어 각 개념이 기여하는 바가 상당하다는 점을 알 수 있게 될 것이다.

먼저 이 모든 기본 기술을 어떻게 적용할 수 있는지에 대한 간단한 예부터 다뤄 보자. 여기서는 개념을 소개하는 데만 초점을 맞추고, 이번 장의 나머지 부분에서 이 개념을 실제로 구현하는 일에 초점을 맞출 것이다. 기본적으로 보면 이게, 나중에 우리가 한 조각씩 채워 나갈 템플릿이 되어 갈 것이다.

데이터 처리 파이프라인을 제작하는 단계는 다음과 같다.

1. NumPy 배열로 데이터를 읽어 들인다.

2. 비정상 지표(anomalous indices)에 대한 데이터 분포를 확인한다.

3. 학습 단계를 위해 데이터셋의 균형을 유지한다.

4. 비정상 데이터를 폐기한다.

5. 체계적이고 지적인 방식으로 데이터를 확대한다.

작동 방식 ⋯

다음 몇 가지 레시피에서는 **데이터 파싱(data parsing)**을 위해 이 파이프라인을 생성하는 코드를 작성하는 일에 초점을 맞출 것이다. 파이프라인 레시피에서는 이 파이프라인을 앞으로 나올 여러 장에서 템플릿으로 사용할 클래스로 만들기 위한 단계들을 안내할 것이다.

더 많은 정보 ⋯

다양한 딥러닝 데이터 처리 기술을 향한 여행을 시작하자는 게 이번 장의 주제이다. 딥러닝으로 하는 일의 상당 부분은 데이터 파싱에 해당한다. 우리는 모델이 올바른 데이터를 사용해 학습할 수 있게 진지하게 데이터 파싱을 고려해야 한다. 이 책 전반에 걸쳐서 여러분은 데이터 파싱이란 것이, GAN을 수렴하게 하는 데 중요한 구성요소일 뿐 아니라, 이렇게 수렴된 모델에서 훌륭한 결과를 얻는 데 필요한 구성요소임을 이해하게 될 것이다. 반면에 아키텍처는 우리가 만드는 학습기(즉, 모델)에 영향을 줄 수 있는 유일한 것(즉, 데이터)과는 멀리 떨어져 있다.

이번 장을 학습하는 과정에서 많은 예제들이 나온다. 코드를 실행하는 데 필요한 도구에 관해서는 https://docs.docker.com/engine/docker-overview/에 나오는 'Docker overview(도커 훑어보기)' 부분을 처음부터 잘 이해해 둬야 한다.

또한 파이썬 및 NumPy, SciPy에 관해서도 읽어 보기 바란다.

- **파이썬**: https://wiki.python.org/moin/BeginnersGuide/Overview

- **NumPy**: https://docs.scipy.org/doc/numpy/

- **SciPy**: https://www.scipy.org/getting-started.html

나는 이러한 기술들을 여러분이 기본적으로 이해하고 있어야 한다는 점을 강조하고 싶다. 여기에 나오는 인터넷 주소를 따라 가서 볼 수 있는 내용이란 게 엄밀히 말하자면 그저 참조 사항에 불과할 뿐이기 때문이다.

개발 환경 설정

개발 환경이란 무엇인가? 흔히 엄청나게 어려운 과정을 거쳐야 개발 환경을 설정할 수 있다고들 생각한다. 설치 과정이 어려울 수 있기는 하다. 그렇지만 사실은 아주 간단하다. 여러분에게 이런 레시피의 기본적인 내용을 보여 줄 생각이다.

출발 준비

이 책을 재대로 배우는 데 필요한 장비는 이렇다.

- **GPU**: 10 시리즈 CUDA 지원 엔비디아 GPU[3]

- **운영체제**: 우분투 리눅스 16.04 버전 이상[4]

- **CPU**: 펜티엄 i5 또는 펜티엄 i7

- **RAM**: 최소 8GB

이 책을 학습하려면 무엇보다도 GPU가 필요하다. 기술적으로만 보면, 이 책에 나오는 모델들을 CPU에서도 훈련할 수는 있지만, 이런 경우에 모델 하나가 수렴하는 데 며칠이 걸릴 수도 있다. 어떤 경우에는 GPU 한 개를 사용한다고 할지라도 모델이 수렴하는 데 하루나 그 이상이 걸릴 수도 있다. GPU는

---

3 (옮긴이) GTX1050, GTX1060, GTX1070, GTX1080 등과 같은 엔비디아(NVIDIA) 사가 제조한 GPU 칩셋을 사용한 그래픽 카드. 가성비 면에서 GTX1060 정도가 바람직하다. GTX1050은 딥러닝을 처리하기에 다소 성능이 부족하다. 20 시리즈가 최근에 나왔는데, 20 시리즈를 써도 무방할 것으로 보인다.
4 (옮긴이) 최신 우분투 버전이 CUDA와 잘 맞지 않는 경우가 있다고 알려져 있다. 그러므로 될 수 있으면 우분투 버전을 16.04에 맞추는 게 좋겠다.

CPU에 비해 엄청난 연산 능력을 제공하므로 사용자가 이 책을 최대한 활용하려면 갖춰 둬야 한다. 요즘에는 1060 모델[5]이 달린 노트북 컴퓨터를 110만 원(약 900달러) 내외로 쉽게 구할 수 있다.

우분투(Ubuntu)는 이러한 개발 방식에 걸맞는 운영체제이다. 이 책은 기본 운영체제로는 우분투를 사용하고, 기본 셸로는 배시(bash)를 사용한다고 가정한다. 우분투가 설치되어 있고 컴퓨터 내부에 적절한 하드웨어가 있다는 가정하에 모든 예제가 진행된다.[6] 이 책을 학습하기 쉽도록 책 내용을 여러 가지 기본 부분들로 구분할 생각이다.

수행 방법 …

신규 개발자가 되려면 몇 가지 일반적인 단계를 거쳐야 하는데, 다음 하위 단원에서 언급할 엔비디아 드라이버 설치, nvidia-docker 솔루션 설치, 개발용 공통 컨테이너 구축이 이에 해당하는 단계들로서, 이에 대해서는 이어서 나오는 여러 하위 단원에서 설명한다.

GPU를 구동할 엔비디아 드라이버 설치하기

적절한 엔비디아 드라이버를 설치하는 일이 아주 중요하다. 텐서플로에서 CUDA를 사용하려면 이렇게 해야만 한다.[7] 엔비디아는 CUDA 라이브러리를 이런 문장으로 설명한다.

"CUDA®는 엔비디아가 그래픽 처리 장치(GPU)에서 일반적인 컴퓨팅을 위해 개발한 병렬 컴퓨팅 플랫폼이자 프로그래밍 모델이다. 개발자들은 CUDA를 거쳐 GPU의 성능을 이용함으로써 컴퓨팅 애플리케이션의 속도를 획기적으로 향상시킬 수 있다."(출처: https://developer.nvidia.com/cuda-zone).

텐서플로에서 CUDA를 사용하면 처리 속도를 획기적으로 높일 수 있다. 이를 실현하려면 특정 유형의 GPU와 드라이버를 텐서플로를 사용할 시스템(즉, 호스트 시스템)에 미리 설치해 두어야 한다.

자, 필요한 것들을 설치해 보자.

이번 단원에서는 권장 드라이버를 지정하고 몇 가지 설치 옵션을 제안한다. 드라이버가 설치된 컴퓨터별로 설치 내용이 다를 수 있으므로, 동일하게 설치되어 있는지를 개발자별로 확인하기는 어렵다. 그렇

5　(옮긴이) 즉, 엔비디아의 GTX1060 칩셋을 사용한 그래픽카드. 옮긴이도 이 칩셋을 탑재한 그래픽카드 한 개를 사용해 딥러닝 모델들을 시험해 보았는데, 여러 도서에 예제로 나오는 모델은 수분에서 수시간 내에서 거의 다 훈련이 된다. 이 때 칩셋 못지 않게 중요한 건 그래픽 카드의 그래픽 메모리와 컴퓨터의 RAM 용량이다. CPU는 펜티엄 i3 정도여도 무방하지만, RAM은 32GB 이상인 게 바람직해 보인다. 그래픽카드에 장착되는 그래픽 메모리는 6GB 이상인 게 좋다. 메모리 용량이 충분하지 않으면 아예 모델이 실행되지 않는 경우도 있다.

6　(옮긴이) 하드웨어를 당장 갖추기 어렵다면 아마존 웹 서비스를 이용해도 무방하다. 아마존 웹 서비스에서 제공하는 인스턴스들(즉, 사용하고자 하는 시스템 사양) 중에 p2.xlarge라는 인스턴스 정도면 딥러닝 모델을 실험해 보기에 무방하다. 유료이기는 하지만 부담스런 금액은 아니다.

7　(옮긴이) 텐서플로를 설치할 때 텐서플로에서 GPU를 사용하겠다고 지정해 두면, 텐서플로는 CUDA를 백엔드 라이브러리로 사용해서 GPU를 구동시켜 텐서 연산을 한다.

게 하는 대신에 우리는 드라이버를 처음부터 설치해 가며 완비하는 방법을 몇 가지 보여줄 생각이지만, 드라이버를 응용하는 일은 전적으로 독자에게 달려 있다.

일단, nvidia-smi라는 명령을 실행하면 시스템에 설치된 드라이버의 버전을 확인할 수 있다.

다음 화면은 nvidia-smi 명령을 내렸을 때 출력되는 내용을 보여 준다.

```
+-----------------------------------------------------------------------------+
| NVIDIA-SMI 390.59                 Driver Version: 390.59                     |
|-------------------------------+----------------------+----------------------+
| GPU  Name        Persistence-M| Bus-Id        Disp.A | Volatile Uncorr. ECC |
| Fan  Temp  Perf  Pwr:Usage/Cap|         Memory-Usage | GPU-Util  Compute M. |
|===============================+======================+======================|
|   0  GeForce GTX 1060    Off  | 00000000:01:00.0 Off |                  N/A |
| N/A   46C    P2    22W /  N/A |    244MiB /  6078MiB |      5%      Default |
+-------------------------------+----------------------+----------------------+

+-----------------------------------------------------------------------------+
| Processes:                                                       GPU Memory |
|  GPU       PID   Type   Process name                             Usage      |
|=============================================================================|
|    0      1224      G   /usr/lib/xorg/Xorg                            189MiB |
|    0      2130      G   compiz                                         52MiB |
+-----------------------------------------------------------------------------+
```

nvidia-smi 명령을 내려 나오는 출력 내용에는 GPU와, 실행 중인 모든 프로세스 및 현재 드라이버 버전이 표시된다.

Nvidia-Docker를 설치하기

Nvidia-Docker의 위계구조(hierarchy)는 다음과 같은데, 이 위계구조를 잘 이해한 다음에 설치에 나서는 게 바람직하다.

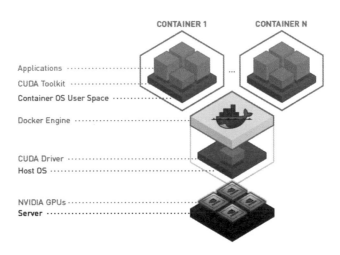

도커 엔진이 GPU와 상호 작용할 수 있게 해주는 nvidia-docker 계층 구조

도커(Docker)란 무얼까? 도커를 설명한 웹 사이트에 따르면 도커를 **가벼움(lightweight)**이라는 한 마디 말로 대변할 수 있다고 한다. 컴퓨터 한 대에서 실행되는 여러 도커 컨테이너는 해당 컴퓨터의 운영체제 커널을 공유한다. 각 컨테이너가 인스턴스화되어 실행되기 때문에 컨테이너를 사용하지 않는 경우보다 상대적으로 컴퓨터 성능과 RAM을 덜 사용하게 된다. 도커 컨테이너들의 메모리 이미지들은 파일 시스템 계층들로 구성되며 공통 파일을 공유한다(출처: https://www.docker.com/what-container).

기본적으로 도커를 사용하면 컨테이너마다 가벼운 **가상 컴퓨터(virtual machine, VM)**를 지니게 되는 셈이 되므로, 애플리케이션을 컨테이너 안에 다 집어 넣어 둘 수 있을 뿐만 아니라, 같은 컨테이너로 다시 들어가 이용하려 할 때에도 환경이 동일하게 유지되어 있게 된다. NVIDIA-Docker는 여기서 한 걸음을 더 나아가서 도커 컨테이너가 GPU와 상호 작용할 수 있도록 적절하게 연결해 준다. 이다지도 뛰어난 제품이 우리의 개발 환경에는 아주 중요하다. 일단 NVIDIA-Docker를 설치한 후에는 환경 중 나머지 부분을 아주 간단히 통합할 수 있다.

설치하기도 쉽다. 그렇지만 먼저 https://github.com/NVIDIA/nvidia-docker라는 웹 사이트를 방문해 이 책이 출판된 이후에 바뀐 내용은 없는지 확인해 보는 게 좋겠다. 이 책을 저술하는 시점에서는 NVIDIA-Docker2가 최신판이다. 다음과 같은 단계들을 거치며 NVIDIA- Docker2 시스템을 설치한 후에는 sudo apt upgrade라는 명령을 사용해 주기적으로 업그레이드를 할 수 있다.

웹 사이트를 방문할 때 다음과 비슷한 지시사항들을 볼 수 있을 것이다.[8]

```
Ubuntu 14.04/16.04/18.04, Debian Jessie/Stretch
# nvidia-docker 1.0이 설치되어 있다면 이것과 이미 설치된 모든 GPU 컨테이너를 삭제한다.
docker volume ls -q -f driver=nvidia-docker | xargs -r -I{} -n1
docker ps -q -a -f volume={} | xargs -r
docker rm -f
sudo apt-get purge -y nvidia-docker

# 패키지 저장소들을 추가한다.
curl -s -L https://nvidia.github.io/nvidia-docker/gpgkey | \
sudo apt-key add -distribution=$(. /etc/os-release; echo $ID$VERSION_ID)
curl -s -L https://nvidia.github.io/nvidia-docker/$distribution/nvidia-docker.list | \
sudo tee /etc/apt/sources.list.d/nvidia-docker.list
sudo apt-get update
```

8 (옮긴이) 이 책에서는 이해를 돕기 위해 내용 중에 주석 부분을 번역했다.

```
# nvidia-docker2를 설치하고 도커 대몬 환경구성(configuration) 사항을 재적재(reload)한다.
sudo apt-get install -y nvidia-docker2
sudo pkill -SIGHUP dockerd

# 최신의 공식 CUDA 이미지를 사용해 nvidia-smi를 테스트해 본다.
docker run --runtime=nvidia --rm nvidia/cuda nvidia-smi
```

 이런 지시사항의 출처는 https://github.com/NVIDIA/nvidia-docker이다.

이번에는 각 명령을 자세히 살펴보자.

도커의 이전 버전을 제거하기

도커를 설치하기 전에 먼저 이전 버전을 모두 제거해야 한다. 이 저장소 관리자(folks)는 이와 관련된 몇 가지 명령을 제공한다. 첫 번째 명령으로 모든 이전 버전 도커를 제거할 수 있다.

```
docker volume ls -q -f driver=nvidia-docker | xargs -r -I{} -n1
docker ps -q -a -f volume={} | xargs -r
docker rm -f
```

이 명령이 완료된 후, 다음 단계로 apt-get에서 purge 메서드를 사용해 이전 작업을 하는 중에 설치된 NVIDIA-Docker 관련 설치 내용들을 제거한다.

```
sudo apt-get purge -y nvidia-docker
```

이세 1단계 설치를 끝냈다!

패키지 저장소 추가

이제 NVIDIA-Docker의 이전 버전을 모두 제거한 셈이다. 키와 저장소를 일반적인 apt-get 저장소에 추가할 차례이다. 첫째, 'NVIDIA-Docker 설치'라는 레시피에서, 우리는 NVIDIA-Docker 저장소와 접촉할 수 있게 apt-get에 적절한 키(key)를 추가해야 한다.

```
curl -s -L https://nvidia.github.io/nvidia-docker/gpgkey | \
sudo apt-key add -distribution=$(. /etc/os-release; echo $ID$VERSION_ID)
```

키를 추가한 후에 패키지를 설치할 때 apt-get이 가져올 수 있는 소스에 저장소(repo)를 추가한다.

```
curl -s -L https://nvidia.github.io/nvidia-docker/$distribution/nvidia-docker.list | \
sudo tee /etc/apt/sources.list.d/nvidia-docker.list
```

마지막으로, apt-get update로 명령하면 설치 가능한 패키지 목록을 apt-get이 갱신한다. 방금 새 저장소를 추가했으므로 이 업데이트를 통해 다음 단계에서 NVIDIA-Docker 저장소를 설치할 수 있다.

```
sudo apt-get update
```

이제 다음 단계로 넘어 가자.

Nvidia-Docker2 설치 및 데몬을 다시 적재하기

여러분이 고대하던 지점이다! (고대하지 않았을 수도 있겠지만 말이다.) apt-get을 사용해 nvidia-docker2 패키지를 설치한다.

```
sudo apt-get install -y nvidia-docker2
```

그런 다음 pkill을 사용해 설치 후 도커 데몬이 재시작되게 한다.

```
sudo pkill -SIGHUP dockerd
```

이제 설치한 내용을 간단히 테스트해 볼 준비가 된 셈이다.

도커 컨테이너를 통해 nvidia-smi를 테스트하기

중요한 순간이 다가왔다. 이 명령이 올바르게 실행되면 nvidia-smi 출력 내용이 컨테이너 밖의 컴퓨터에 보여야 한다.

```
docker run --runtime=nvidia --rm nvidia/cuda nvidia-smi
```

출력 결과는 **'GPU를 구동할 엔비디아 드라이버 설치하기'** 단원에서 nvidia-smi 명령을 내렸을 때의 사례와 비슷하게 보인다.

```
NVIDIA-SMI 384.90                     Driver Version: 384.90          |

GPU  Name     Persistence-M| Bus-Id       Disp.A | Volatile Uncorr. ECC |
Fan  Temp  Perf  Pwr:Usage/Cap|           Memory-Usage | GPU-Util  Compute M. |
===============================+======================+======================|
  0  Tesla K80       Off | 00000000:00:04.0 Off |                    0 |
N/A   34C    P0   70W / 149W | 11439MiB / 11439MiB |      0%      Default |
+-----------------------------+----------------------+----------------------+


Processes:                                                   GPU Memory |
 GPU      PID   Type   Process name                          Usage      |
=======================================================================|
    0     5880      C   python3                                10860MiB |
    0     5916      C   python3                                  341MiB |
    0     6154      C   python3                                  225MiB |
+---------------------------------------------------------------------+
```

nvidia-smi를 테스트하기

이제 개발 환경을 실제로 구축할 준비가 되었다.

개발용 컨테이너 만들기

컨테이너(container)란 무엇인가? 컨테이너는 특정 운영체제 및 소프트웨어 구성내용이 들어 있는 가상머신(VM)을 나타내는 도커 이름이다. 우리의 경우에는 컨테이너란 새로운 패키지를 학습할 때마다 패키지를 새로 설치하는 일을 걱정하지 않고도, 학습할 단원이 바뀔 때마다 구성내용만을 얼마든지 변경할 수 있게 하는 부분을 말한다. 도커 컨테이너를 사용하면 각 장별로 각기 다른 개발 환경을 사용할 수 있으므로, 단원이 바뀔 때마다 환경을 다시 구성하기 위해 학습 진도를 잠시 멈춰야 하는 일을 방지할 수 있다. 이 책에서는 각 장별로 레시피 완성을 위한 기본 구성내용을 나타낸 Dockerfile을 제공한다.

여기서 나는 이렇게 특별한 도구가 얼마나 강력한지를 느낄 수 있게, 단순한 Dockerfile 예제를 간략히 설명해 보겠다. 우리가 다룰 예제는 다음과 같다.

```
FROM nvidia/cuda:9.0-cudnn7-devel-ubuntu16.04
ARG KERAS=2.2.0
ARG TENSORFLOW=1.8.0

# 컨테이너 내부에서 저장소들을 업데이트한다.
RUN apt-get update

# Python 2나 3을 설치하고 기본 도구들도 설치한다.
```

```
RUN apt-get install -y \
        python-dev \
        python3-dev \
        curl \
        git \
        vim

# pip를 설치한다.
RUN curl -O https://bootstrap.pypa.io/get-pip.py &amp;&amp; \
        python get-pip.py &amp;&amp; \
        rm get-pip.py

# 텐서플로와 케라스를 설치한다.
RUN pip --no-cache-dir install \
        tensorflow_gpu==${TENSORFLOW} \
        keras==${KERAS}
```

이 내용은 이 책의 나머지 장에서 쓸 기본 이미지를 작성하는 방법의 토대가 된다. 여기서 작성해 본 이 기본 메모리 이미지 부분을 이 책에서는 base_image라고 부를 것이며, 앞으로 나오는 거의 모든 장에서 이 부분을 상속 받아 사용하게 된다.

더 많은 정보 …

https://docs.docker.com/engine/reference/run/에는 도커 파일들에서 RUN 명령들이 어떻게 작동하는지 궁금할 때 살펴볼 만한 몇 가지 주제가 실려 있다.

데이터 형식

컴퓨터 과학에서 데이터 형식(data types)[9]이란 데이터가 프로그램에 저장되는 방식을 나타내는 말이다. 이번 단원에서는 MNIST 데이터의 구조를 살펴보고 데이터를 간단히 다루는 방법을 보여준다.

---

9 (옮긴이) 데이터 타입, 데이터 유형, 자료 형식, 자료 유형 등으로 다양하게 부른다.

출발 준비

데이터 형식에 중점을 두면서 **데이터 처리(data processing)**라는 곳으로 여행을 시작해 볼 생각이다. 이 여정의 각 단계는 이 책을 이해하는 데 중요하다. 파이썬에서 데이터 형식이란 데이터 유지 구조를 의미한다. 딕셔너리(dictionary)나, 부동소수점 수(float)로 구성된 배열(array) 등을 생각해보라. 이것들은 모두 우리가 이해하고 생각해 보아야 할 데이터 형식의 일종이다. 이 책에 나오는 처음 몇 가지 레시피에서는 2차원 상(two-dimensional imagery, 즉 2D 이미지)을 사용하는 방법에 초점을 맞출 것이기 때문에, 이 레시피 모음에서 탐색할 예제는 이미지를 파싱(parsing)하는 예제가 될 것이다. MNIST 데이터셋(MNIST dataset)이라고 부르는, 간단하고 작은 데이터셋을 가지고 이 일에 착수할 생각이다. 이 데이터셋에는 이해하기 쉬운 6만 자의 손글씨 이미지에 레이블까지 붙어 있는 데이터들이 들어 있어 다양한 머신러닝에 사용된다. 또한 데이터 분량이 아주 적기 때문에 아주 쉽게 내려받아 다뤄볼 수 있다. 일부 맛뵈기용 메서드들에서 이 데이터를 사용해 곧바로 작업할 수 있으며 공간을 많이 차지하지도 않는다.

어쨌든 우리는 데이터의 원래 용도부터 이해해야 한다. 딥러닝에 사용하려는 의도로 제공된 거의 모든 데이터셋에는 데이터에 대한 설명 내용이 있다. MNIST에도 설명 내용이 있으며 훈련이나 조작을 위해 사용할 데이터 형식을 이해하기 전에 먼저 이 설명 내용을 검토해 볼 수 있다. 기본적인 내용이 http://yann.lecun.com/exdb/mnist/에 실려 있다.

수행 방법 …

데이터셋 작성자가 데이터셋의 내용을 어떤 식으로 멋지고 깔끔하게 요약해 두었는지에 유념하자. 이를 통해 데이터를 어떻게 구분해 두었고 어떻게 작성했는지를 확실히 알 수 있다. 우리의 경우에는, 훈련 이미지 파일(train-images)과 훈련 레이블 파일(train-labels)을 사용해 작업해 볼 생각이다. 이 경우에, 우리는 Dockerfile 내부에서 리눅스의 wget 함수를 사용해 특정 Dockerfile을 이용할 때 사용할 데이터를 포함해야 한다는 점에 유념하자. 다음은 이런 작업을 하기 위한 예다.

```
FROM base_image
ADD types.py /
```

이 도커 파일에서 우리는 기본 이미지를 상속하고 파이썬 파일을 컨테이너에 복사한다.

마지막으로, 각 tar 파일에 무엇이 있는지 이야기해 보자. 이미지(X, 즉 입력 데이터)와 레이블(Y, 즉 출력 변수)을 모두 이해해야 한다. 이게 뻔한 일처럼 보일지 모르지만, 나는 수년 간의 고통스런 경험을 겪고 나서야 겨우 배울 수 있었다는 점을 여러분의 마음에 새겨 주고 싶다. 데이터의 기본 구조를 검 토하고 이해하는 게 여러분이 할 수 있는 일 중에서 가장 중요하다는 점 말이다. 여러분이 살피려는 데 이터가 '단순한 이미지 한 개'일 뿐이라고 여겨서는 안 된다. 채널 순서 변경, 인코딩 방식 변경, 척도구 성(scaling), 회색조(grayscale) 처리 등을 요구하는 메서드들이 있다. 나는 이러한 가정들을 한 덕분 에 일을 다시 할 수 있었다. 이 책의 진도를 따르다 보면, 데이터를 사용해 모델이 학습을 하게 하기 전 에, 왜 데이터를 이해하고 평가할 시간이 여러분에게 필요한지 이해하게 될 것이다.

MNIST 데이터셋에 나오는 레이블들은 0에서 9에 이르는 숫자로 간단히 인코딩되어 있다. 어쨌든 우 리가 하려는 과업이 손글씨를 인식하려는 일이어서, 우리는 단순히 숫자를 인식하거나(판별 모델링) 입력 내용을 기반으로 숫자를 만들려고 시도하는 일(생성 모델링)을 해 보고 있는 중이다. 다 좋기는 한데 도대체 이런 정보를 어떻게 사용해야 할까?

우리는 이 데이터를 검사해 내는 간단한 예제를 겪어 볼 생각이다. 우리는 이미 컨테이너에 들어 있는 데이터의 압축을 풀었으므로, 다음 단계로 데이터를 읽음으로써 올바른 입력을 보장할 차례이다. 속도 를 높이고 단순함을 유지할 수 있게 파일 몇 개를 읽고 나서 그 형식을 살펴보자. 다음 코드를 사용하면 데이터를 분석하고 기본 정보를 익힐 수 있다.

1. 작업 수행을 위한 가져오기 부분은 이렇다.

```python
#!/usr/bin/env python
import numpy as np
import matplotlib.pyplot as plt
from tensorflow.examples.tutorials.mnist import input_data
```

2. 디렉터리에서 데이터를 읽는다.

```python
mnist = input_data.read_data_sets("MNIST_data/", one_hot=False)
```

3. 이미지 훈련 데이터의 모양을 살펴보자.

```python
print("Shape of the Image Training Data is "+str(mnist.train.images.shape))
```

앞의 코드에 따른 출력 내용은 다음과 같다.

```
Shape of the Image Training Data is (55000, 784)[10]
```

4. 레이블 훈련 데이터의 모양을 살펴보자.

```python
print("Shape of the Label Training Data is "+str(mnist.train.labels.shape))
```

---

10 (옮긴이) '이미지 훈련 데이터의 모양은 (55000, 784)이다.'라는 뜻이다.

앞의 코드에 따른 출력 내용은 다음과 같다.

```
One-Hot False : Shape of the Label Training Data is (55000,)
One-Hot True : Shape of the Label Training Data is (55000,10)
```

5. 데이터셋에서 무작위로 표본을 취한다.

```
index = np.random.choice(mnist.train.images.shape[0], 1)
random_image = mnist.train.images[index]
random_label = mnist.train.labels[index]
random_image = random_image.reshape([28, 28]);
```

6. 이미지를 그린다.

```
plt.gray()
plt.imshow(random_image)
plt.show()
```

작동 방식 …

이 코드를 한 조각씩 낱낱이 살펴보면서 이 데이터로 작업하기 위해 해야 할 일을 모두 이해하자. 언제나 그렇듯이 파이썬으로 코딩하기 위한 상용구 항목부터 시작한다. 첫 번째 줄에서는 우리가 사용해야 하는 파이썬 인터프리터를 설정한다.

```
#!/usr/bin/env python
import numpy as np
import matplotlib.pyplot as plt
from tensorflow.examples.tutorials.mnist import input_data
```

다음으로 텐서플로의 예제용 라이브러리에서 데이터를 가져온다.

```
# 이 디렉터리에서 읽는다.
mnist = input_data.read_data_sets("MNIST_data/", one_hot=False)
```

이 가져오기(import) 함수에는 원핫인코딩 옵션인 one_hot이 있다. 이 특별한 예제를 위해, 우리는 one_hot을 False로 지정해 둘 것이다.

원핫인코딩: 범주형 변수(categorical variables)를 사용한다면 여러 값을 숫자 공간으로 인코딩하는 간단한 방법이 필요하다.[11] 원핫인코딩이란, 범주형 변수를 정수 값에 매핑(mapping, 사상)한 다음에 다시 이진 벡터 표현식에 매핑하는 과정을 의미한다. SciPy에서는 이러한 변수 유형을 쉽게 인코딩할 수 있는 한 줄짜리 메서드들이 있으므로 원핫인코딩을 하기가 간단하다.

모든 데이터셋에 대해 원하는 데이터가 있는지를 확인하기 위해 데이터의 모양(shapes)을 살펴보기 바란다.

```
# 이미지 훈련 데이터의 모양을 살펴본다.
print("Shape of the Image Training Data is "+str(mnist.train.images.shape))

# 레이블 훈련 데이터의 모양을 살펴본다.
print("Shape of the Label Training Data is "+str(mnist.train.labels.shape))
```

이 코드를 실행하면 다음과 같이 출력되어야 한다.

```
Shape of the Image Training Data is (55000, 784)
Shape of the Label Training Data is (55000,) # (if One-Hot False)
Shape of the Label Training Data is (55000,10) # (if One-Hot True)
```

다음으로, 데이터셋의 표본 이미지를 살펴보자.

```
# 데이터셋에서 무작위로 사례들을 취한다.
index = np.random.choice(mnist.train.images.shape[0], 1)
random_image = mnist.train.images[index]
random_label = mnist.train.labels[index]
random_image = random_image.reshape([28, 28]);

# 이미지를 그린다.
plt.gray()
plt.imshow(random_image)
plt.show()
```

데이터의 내용을 실제로 보게 되니 재미가 솟아난다. 784개 단일 차원으로 된 배열을 28×28 크기로 된 이미지로 바꿀 필요가 있음을 알 수 있다. 텐서플로는 사용하는 기법에 따라 이미지 형식을 서로 다

---

11 (옮긴이) 저자는 '인코딩'이라고 표현했지만 그 개념으로 보아 '임베딩'(즉, 수학 용어로는 매장)하는 방법이 필요하다는 이야기이다.

르게 한다. 작업 중인 정보를 이해할 수 있도록 데이터를 시각화해야 하는 이유가 바로 이 때문이다. 이제 파이썬 코드를 실행하는 데 필요한 모든 설치 작업을 마무리했다. 개발 환경을 사용해 이 코드 파일을 실행해 보자.

저장소에는 항상 **빌드 스크립트(build script)**와 **실행 스크립트(run script)**가 있다. 빌드 스크립트는 기억하고 있듯이 Dockerfile을 빌드하는 데 쓰고, 실행 스크립트는 환경을 실행하는 데 쓴다. 현재 설정을 사용하고 있는 상태일 때, 새로운 변경 사항을 적용하기를 바란다면 구축을 해야 한다. 도커 실행 파일을 사용하면 컴퓨터의 폴더를 도커 이미지에 연결(map)할 수도 있다.

코드를 도커 컨테이너에서 실행하기

우리는 도커 컨테이너를 상속 받은 다음에 방금 작성한 코드를 컨테이너에 추가할 것이다.

```
FROM base_image
ADD types.py /
```

이 Dockerfile은 이번 장의 앞부분에서 작성해 두었던 기본 컨테이너를 상속한다. 그런 다음 파이썬 파일을 컨테이너에 추가한다. 즉, 우리가 이 코드를 실행하려 할 때마다 컨테이너를 다시 빌드해야 한다는 의미이다. 다행히도 이번에 소개할 몇 가지 셸 스크립트를 사용하면 이렇게 할 수 있다.

이 파이썬 파일을 테스트하려면 터미널을 열고 디렉터리를 데이터 형식들을 담아 둔 디렉터리로 변경하고 다음 build.sh 스크립트를 만들어야 한다.

```
#/bin/bash
nvidia-docker build -t ch2 .
```

이 스크립트에서 우리는 어떤 환경을 사용할지를 우분투에 알린다. 그런 다음 4를 사용해 새로운 ch2 컨테이너를 만든다. 이번 장에서는 단순한 샘플들을 만들고 있는데, 쓸 데 없이 컨테이너를 많이 만들어 두고 싶지는 않으므로, 이번 장을 끝내면서 컨테이너를 덮어 쓸 것이다. 이제 우리는 빌드 스크립트와 Dockerfile을 지니게 되었다. 다음 명령을 실행해 구축하면 된다.

```
sudo ./build.sh
```

구축이 완료되고 나면 다음 명령을 내릴 수 있다.

```
sudo ./run.sh
```

모든 게 제대로 설치되었다면 다음 그림과 비슷하게 생긴 이미지가 나타난다.

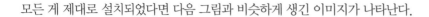

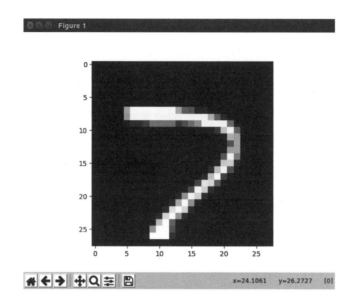

축하한다! 여러분은 널리 사용되는 딥러닝 데이터셋을 검사해 보는 일을 마쳤다.

더 많은 정보 …

이어지는 토론에서는 종종 문헌상의 데이터에 대한 **온톨로지(ontology)**라고 부르는 것을 다룬다. 데이터가 실제로 어떻게 **분류(classification)**되어 사용되는가? 중요한 **계급(class)**[12]은 무엇인가? 계급 분포와 계급의 **형식(type)**을 설명할 수 있는가? 이런 질문들은 온톨로지[13]에 중점을 둔 보고서에서 탐구할 만한 주제들이다. 과학의 한 부분을 감당하는 온톨로지를 깊이 파고 들어 보면 그 즉시 비정상행위 탐지(anomaly detection) 및 데이터 균형조절(data balancing)과 같은 주제를 생각보다 많이 다룬다는 점을 알아차릴 수 있을 것이다. 실제로, 처음부터 데이터의 균형이 잡혀 있는 일은 드물다. 그래서 일반적으로는 데이터를 (모델에서 사용할 수 있는 상태가 되게) 준비(preparation)해야 한다. 우리는 이번 장에서 두 가지 주제를 모두 다뤄 볼 생각이다.

---

12 (옮긴이) class를 이 책에서 여태 '클래스'라고 표기하다가 뜬금없이 '계급'으로 표현해서 당황스러울 수 있겠지만, 프로그래밍 언어론 측면에서 말하는 클래스는 '클래스'로, 통계학이나 딥러닝 분야에서 말하는 부류를 나타내는 용어로는 '계급'을 사용했을 뿐이다. 다른 책이라면 계급도 클래스로 표현할 수 있었겠지만, 이 책에서는 다른 의미로 쓰이는 경우가 많아 통계학 용어를 차용한 것이다.

13 (옮긴이) 온톨로지는 철학의 '존재론'에서 유래한 학문으로, 언어공학이나 지식공학 또는 서지학의 하위 분야로 여겨지기도 한다. 이 책에 나오는 용어들인 클래스(class), 계급(class), 형식(type), 도메인(domain)이란 말이 사실은 모두 온톨로지(더 정확히 말하자면 존재론)에서 다루는 범주(category)라는 개념을 전문 분야별로 표현한 용어라고 보아도 될 정도이다. 분류(classification)나 속성(property)도 온톨로지에서 다루는 개념이다(영문 위키백과를 일부 참조함).

이제 여러분은 이 분야에서 우리가 작업할 데이터 형식들 중에서 흔하게 쓰이는 형식을 이해하게 된다. 그 밖의 있음직한 데이터 형식이나 데이터를 사용하는 방법에 대해 더 많은 지식을 얻을 수 있도록 몇 가지 링크를 제안하려고 하는데, 그러한 링크들은 다음과 같다.

- 파이썬의 데이터 형식: https://developer.rhino3d.com/guides/rhinopython/python-datatypes/
- 텐서플로의 데이터 형식: https://www.tensorflow.org/versions/r1.2/programmers_guide/dims_types

데이터 전처리

데이터 전처리(data preprocessing)는 간단히 데이터를 알고리즘이 받아들이게 하기 위한 명시적인 과정이다. 이번 단원에서는 앞으로 나올 여러 단원에서 데이터를 어떻게 머신러닝용으로 사용해 작업할 것인지를 배우게 될 것이다.

출발 준비

전처리에 대해서 왜 걱정하고 있는가? 데이터 전처리를 이뤄 가는 각 단계는 쉬울 뿐만 아니라 간단하게 살펴볼 수 있으므로 걱정하지 않아도 된다. 데이터를 알고리즘에 도입할 때는 각 **데이터 점(data points)**이 유용하고 정확해야 한다. 이는 지도학습 문제 공간에서 X라는 데이터와 Y라는 레이블이 모두 학습기(learner)[14]로 들어 가기 전에 적절한지를 확인해야 한다는 의미이다. 그렇다면 각 데이터 점이 적절한지를 어떻게 보장받을 수 있을까? 대규모 데이터셋이라면, 3 시그마 이상점(three sigma outlier)과 같은 거시 계량기준(macro metrics)에 따라 살펴볼 수 있다. 소규모 데이터셋이라면, 각 계급 또는 각 형식의 훈련 데이터 백분율을 시각적으로 검사하는 선택지가 있다. 본질적으로, 이 레시피의 요점은 여러분에게 이 기법들 중 몇 가지를 소개한 다음, 기법들을 필요에 따라 장 전체에 적용한다는 점이다.

'데이터 형식' 단원의 부속 단원인 '더 많은 정보 …'에서 파이썬, NumPy 및 그 밖의 환상적인 구성요소들을 모두 읽어 보라고 했던 것을 기억하는가? 자, 이제 여러분은 이 기술들을 실제 문제에 적용해 볼 기회를 얻게 될 것이다.

---

14 (옮긴이) 딥러닝 모델을 저자는 학습기라고 부르고 있다.

수행 방법 ···

데이터 전처리라는 단계는 일반적으로 데이터를 읽고 해당 분야(domain)에서 데이터를 사용할 수 있도록 기본적인 작업을 수행하는 단계를 말한다. 우리의 경우에는 pandas 데이터프레임이나 NumPy 데이터 프레임에 넣을 수 있는 데이터를 원한다. 이 두 가지 포맷은, 최소한의 코드만 작성해서도 서로 교환할 수 있으므로, 데이터 과학 분야에 널리 사용된다. 다음에 이어 나오는 예제에서는 데이터셋을 읽고 범주형 변수를 숫자형 변수로 변환해 볼 것이다. 이번 장의 뒷부분에서는 이 과정을 쉽게 메서드로 변환한다.

레시피는 다음과 같다.

1. 작업을 시작하려면 다음과 같은 패키지들을 가져온다.

```python
!/usr/bin/env python
import numpy as np
import pandas as pd
import matplotlib.pyplot as plt
```

2. 이 디렉터리에서 UCI 머신러닝 소득 데이터(https://archive.ics.uci.edu/ml/datasets/adult)를 읽으라. 데이터를 읽는 방법이 세 가지이다. 다음 코드가 첫 번째 행을 헤더로 잘못 읽는 방식을 주의해서 살펴보자.

```python
df0 = pd.read_csv('/data/adult.data')
```

3. header = None이면 이름(name) 없이 계급들을 열거한다.

```python
df2 = pd.read_csv('/data/adult.data', names = ['age', 'workclass', 'fnlwgt',
                    'education', 'education-num', 'marital-status',
                    'occupation', 'relationship', 'race', 'sex', 'capital-gain',
                    'capital-loss', 'hours-per-week', 'native-country','Label'])
```

4. 다음 코드로는 빈 딕셔너리를 만든다.

```python
mappings = {}
```

5. 다음 코드로는 df2.columns의 col_name에 대한 CSV의 모든 열을 실행한다.

```python
if(df2[col_name].dtype == 'object') :
```

 변수의 유형이 범주형이면 object 형식이 된다.

6. 범주형에서 숫자형으로 매핑(mapping, 사상)을 만든다.

```
df2[col_name]= df2[col_name].astype('category')
df2[col_name], mapping_index = pd.Series(df2[col_name]).factorize()
```

7. 딕셔너리에 매핑을 저장한다.

```
mappings[col_name]={}
for i in range(len(mapping_index.categories)) :
    mappings[col_name][i]=mapping_index.categories[i]
```

8. 이미 수치형 자료가 들어 간 변수들에 continuous 태그를 저장한다:

```
mappings[col_name] = 'continuous'
```

다음 단원에서는 레시피에 대한 자세한 내용을 다룰 것이다.

작동 방식 …

여기서 우리는 어떤 구성요소가 이 특정 코드들을 작동하게 하는지를 다룰 것이다. 우리가 이 레시피를
진행하는 동안에 나와 함께 레시피를 익히기를 바란다. 스크립트에서 가장 먼저 해야 할 일은 파이썬이
어디에 있는지를 인터프리터에 알려주고 스크립트에서 사용할 핵심 라이브러리를 가져오는 일이다.

```
#!/usr/bin/env python

import numpy as np
import pandas as pd
import matplotlib.pyplot as plt
```

적절한 라이브러리를 설치했다면, 어떻게 하면 데이터를 제대로 읽어들일지에 관해 이야기해 볼 차례
이다. 정확하고 적절하게 데이터를 읽는 방법에 대한 몇 가지 예제를 제공해 보겠다. 다음과 같이 인수
를 지정하지 않을 때 데이터를 읽는 방법과, 그 결과 및 수행 방법을 이해해야 한다.

```
# 이 코드는 부정확하게도 첫 번째 줄을 헤더로 여겨 읽고 있다.
df0 = pd.read_csv('/data/adult.data')
```

이 명령을 실행하면 pandas의 read_csv 메서드는 여러 열(columns) 중 하나를 헤더로 잘못 읽게 된
다. 다음으로 우리는 헤더를 지정하지 않을 것이다. 결과를 살펴보자.

```
# header=None이면 이름 없이 계급들이 열거된다.
df1 = pd.read_csv('/data/adult.data', header = None)
```

데이터는 각 열에 대한 헤더 이름이 없다는 것을 제외하고는 올바르게 읽혀진다. 마지막으로 데이터 설명을 사용해 헤더를 지정하고 열들의 이름을 적절히 지정할 수 있다.

```
# 헤더를 지정하면, read_csv 메서드가 올바르게 동작한다.
df2 = pd.read_csv('/data/adult.data', names = ['age', 'workclass', 'fnlwgt',
                  'education', 'education-num', 'marital-status', 'occupation',
                  'relationship', 'race', 'sex', 'capital-gain', 'capital-loss',
                  'hours-per-week', 'native-country','Label'])
```

이제 데이터를 배열로 올바르게 읽어 왔으므로 다음 단원에서 사용할 준비가 되었다. 조작할 수 있는 데이터셋을 얻은 후에는 모든 범주형 변수를 숫자형 변수로 변환해야 한다. 다음 메서드는 **모든 (every)** 범주형 변수를 **자동으로** 숫자에 매핑한다. 일반적인 메서드는 다음과 같다.

```
# 빅 딕셔너리를 생성한다.
mappings = {}

# CSV를 이루고 있는 모든 열에 걸쳐 다음 코드를 실행한다.
for col_name in df2.columns:

    # 변수들의 형식이 범주형이면, 'object' 형식이 된다.
    if(df2[col_name].dtype == 'object') :

        # 범주형에서 수치형 변수로 이어지는 매핑(mapping)을 생성한다.
        df2[col_name]= df2[col_name].astype('category')
        df2[col_name], mapping_index = pd.Series(df2[col_name]).factorize()

        # 딕셔너리에 매핑들을 저장한다.
        mappings[col_name]={}
        for i in range(len(mapping_index.categories)) :
            mappings[col_name][i]=mapping_index.categories[i]

    # 이미 숫자화된 변수들에 대한 연속 태그를 저장한다.
    else:
        mappings[col_name] = 'continuous'
```

이 코드 블록은 열에 범주형 데이터나 숫자 데이터가 들어 있는지 여부를 간단히 감지하기만 하면 되므로 상당히 간단하다. 이 메서드에 대해 알게 될 한 가지 문제점을 들자면, 이 메서드는 모든 데이터가 한 가지 형식이거나 아니면 그 밖의 형식(숫자 형식 또는 범주 형식)이라고 단순하게 가정해 버린다는 점이다. 여러분은 연습 중 한 가지로 데이터의 형식이 혼합된 데이터를 다루어야 한다.

이 함수를 시작하는 방법을 기초부터 살펴보자.

```python
# 빈 딕셔너리를 생성한다.
mappings = {}

# CSV를 이루고 있는 모든 열에 걸쳐 실행한다.
for col_name in df2.columns:
```

우리는 빈 배열을 만들어 .columns 메서드 안에서 각 열을 뒤지며 다니는 중이다. 이제 모든 열에 대해 데이터가 범주형인지를 확인하고 나서 다음 연산을 수행한다.

```python
    # 변수의 형식이 범주형이면 각 열의 형식은 'object' 형식이다.
    if(df2[col_name].dtype == 'object') :

        # 범주형에서 수치형 변수로 이어지는 매핑을 생성한다.
        df2[col_name]= df2[col_name].astype('category')
        df2[col_name], mapping_index = pd.Series(df2[col_name]).factorize()

        # 딕셔너리에 매핑들을 저장한다.
        mappings[col_name]={}
        for i in range(len(mapping_index.categories)) :
            mappings[col_name][i]=mapping_index.categories[i]
```

처음 두 줄은 factorize 메서드를 사용해 매핑(mapping, 사상)에 대한 인덱스를 생성한다. 이 메서드는 단순히 각 범주형 변수에 숫자 인덱스를 할당한다. 이와 같은 매핑이 완료되면 장래에 범주형 변수로 다시 변환할 수 있는 딕셔너리를 만든다. 결국 country에 대한 인덱스 값은 각 숫자의 의미를 알 수 있는 키가 없으면 의미가 없다. 다음으로 변수가 범주형 변수가 아닐 때 우리가 어떻게 해야 할지를 살펴보자.

```python
    # 이미 숫자인 변수에 대한 연속 태그를 저장한다.
    else:
        mappings[col_name] = 'continuous'
```

우리는 딕셔너리에 continuous 태그를 지정하기만 하면 된다. 앞으로 우리는 continuous 태그가 있는지 여부를 확인하는 간단한 검사를 수행할 수 있게 되었다.

이제 매핑 인덱스에 대한 결과를 확인해 보자. 이는 매핑 딕셔너리의 일부를 나타낸다.

```
'education-num': 'continuous',
'fnlwgt': 'continuous',
'hours-per-week': 'continuous',
'marital-status': {0: ' Divorced',
                   1: ' Married-AF-spouse',
                   2: ' Married-civ-spouse',
                   3: ' Married-spouse-absent',
                   4: ' Never-married',
                   5: ' Separated',
                   6: ' Widowed'},
```

이제 우리는 데이터를 선별하고, 모든 데이터가 학습에 적합한 숫자라는 점을 확인하는 메서드를 만들었다.

더 많은 정보 …

데이터 자체를 이해하지 않고 이번 장을 빠져 나갈 수 있다고 생각했는가? 방금 분석한 데이터에 대한 추가 세부 정보를 찾으려면 다음 페이지를 확인해 보자.

https://archive.ics.uci.edu/ml/machine-learning-databases/adult/adult.names.

이 페이지에 보이는 파일 내용은 기본적으로 데이터의 기본 세부 사항을 설명한다. 이 파일을 살펴보면 알 수 있듯이 이 코드로 생성한 매핑은 이 파일에 표시된 표현과 실제로 일치한다. 그리고 이게 핵심이 다! 우리가 올바르게 작업했다면 계급 레이블을 유지하면서 모델을 생성하기 위해 데이터를 자유롭게 다룰 수 있는, 코드 내 매핑을 생성할 수 있어야 한다.

여러분은 새로운 라이브러리인 pandas에 대해 배웠다. 이 라이브러리는 딥러닝 분야와 데이터 과학 분야에서 널리 사용한다. pandas 라이브러리에 대한 자세한 내용은 여기를 참조한다.

http://pandas.pydata.org/pandas-docs/stable/.

pandas 뿐만 아니라 원핫인코딩과 범주형 변수를 이해해야 한다는 점도 배웠다. 기본적으로 범주형 변수를 즉시 처리할 수 있는 알고리즘이 있기는 하지만, 여러분이 접하게 될 알고리즘의 대부분은 데이터를 인코딩해서 단순하게 만들어야만 이용할 수 있다. 원핫인코딩을 수행하는 그 밖의 메서드에 대한 자세한 내용은 다음과 같다.

```
http://scikit-learn.org/stable/modules/generated/sklearn.preprocessing.OneHotEncoder.html.
```

비정상 데이터

비정상 데이터(anomalous data)인 경우에는 데이터가 고르게 분산되지 않거나 쉽게 분리될 위험이 있다. 실무(즉, 현업)에 쓰이는 데이터셋에는 조정해야 할 이상점과 데이터가 들어 있는 경우가 많다. 이번 레시피에서는 비정상 데이터를 다루기 위한 기본 데이터 분석 기술과, 기존 데이터의 분포를 유지하면서도 새로 산출한 결과를 분포시키기 위한 기본 데이터 분석 기술을 설명한다.

출발 준비

데이터가 깨끗하게 분포되어 있어야 하는 데이터셋에서는 **이상점**(outliers)이 큰 골칫거리이다. 생성 모델과 관련해서 우리는 모델이 분포에 대한 올바른 표현을 찾아 적절히 모델링할 수 있는지 확인하는 데 관심이 있다.[15] 이 레시피는 이러한 데이터셋 중 일부의 이상점 문제를 해결하기 위해 이런 경우에 사용할 수 있는 도구에 초점을 맞춘다.

여기서 다루고 있는 이번 레시피 즉, **단변량 방법**(univariate method)에는 여러분이 쉽게 이해할 만큼 일반적인 기술이 들어 있다.

수행 방법 …

왜 이러한 방법들(methods)이 중요한가? 이 과정을 진행해 나가면서 데이터를 이해하려면 여러분이 해야 할 일을 적은 목록에 일련의 도구를 개발하는 일도 적어 두어야 한다. 이러한 기술 형식에는 극단

---

15 (옮긴이) 이전 각주에서도 말한 바 있지만, 생성 모델은 원본 데이터(예를 들면 원작)의 분포에 가장 근사하는 분포를 지닌 모조 데이터(예를 들면 모작)를 만들어 내는 게 목표인데, 이는 원작의 분포를 가장 잘 나타내는 표현을 찾아내는 일에 다름 아니다. 일단 이 표현을 찾아내기만 하면 얼마든지 원작의 분포를 흉내 낼 수 있기 때문이다. 이 문장은 바로 이런 점을 말하고 있는 것으로 보인다.

적인 이상점이 들어 있는 데이터를 조정하거나 균형을 유지하기 위한 기초 사항까지 담겨 있다. 이러한 기초 기술 중 하나나 더 발전된 기술을 군이 최고로 정제된 데이터셋에서만 사용해야 할 이유는 없다.

다음에 나오는 세 가지 방법은 비정상 데이터를 다룰 때 가장 널리 쓰는 방법들로서, 이러한 기술의 실용화에 관해 논의해 보자.

단변량 방법

이 방법은 어떤 단일한 값의 중간값(median, 즉 중위수)에서 멀리 떨어져 있는 값을 제거하는 데 초점을 둔다. 일반적으로 평가 계량기준(evaluation metric)[16]을 세척 파라미터(cleaning parameter)[17]라고 부른다. 이 파라미터는 분포에서 떼어 낼 값을 정의한다. 세척 파라미터를 공격적으로 선택하면 다양한 데이터가 제거될 수도 있다. 반대로 세척 파라미터를 너무 크게 잡으면 분포에 대한 내용이 그다지 크게 변하지 않는다.

다음은 일부 표본 데이터에 대해 **단변량 적합(univariate fit)**을 수행하는 법을 나타낸 예제이다.

```python
#!/usr/bin/env python
from numpy import linspace, exp
from numpy.random import randn
import matplotlib.pyplot as plt
from scipy.interpolate import UnivariateSpline

########## 단변량 적합
x = linspace(-5, 5, 200)
y = exp(-x**2) + randn(200)/10
s = UnivariateSpline(x, y, s=1)
xs = linspace(-5, 5, 1000)
ys = s(xs)
plt.plot(x, y, '.-')
plt.plot(xs, ys)
plt.show()
```

---

16 (옮긴이) 즉, '평가 척도' 또는 '평가 기준' 또는 '평가 계량'.
17 (옮긴이) cleaning parameter에 대한 적절한 번역어는 아직 국내에 없는 것으로 보인다. 이에 따라 적절한 번역어를 만들어야 했는데, 여기서 말하는 cleaning이라는 개념은 본문에 나와 있듯이 중위수에 멀리 떨어진 값을 제거한다는 개념이다. 자동차로 말하면 흙이나 먼지를 떨어내는 일과 같은 것이다. 이에 따라 '자동차 세척'으로 자동차에 붙은 먼지를 떨어내듯이 '데이터 세척'으로 데이터에 딸려 온 이상점들을 떨어내게 된다. '소지'나 '소제'라는 말이 더 적합하겠지만 세척보다 덜 쓰이는 말로 보여 적용하지 않았다. 또한 '정제'라는 용어를 쓰면 어떻겠느냐는 의견도 있었지만, 정제는 데이터과학에서 이미 cleansing의 번역어로 널리 쓰이고 있고 개념이 상당히 다르므로(정제는 정리정돈이라는 개념에 더 가까움) 채택하지 않았다.

코드를 나눠서 살펴본다면 다음과 같다.

1. 이번 단원을 시도해 보는 데 필요한 모든 패키지를 가져온다.

```
#!/usr/bin/env python
from numpy import linspace, exp
from numpy.random import randn
import matplotlib.pyplot as plt
from scipy.interpolate import UnivariateSpline
```

2. 줄(line)을 정의한다.

```
########## 단변량 적합
x = linspace(-5, 5, 200)
y = exp(-x**2) + randn(200)/10
```

3. 단변량 모델을 데이터에 적합하게 한다.

```
s = UnivariateSpline(x, y, s=1)
```

4. 줄에 대한 파라미터를 정의한다.

```
xs = linspace(-5, 5, 1000)
ys = s(xs)
```

5. 파라미터를 그려낸다.

```
plt.plot(x, y, '.-')
plt.plot(xs, ys)
plt.show()
```

6. Dockerfile을 하나 생성하고 이것을 imbalanced-learn 패키지에 설치한다.

```
FROM base_image
ADD demo.py /demo.py
```

7. 실행 파일(run file)을 생성한다:

```
#/bin/bash
nvidia-docker build -t ch2 .

xhost +
docker run -it \
    --runtime=nvidia \
```

```
    --rm \
    -e DISPLAY=$DISPLAY \
    -v /tmp/.X11-unix:/tmp/.X11-unix \
    ch2 python demo.py
```

8. 터미널에서 다음과 같은 명령을 내려 코드를 실행한다:

```
sudo ./run.sh
```

9. 다음은 이 코드를 실행한 결과이다.

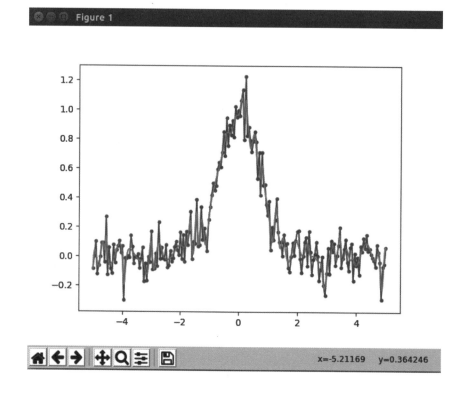

더 많은 정보 …

데이터 균형조절(balancing data)만을 담당하는 라이브러리가 꽤 많다. 데이터 균형조절은 머신러닝 공간에 상당히 흔하게 나타나는 문제이기 때문이다. 판별 모델링의 **비정상 탐지**(anomaly detection) 측면을 생각해 보자. 일반적으로 기저 데이터에 10 ~ 20%의 비정상성(anomalies)[18]이

18 (옮긴이) 예외성, 변칙성, 이례성, 이상한 사항 등의 뜻을 지닌 말이다.

있을 수 있다. 비정상성이 더 클 때도 있다. 내 경험에 비춰 보면 **결함 비율**(rate of defect)이 약 1%
인 경우도 있었다. 이런 경우라면 결함을 제대로 예측해 내지 못하는 분류 기준을 만들어 버리면 자그
마치 99%나 되는 정확도를 얻게 된다. 지금까지 다룬 내용처럼, 우리는 분포를 이해하는 법을 배우려
고 노력하면서 데이터의 구조와 분포에 매우 주의를 기울여야 한다.

데이터셋에서 이상점을 시각화하는 또 다른 간단한 방법을 설명하는 주소는 다음과 같다.

```
https://www.itl.nist.gov/div898/handbook/prc/section1/prc16.htm.
```

다음 링크는 다변량 문제에 대한 실용적인 그래프 처리 기법에 초점을 맞춘 기사이다.

```
https://machinelearningmastery.com/visualize-machine-learning-data-python-pandas/.
```

데이터 균형조절

데이터 균형조절과 비정상 데이터 처리가 종종 동일한 처리 과정인 것처럼 여겨진다. 우리의 경우, 데
이터 균형조절이란 기본 데이터 분포를 방해하지 않으면서 비정상 데이터를 확산하는 데 사용되는 기
술을 이해하는 일까지 포함하는 개념이다. 이번 레시피에서는 데이터 균형조절에 대한 핵심 개념을 논
의한다.

출발 준비

생성 모델링 작업 시에는 전체 데이터 분포를 나타내는 모델을 작성하려고 시도하게 된다. 이 근원적인
분포를 학습할 수 있게, 데이터는 상세하면서도 간결한 형식으로 표현되어야 한다. 즉, 우리는 학습하
게 하려고 하는 특징에 대해 각 특징이, 특징을 생성하는 방식과 비슷한 양으로 표현되도록 하고 싶은
것이다.

수행 방법 …

불균형을 해소하기 위한 두 가지 주요 기술은 다음과 같다.

- 표본추출 기법
- 앙상블 기법

이러한 기법들은 분포가 더 균형 잡힐 수 있도록 건설적이거나 파괴적인 방법으로 데이터를 표본추출하거나, 여러 학습기를 앙상블 처리하여 문제 집합에 대해 합의를 형성할 수 있게 하는 학습을 하게 하는 데 초점을 맞춘다.

표본추출 기법

표본추출 기법(sampling techniques)[19]은 비정상 데이터를 제거하는 일과 비슷한 방법으로 데이터 분포를 수정하여 데이터의 균형을 확실히 잡을 수 있게 한다.

무작위 과소 표본추출

이 방법에서는 분포의 다수 계급(majority class)을 무작위 과소 표본추출(random undersampling)을 해서, 예측하려는 다른 소수 계급(minority classes)의 분포와 일치시킨다. 이에 따라 여러분의 데이터를 사용하는 과정에서 역할이 그리 크지 않은 계급까지 과도하게 예측될 가능성이 있다. 생성 패러다임에서도 과소 표본추출은 모델을 소수 계급들에 과장되게 편향시킬 수 있다.

이번 단원에서 간단히 살펴볼 코드 예제가 있다.

1. 먼저 필요한 모든 클래스를 무작위 과소 표본추출 시에 쓸 수 있게 가져온다.

```python
import matplotlib.pyplot as plt
import numpy as np
from sklearn.datasets import make_classification
from sklearn.decomposition import PCA
from imblearn.under_sampling import RandomUnderSampler
```

2. 사이킷런을 사용해 무작위 과소 표본추출을 설명하는 데이터셋을 생성한다.

```python
# 데이터셋을 생성한다.
X, y = make_classification(n_classes=2, class_sep=2, weights=[0.15, 0.95],
                           n_informative=3, n_redundant=1,
                           flip_y=0,
                           n_features=20, n_clusters_per_class=2, n_samples=1000,
                           random_state=10)
```

3. 주성분 분석(principal component analysis, PCA) 객체를 인스턴스화하여 해당 객체의 변형을 적합(fit)하게 한다.

```python
pca = PCA(n_components=3)
X_vis = pca.fit_transform(X)
```

---

19 (옮긴이) 즉, '샘플링 기법' 또는 '표집 기법' 또는 '추출 기법' 등으로도 부른다.

4. RandomUnderSampler 클래스를 사용하고 동일한 PCA를 사용해 transform(변형)을 한다.

```
# 무작위 과소 표본추출을 적용한다.
rus = RandomUnderSampler(return_indices=True)
X_resampled, y_resampled, idx_resampled = rus.fit_sample(X, y)
X_res_vis = pca.transform(X_resampled)
```

5. 새로운 **균형 데이터(balanced data)**를 표시하기 위한 기본 플롯(plot, 즉 그림)을 짠다.

```
fig = plt.figure()
ax = fig.add_subplot(1, 1, 1)

idx_samples_removed = np.setdiff1d(np.arange(X_vis.shape[0]), idx_resampled)

idx_class_0 = y_resampled == 0
plt.scatter(X_res_vis[idx_class_0, 0], X_res_vis[idx_class_0, 1],
            alpha=.8, label= 'Class #0')
plt.scatter(X_res_vis[~idx_class_0, 0], X_res_vis[~idx_class_0, 1],
            alpha=.8, label= 'Class #1')
plt.scatter(X_vis[idx_samples_removed, 0], x_vis[idx_samples_removed, 1],
            alpha=.8, label= 'Removed samples')
```

6. 플롯을 정리하기 위한 몇 가지 추가 파라미터를 추가한다.

```
# 보기 좋게 그려 내기
ax.spines['top'].set_visible(False)
ax.spines['right'].set_visible(False)
ax.get_xaxis().tick_bottom()
ax.get_yaxis().tick_left()
ax.spines['left'].set_position(('outward', 10))
ax.spines['bottom'].set_position(('outward', 10))
ax.set_xlim([-6, 6])
ax.set_ylim([-6, 6])

plt.title('Under-sampling using random under-sampling')
plt.legend()
plt.tight_layout()
plt.show()
```

7. Dockerfile을 생성하고 imbalanced-lean 패키지 안에 설치한다.

```
FROM base_image
RUN pip install -U imbalanced-learn
ADD demo.py /demo.py
```

8. 실행 파일을 만든다.

```
#/bin/bash
nvidia-docker build -t ch2 .

xhost +
docker run -it \
    --runtime=nvidia \
    --rm \
    -e DISPLAY=$DISPLAY \
    -v /tmp/.X11-unix:/tmp/.X11-unix \
    ch2 python demo.py
```

9. 터미널에서 이 명령을 실행해 코드를 실행한다.

```
sudo ./run.sh
```

10. 다음은 이 코드를 실행한 결과이다.[20]

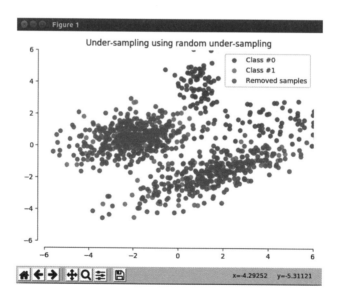

---

20 (옮긴이) 이 그래프에 나오는 각 제목의 뜻은 이렇다.

Under-sampling using random under-sampling → 무작위 과소 표본추출기를 사용한 과소 표본추출
Class #0 → 0번 계급
Class #1 → 1번 계급
Removed samples → 제거된 표본들

무작위 과대 표본추출

무작위 과대 표본추출(random oversampling)[21]에서는 소수 계급의 인스턴스를 무작위로 복제해 다수 계급의 분포와 일치할 때까지 소수 계급의 인스턴스 수를 늘린다. 표본추출은 사용하는 기법에 따라 편향될 수 있으므로 해당 기법의 기본 전략을 이해해야 한다.

합성 소수 과대 표본추출 기술

합성 소수 과대 표본추출 기술(synthetic minority oversampling technique, SMOTE)[22]은 이 기법을 통해 소수 계급의 합성 사례를 만드는 일까지 포함한다. 앞서 나온 기법들을 사용해 **소수 사례(minority examples)**를 복제하는 일이나 **다수 사례(majority examples)**를 줄이는 일만으로는 충분하지 않을 때가 있다. SMOTE는 이러한 특별한 경우를 채우는 데 사용되는 기술이다.

앙상블 기법

이번 단원에서 다루고자 하는 알고리즘 기법들이 몇 가지 있다. 여기에는 학습기 여러 개를 앙상블해 합성된 결과물을 얻는 기법도 포함된다. 분명히, 이 **앙상블 기법(ensemble techniques, 모듬 기법)**이 생성 패러다임 중에서도 더 난해한 것이기는 하지만, 적어도 다음과 같은 기법들 정도는 알아 두어야 한다.

배깅

배깅(bagging)은 더 작은 데이터셋을 표본추출해 더 큰 데이터셋의 분포와 일치시키는 방식으로 동작한다. 알고리즘은 이 작은 집합들에 대해 훈련을 받고 나중에 통합되어 단일한 결정을 내리게 된다. 배깅은 능력 있는 학습기들로만 앙상블을 할 때(즉, 모아서 쓸 때) 도움이 될 것이다. 나쁜 모델을 많이 학습하게 해 보았자 나쁜 결과만 초래할 뿐이기 때문이다.

부스팅

부스팅(boosting)은 **약한 학습기들(weak learners)**이 내어 놓는 의사 결정 내용이나 결과를 결합해 **강한 출력(strong output)**[23]을 산출한다. 부스팅은 다른 학습기의 출력에 가중치를 주어 일부 **정지 기준(stopping criteria)**이 충족될 때까지 앙상블의 출력을 향상시킨다.

---

21 (옮긴이) 즉, '임의 과대 표집' 또는 '임의 과대 추출'.
22 (옮긴이) 즉, '합성 소수 과대 표집 기술'.
23 (옮긴이) 즉, 더 나은 결과.

에이다부스트

적응 부스팅(adaptive boosting) 즉, 에이다부스트(AdaBoost)는 본질적으로 부스팅이지만, 부스팅을 이루는 단계에 규칙을 적용한다. 간단한 규칙을 추가하면 앙상블을 다른 예외에 적용해 예측할 수 있다. 이 기법은 규칙 집합(rule set)과 데이터의 극단적 이상점(extreme outliers)에 민감할 수 있다.

더 많은 정보 …

사이킷런은 인기가 아주 많은 머신러닝 라이브러리이다. 최근에 imbalanced라고 부르는 새 라이브러리가 사이킷 생태계에 추가되었는데, 사용자는 이러한 기술 중 많은 것을 쉽게 적용해 볼 수 있다. 사이킷런 사용 경험이 있는 경우에 라이브러리에서 데이터를 특정 방식으로 포맷해야 함을 알 수 있다. 이 표준 포맷에 맞게 데이터를 확보하면 imbalanced 라이브러리를 사용해 이러한 기술을 쉽게 적용해 볼 수 있다. imbalanced-learn 라이브러리에 대한 링크는 다음 주소들 중 두 번째 주소를 참조하자. 이 웹 사이트는 SMOTE의 작동 방식에 대해 확실히 설명한다.

https://www.cs.cmu.edu/afs/cs/project/jair/pub/volume16/chawla02a-html/chawla2002.html.

그리고 사이킷런의 imbalanced 라이브러리를 간단히 구현한 것을 다음 링크에서 볼 수 있다.

http://contrib.scikit-learn.org/imbalanced-learn/stable/generated/imblearn.over_sampling.SMOTE.html.

마지막으로 다음 주소에서 imbalanced 라이브러리를 확인한다.

http://contrib.scikit-learn.org/imbalanced-learn/stable/index.html.

데이터 확대

데이터 확대(data augmentation)[24]는 단일 기능에 초점을 맞추기보다는 딥러닝 기술이 목표를 일반화할 수 있도록 이미지를 고쳐서 쓰거나 망가뜨려 쓸 수 있다는 아이디어이다. 이번 단원에서는 데이터를 서로 다른 방식으로 확대해 보기 위한 간단한 스크립트를 보여준다.

---

24 (옮긴이) 데이터 증식, 데이터 보강, 데이터 증강, 데이터 확장, 데이터 보완, 데이터 늘리기 등으로 다양하게 번역되는 용어이다. 기존 데이터를 이리저리 변형해 새로운 데이터를 만들어 기존 데이터 덧붙이는 식으로 기존 데이터를 보강한다는 면을 생각한다면 '데이터 늘리기'라는 말이 개념을 가장 잘 나타내는 말이겠지만, 일단은 augmentation을 나타내는 통계학 용어인 '확대'라는 말에 맞춰 '데이터 확대'라고 번역했다.

출발 준비

imgaug 라이브러리는 일반적으로 딥러닝 연구에 사용되며 이 보기는 이 무료 사용 라이브러리에서 사용할 수 있는 확대 기능 중 일부를 보여준다.

데이터 확대는 딥러닝 데이터 분석의 초석이다. 데이터 확대로 인해 프로젝트가 어떻게 개선될 수 있는지를 이해하려면 각 프로젝트를 진행해 보아야 한다. 왜 자신이 맡은 프로젝트에 데이터 확대 기능을 포함시키려고 하는가? 이미지를 예로 들어 쉽게 이해해 보자. 뒤집거나 잡음을 보태거나 하는 식으로 데이터를 확대함으로써, 여러분은 본질적으로 특이 특징(singular features)[25]을 기억하게 하거나(memorizing) 풀어 내지(keying) 않고도, 알고리즘이 이미지의 내용을 이해하게 할 수 있다. 심층 학습기(deep learners)가 등장함에 따라, 차별화된 모델링 기법을 사용해 전체 데이터셋을 기억하거나 학습 구성요소를 쉽게 만들 수 있는 특이 특징에 집중할 수 있다(훈련 단계에서 빠른 수렴을 생각하라). 훈련하는 중에는 데이터 확대와 같은 기술을 사용해 모델을 일반화해야 한다. GAN과 같은 생성적 모델링 아키텍처의 경우에 우리는 훈련 중에 사용하는 확대 기능을 공정하게 선택해야 한다. 이 책 전반에 걸쳐 있는 특정 레시피들에서 이 점을 언급할 것이다.

---

25 (옮긴이) 특잇값(singular values)에 준하여 번역어를 만들었다. 즉, '비정칙 특징'이란 뜻이다. '흔하지 않은 특징' 정도로 이해하면 무방하다.

수행 방법 …

그렇다면 우리는 어떻게 이미지 확대 작업을 수행해야 하는 난제를 공략할 수 있을까? 다행히도, 바로 이 문제를 해결하기에 좋은 라이브러리를 미리 개발해 준 멋진 사람들이 있다. 필자가 가장 좋아하는 라이브러리 중 하나는 imgaug이다. 이 라이브러리를 사용하면 무작위 변형을 역동적으로 할 수 있다. 이 라이브러리가 우위에 선 이유는 무얼까? 심층 학습기를 훈련하는 과정에서, 확대로 인해 학습기는 강제적으로 **일반화(generalize)** 된다.[26] imgaug 라이브러리는 이런 측면에서 여러분의 삶을 훨씬 쉽게 만들어준다. 우리는 다음 단원에서 이 라이브러리의 힘을 여러분이 잘 알고 있는지 확인하기 위해 작은 데모용 코드를 다룰 것이다.

1. 필수 패키지를 가져온다.

```
import imgaug as ia
from imgaug import augmenters as iaa
import numpy as np
```

2. 다음 코드에 보이는 시드를 무작위 시드로 변경할 수 있다.

```
ia.seed(1)
```

3. 100개의 이미지를 배치하는 예를 보여주는 코드는 다음과 같다.

```
images = np.array(
    [ia.quokka(size=(64, 64)) for _ in range(100)],
    dtype=np.uint8
)
```

4. 다른 확대 방식을 지정해 변형 함수(transformer function)를 생성한다.

```
seq = iaa.Sequential([
    # 수평 뒤집기
    iaa.Fliplr(0.5),

    # 무작위로 이미지를 잘라낸다.
    iaa.Crop(percent=(0, 0.1)),

    # 이미지 중 50% 분량만큼 가우스 블러 처리
    iaa.Sometimes(0.5, iaa.GaussianBlur(sigma=(0, 0.5))),
```

---

26 (옮긴이) 왼쪽으로 고개를 돌리고 있는 고양이만 식별해 낼 수 있었던 모델이(즉, 덜 일반화된 모델이), 확대 작업 과정에서 인위적으로 고양이 사진을 뒤집어 만든 새 사진까지 학습하게 되면서, 오른쪽으로 고개를 돌리고 있는 고양이까지 식별하게 되는 경우(즉, 더 일반화된 경우)가 이와 같은 일반화의 한 예다.

```
# 각 이미지의 대비(contrast)를 강하게 하거나 약하게 한다.
iaa.ContrastNormalization((0.75, 1.5)),

# 가우스 잡음(gaussian noise)을 추가한다.
iaa.AdditiveGaussianNoise(loc=0, scale=(0.0, 0.05*255), per_channel=0.5),

# 일부 이미지를 더 밝게 하고, 일부 이미지를 더 어둡게 한다.
iaa.Multiply((0.8, 1.2), per_channel=0.2),
```

5. 각 이미지에 아핀 변환(Affine transformations)을 적용한다:

```
iaa.Affine(
    scale={"x": (0.5, 1.5), "y": (0.5, 1.5)},
    translate_percent={"x": (-0.5, 0.5), "y": (-0.5, 0.5)},
    rotate=(-10, 10),
    shear=(-10, 10)
)],
```

6. 확대기를 임의 순서(random order)로 적용한다.

```
random_order=True)
```

7. 다음 코드는 창에 무작위로 확대한 집합을 표시한다.

```
images_aug = seq.augment_images(images)
seq.show_grid(images[0], cols=8, rows=8)
```

이제 이 코드를 자세히 살펴보자.

작동 방식 …

바로 코드에 빠져들어 보자! imgaug를 사용해 이미지를 확대하는 일은 라이브러리를 가져와 파이썬 코드에서 몇 가지 기본적인 준비를 하는 일처럼 간단하다.

```
import imgaug as ia
from imgaug import augmenters as iaa
import numpy as np

# 여기 보이는 시드 값을 무작위 시드 값으로 변경할 수 있다.
ia.seed(1)
```

```
# 100개 이미지로 구성된 배치(batch)의 예
images = np.array(
    [ia.quokka(size=(64, 64)) for _ in range(100)],
    dtype=np.uint8
)
```

이 단계에서는 imgaug 라이브러리를 iaa라는 이름으로 사용하면서 일부 데모 이미지를 가져와서 확대함으로써 이미지 확대의 힘을 보여 줄 수 있다. 다음으로 우리는 이미지에 적용하려는 다른 확대 기능을 모두 지정하기 위해 변환 함수를 만들 것이다.

```
# 서로 다른 확대 방식을 지정해 변환 함수를 생성한다.
seq = iaa.Sequential([

    # 수평을 기준으로 뒤집기
    iaa.Fliplr(0.5),

    # 임의로 그림을 따내기(crop)
    iaa.Crop(percent=(0, 0.1)),

    # 이미지 중 50%를 가우스 블러(즉, 흐리게) 처리한다.
    iaa.Sometimes(0.5,
        iaa.GaussianBlur(sigma=(0, 0.5))
    ),

    # 각 이미지의 대비(contrast)를 강하게 하거나 약하게 한다.
    iaa.ContrastNormalization((0.75, 1.5)),

    # 가우스 잡음(gaussian noise)을 추가한다.
    iaa.AdditiveGaussianNoise(loc=0, scale=(0.0, 0.05*255), per_channel=0.5),

    # 일부 이미지를 더 밝게 하고, 일부 이미지를 더 어둡게 한다.
    iaa.Multiply((0.8, 1.2), per_channel=0.2),

    # 각 이미지에 아핀 변환을 적용한다.
    iaa.Affine(
        scale={"x": (0.5, 1.5), "y": (0.5, 1.5)},
        translate_percent={"x": (-0.5, 0.5), "y": (-0.5, 0.5)},
        rotate=(-10, 10),
```

```
        shear=(-10, 10)
    )
],
# 확대기들을 임의순서로 적용한다.
random_order=True)
```

이 데모 조각에는 몇 가지 다른 확대 기능이 포함되어 있다. 이 라이브러리의 가장 큰 장점 중 하나는
딥러닝과 호환되고 다른 애플리케이션에서 사용할 수 있는 유연한 확대 기능을 사용할 수 있게 다양한
구색을 갖추고 있다는 점이다. 마지막으로 이미지를 창에 표시해야 이 이미지에 적용된 확대 유형을 알
수 있다.

```
# 무작위로 확대한 이미지들을 창에 표시한다.
images_aug = seq.augment_images(images)
seq.show_grid(images[0], cols=8, rows=8)
```

이번 장의 연습 단원에서 여러분이 그 밖의 확대 기능도 써 봤으면 한다.

더 많은 정보 …

확대에 관해 더 이야기하자면 이렇다. 확대 기능이 모든 머신러닝 프로젝트에 꼭 필요한 것인지 여부
는 여전히 전체 개발자 커뮤니티에서 논란의 대상이 되고 있다. 나는 여러분이 독서를 즐길 수 있도록
몇 가지 후속 보고서를 제공함으로써 데이터 확대에 대한 최신의 논의를 제공하고자 한다. 데이터가
빈약한 환경에서는 신중하게 선택한 확대 기능으로 정확성을 높일 수 있지만, 이와 같은 확대 데이터
가 실제 데이터를 대체할 만한 것이 아니라는 사실이 널리 받아들여진다. 데이터가 풍부한 환경이라
면, 확대 기능을 더욱 현명하게 적용해 볼 수 있을 텐데, 일반적으로 성능이 향상된다. 그러나 학습기
가 벤치마크를 하지 않고 임의로 데이터 확대를 선택하면 장기적으로는 오히려 학습기의 성과를 떨어
뜨릴 수 있다.

데이터 확대는 딥러닝 분야에서 큰 주제이지만 GAN의 학술 저널에서는 거의 논의되지 않는다. 다음
예제에서는 데이터 확대 기능을 최소한의 기본 사항(특히 이미지 처리)만 구현해 보면서 배우게 될 텐
데, 그러기 전에 먼저 살펴 두면 좋은 몇 가지 주제가 있다.

- 「Return of the Devil in the Details: Delving Deep into Convolutional Nets」('악마는 디테일에 있다'는 말의 귀환: 합
  성곱 신경망으로 깊이 빠져 들어 보기)는 문제 공간의 외연을 확장하는 일을 엄밀하게 탐구한 논문으로, https://arxiv.org/
  pdf/1405.3531.pdf에서 볼 수 있다.

- ▪ 「Data Augmentation」(데이터 확대)이라는 강의에서는 심층 합성곱 모델에 대한 사례 연구를 다루는데 https://www.coursera.org/learn/convolutional-neural-networks/lecture/AYzbX/data-augmentation에서 볼 수 있다.

- ▪ 「imgaug Documentation」(imgaug 문서)이라는 온라인 책자에서는 imgaug 라이브러리에 대한 세부 정보를 싣고 있는데, https://media.readthedocs.org/pdf/imgaug/latest/imgaug.pdf에서 볼 수 있다.

연습문제

이번 장의 끝 부분인 여기서 나는 연습 문제를 아주 직설적으로 제시하려고 한다. 이렇게 하면 여러분은 이 책에 나오는 레시피들을 더 살펴 보기 전에 먼저 이러한 기술들을 갖출 수 있게 될 것이기 때문이다.

1. UCI 저장소에서 데이터셋을 선택하고 데이터를 읽고, 분포를 분석하고, 나중에 사용할 수 있도록 npy 형식의 배열에 저장해 학습 작업을 준비하라.

2. 이번 장의 확대 기능을 다룬 레시피에 그 밖의 형식으로 된 이미지 확대 기능을 추가해 보라.

이번 장에서 다룰 내용은 다음과 같다.

- 이론에서 코드로: 간단한 예제를 만들어 보기

- 케라스와 텐서플로를 사용해 신경망을 구축하기

- 첫 번째 GAN 구성요소인 판별기를 설명하기

- 두 번째 GAN 구성요소인 생성기를 설명하기

- GAN의 모든 부분을 종합하기

- 여러분의 첫 GAN을 훈련하기

- 모델을 훈련하고 GAN의 출력을 이해하기

들어가며

이번 장에서는 지금까지 논의했던 이론을 적용하는 방법과 케라스, 텐서플로 및 도커를 사용해 간단한 생성적 적대 신경망(generative adversarial network, GAN) 모델을 만드는 방법을 설명한다.

이론에서 코드로: 간단한 예제를 만들어 보기

마침내 우리는 GAN 코드를 작성해내는 데 필요한 모든 도구를 획득했다. 입문용 GAN 버전이 간단해야 할 이유는 무엇일까? 이 입문용 코드에서는 GAN의 개념을 넓히면서 기본 공식을 개선하기 위해 무엇을 변경해야 하는지를 확실히 알 수 있게 가능한 한 간결하게 만드는 일을 목표로 삼아야 하기 때문이다.

출발 준비

GAN 아키텍처를 벌써 잊고 있는 건 아닌가? 이번 장에서 우리가 클래스들을 생성할 구조의 다른 부분들을 논의할 수 있도록 GAN 아키텍처를 그린 그림을 다시 떠올려 보자.

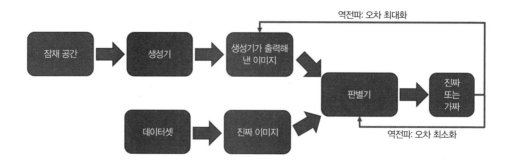

우리가 코드로 변환하려고 하는 게 바로 이 기본 구조다. 이 특별한 레시피의 핵심은 변환해야 할 부분들과, 단순하게 하나의 클래스로 묶을 부분들을 이해하자는 것이다. 예를 들어 우리는 NumPy 라이브러리에서 제공하는 가우스 분포(Gaussian distribution)를 사용해 잠재 공간을 표본추출할 것이다.[1] 그저 이 가우스 분포로부터 표본추출을 하면서 GAN 도구들을 발전시켜 나가고 있으므로, 각 단계마다 잠재 공간의 크기를 알아야 한다. 적대적인 훈련을 할 수 있게 GAN 구조를 만들려면 세 가지 핵심 클래스를 작성해야 한다. 첫째, **판별기(discriminator)**[2]가 필요하다. 판별기는 입력이 특정 계급에 속하는지 아닌지를 결정하는 데 중점을 둔 아키텍처 부분이다. 이번 장에서는 판별기 모델을 이진 분류 모델(참 또는 거짓으로 분류하는 모델)로 제한한다.

수행 방법 …

첫 번째 GAN에는 다음과 같은 세 가지 핵심 클래스가 있다.

- Discriminator(판별기)라는 기저 클래스(base class)
- Generator(생성기)라는 기저 클래스
- GAN이라는 기저 클래스

---

1 (옮긴이) 즉, 생성기가 모조 데이터를 생성해 내기 위한 밑그림(즉, 잠재 공간)을 그릴 때 참고할 분포를 Numpy 라이브러리를 사용해 가우스 분포 형태로 만들겠다는 뜻이다.
2 (옮긴이) 사람에 따라서는 '식별기'나 '구분기' 또는 '판정기'라고 부른다. 그러나 그 개념으로 볼 때 '판별기'라는 말이 가장 적절해 보인다.

Discriminator 기저 클래스

Discriminator 클래스의 핵심 구조는 다음과 같다.

```
class Discriminator(object) :

    # 변수를 초기화한다.
    def __init__ (self, width = 28, height= 28, channels = 1, latent_size=100) :

    # 이진 분류기를 만들어 반환한다.
    def model (self) :
        return model

    # 모델을 요약한 내용을 화면에 인쇄한다.
    def summary (self) :

    # 모델 구조를 데이터 폴더의 파일로 저장한다.
    def save_model (self) :
```

판별기, 생성기 및 GAN 구조 자체는 동일한 네 가지 공통 메서드를 공유한다. 다음은 각 메서드에 대한 몇 가지 추가 정보이다.

- init: 개체를 사용하는 동안에도 사용할 수 있어야 하는 변수를 초기화한다. 또한 기본 기능을 실행해 내부 메서드를 초기화할 수 있다.
- model: 특정 계급을 표현하는 심층 신경망을 만든다. 판별기의 경우에 단순한 이진 분류 유형의 신경망이다.
- summary: 이것은 모델을 요약한 내용을 인쇄하기 위한 간단한 래퍼(wrapper)이다.
- save_model: 이 함수는 모델 구조의 사진을 저장한다. 이 경우에는 .png 형식을 사용한다.

다음 각 예제의 기저 클래스에서는 init 메서드와 model 메서드만 다룰 것이다. 이번 단원들에서는 이러한 차이점을 설명한다.

Generator 기저 클래스

보다시피 Generator라는 기저 클래스는 판별기와 비슷하다.

```
class Generator(object) :

    # 변수를 초기화한다.
```

```
def __init__ (self, width = 28, height= 28, channels = 1, latent_size=100):

    # 생성기 모델을 구축해 반환한다.
    def model (self):
        return model

    # 모델을 요약한 내용을 화면에 인쇄한다.
    def summary (self):

    # 모델 구조를 데이터 폴더의 파일로 저장한다.
    def save_model (self):
```

주요 차이점은 우리가 해당 레시피를 다루게 될 때에는 init 문과 model 문이 다를 것이라는 점이다. 생성기는 간단한 **순차 모델(sequential model)**이다. 순차 모델이란 단지 신경망에서 계층들을 순서대로 함께 구성하고 연결하는 방법을 나타낸다.

GAN 기저 클래스

마지막으로 생성기와 판별기를 하나의 모델로 연결한다.

```
class GAN (object):

    # 변수를 초기화한다.
    def __init__ (self, discriminator_model, generator_model):

    # 적대 모델을 구축하고 반환한다.
    def model (self):
        return model

    # 모델을 요약한 내용을 화면에 인쇄한다.
    def summary (self):

    # 모델 구조를 데이터 폴더의 파일로 저장한다.
    def save_model (self):
```

이 스켈레톤 클래스(즉, 기본 골격이 되는 클래스)는 각 모델 유형의 유사한 구조가 서로 상대적으로 어떻게 보이게 되는지를 알게 하기 위한 것이다.

이 책 전체에 걸쳐 이 클래스를 반복적으로 재사용한다는 점에서 이 기본 클래스는 상당히 쓸 만한 것이라고 할 수 있다.

관련 정보

오늘날에는 GAN에 초점을 맞춘 저장소가 많이 있다. 그렇지만 이번 장에서는 케라스(https://keras.io/)를 사용해 활용할 핵심 기능들에 더 초점을 맞추어야 한다.

케라스와 텐서플로를 사용해 신경망을 구축하기

이번 단원은 이와 같은 특정 레시피 모음 중에서도 핵심에 해당한다. 케라스와 텐서플로를 사용해 작동하는 모델이 어떤 모습일지를 다시 생각해 보자. 과거에는 간단한 신경망을 정의하는 데만도 수백 줄의 코드가 필요했다. 케라스 프레임워크에서는 세 줄의 코드로 신경망을 인스턴스화할 수 있다! 이 레시피를 위해, 우리는 이번 장에서 다룰 신경망을 이해하는 데 필요한 몇 가지 기본적인 도구들을 소개할 것이다.

출발 준비

이 레시피를 탐구하려면 먼저 코드를 컴파일할 수 있는 적절한 도구가 모두 갖추어져 있어야 한다. 이 레시피대로 이뤄지게 하려면 다음과 같은 도구들이 필요하다.

- 엔비디아 GPU가 탑재된 컴퓨터
- 우분투 16.04
- 설치된 엔비디아 도커

이 세 가시 물품을 사용하면 첫 번째 GAN을 실행하기 위해 필요한 실행 스크립트와 이미지를 다시 한번 만들 수 있다. GAN은 세 부분(생성기, 판별기 및 손실 함수)으로 구성되며 이 세 가지는 모두 케라스 프레임워크로 아주 간단하게 나타낼 수 있다. 첫째로, 우리가 개발하려고 하는 케라스 코드를 실행할 컨테이너부터 빌드해 보자.

수행 방법 …

1. 우리 환경에 맞는 실행 스크립트와 Dockerfile을 정의해 보자. 먼저 Dockerfile의 기본 구조를 확인해 보자.

```
FROM base_image
RUN pip3 install ipython
ADD . /
```

이 파일을 Dockerfile이라는 이름의 텍스트 파일에 저장한다.

2. 다음으로 우리는 개발 중에 간단히 스크립트를 실행해 볼 수 있게 하는 실행용 셸 스크립트를 개발하려고 한다. 다음은 해당 셸 스크립트의 기본 구조이다.

```
#/bin/bash
```

3. 다음 명령으로 도커 컨테이너를 구축한다.

```
nvidia-docker build -t ch3
```

4. 도커 컨테이너가 컨테이너 외부에 창을 생성하도록 허용한다.

```
xhost +
```

5. 이제 훈련 스크립트를 사용해 컨테이너를 실행한다.

```
docker run -it \
    --runtime=nvidia \
    --rm \
    -e DISPLAY=$DISPLAY \
    -v /tmp/.X11-unix:/tmp/.X11-unix \
    -v /home/jk/Desktop/book_repos/Chapter3/full-gan/data:/data \
    ch3 python3 train.py
```

이게 GAN에 대한 훈련 코드를 실행하는 데 필요한 도구의 전부이다. 중요한 이 코드 조각 두 개를 이루고 있는 각 줄을 자세히 살펴보자.

도커 컨테이너 만들기

이번 개발 환경은 아주 단순하다. 그렇지만 다음에 나오는 여러 장에서는 이러한 개발 환경이 더욱 복잡해질 것이다. 이번 장은 GAN을 구축하기 위한 기본 사항을 설정하는 내용으로 구성되어 있다. 우리가 할 수 있는 일 중에서 가장 중요한 일 중 하나는 믿을 수 있는 개발 환경을 마련해 이 환경에서 작업할 수 있게 하는 데 있다.

도커 컨테이너

이번 경우에서, 우리는 코드를 저장할 수 있는 가장 가벼운 컨테이너를 설정할 것이다.

```
FROM base_image
RUN apt install -y python3-pydot python-pydot-ng graphviz
ADD . /
```

코드의 각 줄을 쉽게 분해해 볼 수 있다. 첫째, 우리는 개발한 base_image에서 상속받는다. 이에 관해서
는 **2장, '데이터 중심, 용이한 환경, 데이터 준비'**를 참조하자.

```
FROM base_image
```

다음으로 우리는 파이썬 개발에서 가장 유용한 도구 중 하나인 IPython을 설치한다.

```
RUN apt install -y python3-pydot python-pydot-ng graphviz ipython
```

IPython을 사용하면 파이썬 코드 어디서든 중간에 셸을 만들 수 있다. 파이썬 코드 관련 문제를 이해
하는 데 어려움이 있는 경우에 IPython을 사용해 문제를 해결하는 편이 바람직하다. 코드의 특정 줄에
대화형 콘솔이 필요하면 다음 줄을 추가하기만 하면 된다.

```
from IPython import embed;
embed()
```

그러면 해당 줄에서 대화형 셸이 열린다. 마지막으로 현재 디렉터리의 모든 파일을 컨테이너의 루트 디
렉터리에 추가한다.

```
ADD . /
```

특정 파일을 지정할 수는 있지만 우리는 점(.)을 사용함으로써 모든 파일을 컨테이너의 루트 디렉터리
에 추가하도록 도커에 지시하고 있다. 이 세 줄은 모두 full-gan이라고 하는 폴더의 Dockerfile이라는
파일에 추가해야 한다. 완료되면 디렉터리 구조가 다음과 같아야 한다.

```
full-gan/
└── Dockerfile
```

실행 파일

이제 Dockerfile을 사용할 준비가 되었다. 이 컨테이너를 구축하고 이 도커 컨테이너 내부에서 작업할 수 있도록 빌드 스크립트를 작성해 보자. full-gan 폴더에 data라는 폴더를 만든다. 그런 다음 full-gan 폴더에 run.sh라는 파일을 만든다. 참고로 말하면 확장자가 .sh인 파일은 셸 스크립트이며 터미널에서 실행하는 것처럼 일련의 명령을 실행할 수 있게 해준다. run.sh 스크립트를 열고 다음 명령을 입력한다.

```
#/bin/bash
nvidia-docker build -t ch3 .
```

2장, '데이터 중심, 용이한 환경, 데이터 준비'에서와 같이 /bin/bash는 이 스크립트에 대해 bash 인터프리터를 사용하도록 지시한다. nvidia-docker 컨테이너 명령을 사용하면 ch3이라는 태그로 이미지를 구축하고 명령 끝에 점이 있기 때문에 현재 디렉터리에서 Dockerfile을 사용한다. 다음 명령을 실행해 컨테이너를 통과하려는 모든 윈도우 운영체제가 통과할 수 있는지 확인한다.

```
xhost +
```

xhost가 도커 컨테이너에 적절한 권한을 부여해 윈도우 운영체제가 우분투 시스템의 xhost (창 관리자)에 나타나도록 한다. 마지막으로, 이 컨테이너를 실행하기 위해 도커 명령이 수행하는 작업을 살펴보자.

```
docker run -it \
    --runtime=nvidia \
    --rm \
    -e DISPLAY=$DISPLAY \
    -v /tmp/.X11-unix:/tmp/.X11-unix \
    -v $HOME/full-gan/data:/data \
    ch3 /bin/bash # python3 train.py
```

다음은 이러한 명령을 각기 분해해 본 것으로, 각 줄 옆에 설명을 달았다. .

- docker run -it \: 이 플래그는 컨테이너를 대화식 모드에서 실행할 수 있게 한다.
- --runtime=nvidia \: 엔비디아 런타임을 사용해 그래픽 카드에 액세스할 수 있다.
- --rm \: 이 플래그는 종료 후 도커 시스템에 이미지의 변경 사항을 무시하도록 지시한다.

- **−e DISPLAY=$DISPLAY **: 이것은 Window OS가 컨테이너를 통과할 수 있게 하는 변수이다.

- **−v /tmp/.X11−unix:/tmp/.X11−unix **: 이렇게 하면 Windows OS가 컨테이너를 통과할 수 있다.

- **−v $HOME/full−gan/data:/data **: 루트 디렉터리에 있는 폴더를 데이터 폴더에 매핑한다.

- **ch3 /bin/bash**: ch3: python3 train.py의 끝. 이제, /bin/bash가 배시 터미널을 연다.

이제 Save(저장)를 클릭하고 파일에 적절한 디렉터리 구조가 있는지 확인한다.

```
full-gan/
├──── Dockerfile
└──── run.sh
```

이번 장을 끝내기 전에 마지막으로 셸 스크립트를 실행 가능하게 만들어 이번 장에서 사용할 수 있도록 한다.

```
chmod 775 run.sh
```

Dockerfile을 올바르게 구축하고 대화형 셸을 얻을 수 있도록 다음과 같이 실행한다.

```
sudo ./run.sh
```

이 명령이 그러한 작업을 해야 한다. python3 및 케라스에 액세스할 수 있는지 확인한다. 그렇게 한 다음에 다음 레시피로 이동하라!

관련 정보

Dockerfile들의 다른 플래그에 대한 자세한 내용은 다음 사이트를 참조하자.

- https://docs.docker.com/engine/reference/builder/
- https://docs.docker.com/develop/develop−images/dockerfile_best−practices/

첫 번째 GAN 구성요소인 판별기를 설명하기

판별기는 GAN 구조에서 가장 이해하기 쉬운 부분이다. 즉, 판별기는 입력 이미지가 진짜 이미지인지를 분류해 낸다. 이 분류는 적대 훈련 중에 일어날 것이다. 본질적으로, 판별기는 신경망의 순방향 전파가 이뤄지는 동안에 입력을 분류한다. 생성기가 좋아지면 진짜 이미지와 가짜 이미지를 GAN이 구별해내기가 아주 어려워진다. 지금까지 우리는 화면을 보면서 손실 함수를 지켜만 보아왔지만, 앞으로는 이 손실 함수[3]를 사용해 훈련을 조기에 중단할 수 있을 것이다.

출발 준비

이번 장의 앞부분에서 만든 폴더를 기억하는가? 이 폴더에 새로운 파일 세 개를 만들어야 한다. 다음은 이 폴더에 생성해야 하는 파일이다(리눅스 명령을 'touch 파일이름.py' 꼴로 내려 파일을 만들 수 있다).

- generator.py
- discriminator.py
- gan.py

이러한 파일을 만든 후에 full-gan 폴더 내부의 디렉터리 구조는 다음과 같아진다.

```
full-gan/
├── discriminator.py
├── Dockerfile
├── gan.py
├── generator.py
└── run.sh
```

적절한 파일들이 모두 디렉터리에 있게 되었으므로 이제는 이 각 파일들에 코드를 추가할 차례이다. discriminator.py 파일은 코드로 채울 첫 번째 파일이다. 코드 조각들로 이뤄진 각 블록을 하나씩 살펴보자. 이 레시피에서는 이 기본 판별기의 핵심 구성요소를 이해하는 게 목표이다. 앞으로의 레시피에서는 판별기에 대한 훨씬 더 복잡한 표현과, 경우에 따라 이러한 구조의 성능을 향상시키는 여러 판별기를 사용할 것이다. 이 모델들이 수렴하려면 어느 정도는 조율해야 한다는 점을 기억하자.

---

3   (옮긴이) 판별기가 전체 GAN 아키텍처에서는 일종의 손실 함수 역할을 한다.

수행 방법 …

이 레시피를 가져오기 부분, 초기화(init) 부분, 모델 메서드 및 도우미 함수와 같은 몇 가지 핵심 부분별로 나눠보자. 이렇게 하면 각 함수가 하는 일을 분명히 알 수 있고 각 모델의 구조에 대한 핵심 사항을 강조하기에도 좋다.

가져오기

판별기에는 파일 입출력을 위한 sys와 파이썬 내 기본 배열 조작을 위한 numpy 등을 가져오는 전형적인 가져오기(imports) 부분이 있다. 케라스 가져오기는 여기에서 볼 수 있듯이 조금 더 재미 있다.

```python
#!/usr/bin/env python3
import sys
import numpy as np
from keras.layers import Input, Dense, Reshape, Flatten, Dropout
from keras.layers.advanced_activations import LeakyReLU
from keras.models import Sequential, Model
from keras.optimizers import Adam
```

우리는 기본 구조 계층들과 LeakyReLU(leaky rectified linear unit, 누설 정류 선형 장치)라는 특수한 구조를 포함해, 사용하려고 하는 여러 계층을 가져왔다. 또한 기본 구조 접착제 같은 역할을 하는, Sequential이라는 모델 구조도 가져온다. 마지막 부분을 보면 이 모델에서는 Adam 최적화기를 가져오고 있을 뿐이지만, 우리는 또한 최적화기를 선택할 수 있게 만드는 메서드를 추가할 수 있다.

초기화 변수(판별기 클래스 내의 init)

객체 지향 프로그래밍에서 클래스를 작성할 때 init에서 초기화되는 변수 및 수량을 선택하는 과정이 중요하다. 이런 경우에 다음과 같이 모델의 용량, 입력 모양, 최적화기 초기화 및 모델 구축이 필요하다.

1. 너비, 높이, 채널 및 잠재 공간 크기가 있는 클래스를 초기화하는 코드는 다음과 같다.

```python
class Discriminator(object):
    def __init__ (self, width = 28, height= 28, channels = 1, latent_size=100):
```

2. 입력 인수들을 클래스의 내부 변수로 추가한다.

```python
self.CAPACITY = width*height*channels
```

```
self.SHAPE = (width, height, channels)
self.OPTIMIZER = Adam(lr=0.0002, decay=8e-9)
```

3. 이 레시피의 뒷부분에서 정의할 메서드에 따라 모델을 초기화한다.

```
self.Discriminator = self.model ()
```

4. binary_crossentropy 손실과 지정된 최적화기를 사용해 모델을 컴파일한다.

```
self.Discriminator.compile(loss= 'binary_crossentropy',
                 optimizer=self.OPTIMIZER, metrics=['accuracy'])
```

5. 터미널에 모델의 텍스트 요약을 표시한다.

```
self.Discriminator.summary ()
```

이번 경우에서, 우리는 model 메서드를 호출하고 binary_crossentropy를 사용해 모델을 컴파일한다. 가중치를 갱신하는 훈련 단계에서 최적화기는 Adam 최적화기가 된다. 여기서 강조하려는 핵심 사항 중 하나는 GAN의 손실 함수에 대해 큰 성과를 거두었다는 점이다. 여기에서는 왜 내장된 손실 함수만을 사용하고 있을까? 간단히 말하자면 이게 GAN 예제에 불과하기 때문인데, 앞으로 우리는 사용자 지정 손실 함수를 구현할 수 있는 더 많은 기회를 지니게 될 것이다. 현대적인 GAN 구조들이 더 높은 **정확도(accuracy)**를 달성하기 위해 실제로는 맞춤형 손실 함수에 의존한다. 이번 경우에는 우리가 기본 구조를 구축하고 훈련할 수 있는지 확인하는 게 더 중요하다. 그런 후에 비로소 우리는 사용자 지정 기능을 구축하는 데 집중할 수 있기 때문이다.

판별기에 대한 모델 정의

판별기에 대한 모델을 정의하는 부분에서는 판별기 모델을 **이진 분류기(binary classifier)** 구조로 정의한다. 먼저 구조를 대략적으로 살펴보자.

1. 이 메서드는 순차적 모델로 시작된다. 이렇게 하면 계층들을 서로 쉽게 접합할 수 있다. 케라스는 처리 도중에 몇 가지 가정을 하는데, 예를 들면 이전 계층의 크기가 처리 진행 중인 계층의 입력과 같다는 식이다.

```
def model(self):
    model = Sequential()
```

2. 다음으로 우리는 첫 번째 계층을 확인할 수 있다.

```
model.add(Flatten(input_shape=self.SHAPE))
```

이 계층은 데이터를 단일 데이터 스트림으로 전개한다.

3. 다음 계층은 처리해야 할 작업 중 가장 앞선 부분을 수행할 것이다.

```
model.add(Dense(self.CAPACITY, input_shape=self.SHAPE))
model.add(LeakyReLU (alpha=0.2))
```

조밀 계층(dense layer)이란 간단히 말하면 각 뉴런들이 이전 계층의 뉴런들과 서로 모두 완전히 연결된 계층을 말한다. 이런 계층은 신경망의 기본 빌딩 블록 중 하나이며 입력이 각 뉴런에 도달할 수 있게 한다. LeakyReLU는 신경망을 구성하는 유닛이 작동하지 않을 때 작은 경사를 사용할 수 있도록 하는 특별한 활성 계층 유형이다. 실제로 LeakyReLU를 활성 함수로 쓰는 경우에 활성치가 0에 가까워져도 비활성 유닛을 처리할 수 있으므로 일반적인 ReLU보다 유리하다.

4. 표준 관행과 마찬가지로 우리는 다음과 같은 방식으로 계층들이 계속 이어 나가게 할 수 있다.

```
model.add(Dense(int(self.CAPACITY/2)))
model.add(LeakyReLU (alpha=0.2))
```

이 블록은 단순히 이 계층에서 사용할 수 있는 용량을 절반으로 줄여서 신경망을 거치면서 중요한 특징들을 학습할 수 있게 해준다. 다시 말하지만, 여기서는 LeakyReLU 활성 계층이 사용된다.

5. 마지막으로 입력이 계급의 일부일 확률이나 일부가 아닐 확률을 나타내는 최종 계층이 있다.

```
model.add(Dense(1, activation= 'sigmoid'))
return model
```

우리가 모델을 구축하고 나면 메서드가 모델을 반환한다.

판별기 클래스의 도우미 메서드

개발중인 구조에 대한 주요 정보를 이해할 수 있는 몇 가지 도우미 메서드가 있다.

1. summary라는 첫 번째 메서드는 이전에 생성한 모델의 케라스에서 사용할 수 있는 요약을 인쇄한다.

```
def summary (self) :
    return self.Discriminator.summary ()
```

이 summary 함수는 다음과 같이 터미널에 데이터를 출력해야 한다.

Layer (type)	Output Shape	Param #
flatten_1 (Flatten)	(None, 784)	0
dense_6 (Dense)	(None, 784)	615440
leaky_re_lu_5 (LeakyReLU)	(None, 784)	0

```
dense_7 (Dense)              (None, 392)              307720
────────────────────────────────────────────────────────────
leaky_re_lu_6 (LeakyReLU)    (None, 392)              0
────────────────────────────────────────────────────────────
dense_8 (Dense)              (None, 1)                393
════════════════════════════════════════════════════════════
Total params: 923,553
Trainable params: 923,553
Non-trainable params: 0
```

2. 다음 번 도우미 함수인 save_model은 모델 구조를 사진과 비슷한 형식으로 산출해 낸다.

```
def save_model (self) :
    plot_model (self.Discriminator.model,
              to_file= '/data/Discriminator_Model.png')
```

모델 저장 함수(save_model)는 다음 그림 같은 이미지 하나를 data 폴더에 저장한다.

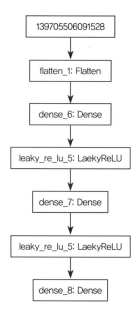

여기까지 왔으니, 이제 여러분은 첫 번째 GAN 판별기를 만드는 방법을 이해하게 되었다.

두 번째 GAN 구성요소인 생성기를 설명하기

생성기(generator)는 이 GAN 구조에서도 재미있는 부분이다. 생성기는 잠재 공간(이 레시피의 정규 분포에서 나오는 표본에 해당)에서 입력 내용을 가져 와서 사실적으로 보이는 데이터를 생성한다. 생성기는 또한 훈련 시 적대적인 부분에 추가될 것이다. GAN은 레이블을 사용해 잠재 사례들을 취하고, 생성기 자체가 사실적인 이미지를 생성할 수 있을 때까지 훈련한다. 우리는 곧 몇 가지 생성된 이미지를 예로 보게 될 것이다.

출발 준비

판별기 개발과 마찬가지로 이 레시피에서 중요한 점은 여러분에게 적절한 폴더 구조와 discriminator. py 파일이 있다는 점이다. 우리는 이 세 가지 구성요소를 모두 개발하고 나서, 그리고 이번 장의 후반부에서 훈련 스크립트를 획득한 다음에, 우리는 각 코드 조각을 각기 테스트할 것이다.

수행 방법 …

이 클래스는 가져오기, 생성기 초기화, 생성기의 모델 정의 및 도우미 함수와 같은 것들을 더 잘 분해해 볼 수 있게 몇 개의 부분으로 나뉘어 있다. 모델을 정의하는 데 주의를 기울이고, 이 클래스를 사용해 다른 아키텍처를 실험하여 이 예제 코드를 향상시킬 수 있는지를 이해해 두는 게 좋다.

가져오기

가져오기는 핵심 부분이다.

```
#!/usr/bin/env python3
import sys
import numpy as np
from keras.layers import Dense, Reshape
from keras.layers import BatchNormalization
from keras.layers.advanced_activations import LeakyReLU
from keras.models import Sequential, Model
from keras.optimizers import Adam
```

이전 클래스와 마찬가지로 sys 및 numpy를 사용할 수 있어야 한다. 기본 계층 유형들을 LeakyReLU 활성 계층과 더불어 모델에서 사용할 수 있도록 가져온다. 여기서는 최적화기로 Adam을 사용하지만, 각 클래스를 확장해 그 밖의 최적화기를 사용할 수 있도록 하는 게 연습 문제이다.

생성기 초기화

Generator 클래스에는 입력 데이터의 width(너비), height(높이) 및 channels(채널)와 같은 몇 가지 입력 변수가 있어야 한다. 잠재 공간은 또한 우리가 표본추출을 할 분포의 크기와 신경망의 측면을 정의하는 데 도움이 되므로 중요하다. 코드는 다음과 같다.

```
class Generator(object) :
    def __init__ (self, width = 28, height= 28, channels = 1, latent_size=100) :
        self.W = width
        self.H = height
        self.C = channels
        self.OPTIMIZER = Adam(lr=0.0002, decay=8e-9)

        self.LATENT_SPACE_SIZE = latent_size
        self.latent_space = np.random.normal(0,1, (self.LATENT_SPACE_SIZE,))

        self.Generator = self.model ()
        self.Generator.compile(loss= 'binary_crossentropy',
                            optimizer=self.OPTIMIZER)
        self.Generator.summary ()
```

변수 중 몇 가지는 height, width 및 channels가 있는 클래스와 같은 클래스 내에서 정의된다. 최적화기들이 인스턴스화되고 잠재 공간이 정의된다. 마지막으로 우리는 생성기인 object가 호출될 때마다 자체적으로 구축되고 컴파일되기를 바란다. object가 완성되면, object는 이 단계들을 거치면서 구축한 모델을 요약해 표시해 줄 것이다.

생성기의 모델 정의

모델은 이러한 각 클래스의 핵심이다. 이번 경우에, 우리는 잠재 공간에서 표본(sample)을 입력으로 사용해 원본 이미지와 동일한 모양의 이미지를 생성하는 모델을 정의하고 있다. 어떻게 이런 일이 일어나는지 이해하기 위해 이 모델을 나타내는 코드를 분해해 보자.

1. 먼저 모델을 정의하고, 기본 Sequential 구조로 시작하자.

```
def model (self, block_starting_size=128, num_blocks=4) :
            model = Sequential()
```

2. 다음으로, 우리는 신경망에서 첫 번째 계층 블록을 시작한다.

```
block_size = block_starting_size
model.add(Dense(block_size, input_shape=(self.LATENT_SPACE_SIZE,)))
model.add(LeakyReLU (alpha=0.2))
model.add(BatchNormalization(momentum=0.8))
```

이 블록은 잠재 표본의 입력 모양이자 초기 블록 크기의 시작 크기에 맞춰 신경망에 조밀 계층을 추가한다. 이 경우에서는 128개의 뉴런으로 시작한다. LeakyReLU 활성 계층을 사용하여, 우리는 **경사 소멸**(vanishing gradients)과 **비활성 뉴런**(non-activated neurons)을 피할 수 있다. 그런 다음 BatchNormalization은 이전 계층을 기반으로 활성을 정규화해 계층을 정리한다. 이렇게 하면 신경망의 효율성이 향상된다.

3. 다음으로 가장 까다로운 부분은 다음과 같다.

```
for i in range(num_blocks-1) :
    block_size = block_size * 2
    model.add(Dense(block_size))
    model.add(LeakyReLU (alpha=0.2))
    model.add(BatchNormalization(momentum=0.8))
```

이 코드 집합은 이전 블록과 같은 추가 블록을 추가할 수 있지만 조밀 계층 크기를 두 배로 만든다. 여러분이 블록 수를 다르게 하여 시험해 보기를 바란다. 어떤 결과가 나오는가? 성능이 향상되는가? 더 빠르게 수렴하는가? 아니면 발산하는가? 이 코드 집합은 더 유연한 방식으로 이런 아키텍처 유형을 실험해 볼 수 있게 해 줘야 한다.

4. 이 메서드의 마지막 부분은 출력을 입력 이미지와 동일한 모양으로 재구성해 모델을 반환한다.

```
model.add(Dense(self.W * self.H * self.C, activation= 'tanh'))
model.add(Reshape((self.W, self.H, self.C)))
return model
```

생성기의 도우미 메서드

도우미 메서드(helper methods)를 사용하면 메서드 전반에서 클래스의 내용을 더 효율적으로 또는 자주 사용하도록 만들 수 있다. 우리의 경우에 모델의 구조를 텍스트로 출력하거나 그림 형태로 확인할 수 있는지가 중요해 보였다.

1. 케라스에서 제공하는 텍스트 요약은 쉽게 구현할 수 있다.

```
def summary (self) :
    return self.Generator.summary ()
```

2. 일단 Generator 클래스를 사용하면 요약 함수는 터미널에서 출력을 반환해야 한다.

```
--------------------------------------------------------------
Layer (type)                      Output Shape              Param #
==============================================================
dense_1 (Dense)                   (None, 128)               12928
--------------------------------------------------------------
leaky_re_lu_1 (LeakyReLU)         (None, 128)               0
--------------------------------------------------------------
batch_normalization_1 (Batch)     (None, 128)               512
--------------------------------------------------------------
dense_2 (Dense)                   (None, 256)               33024
--------------------------------------------------------------
leaky_re_lu_2 (LeakyReLU)         (None, 256)               0
--------------------------------------------------------------
batch_normalization_2 (Batch)     (None, 256)               1024
--------------------------------------------------------------
dense_3 (Dense)                   (None, 512)               131584
--------------------------------------------------------------
leaky_re_lu_3 (LeakyReLU)         (None, 512)               0
--------------------------------------------------------------
batch_normalization_3 (Batch)     (None, 512)               2048
--------------------------------------------------------------
dense_4 (Dense)                   (None, 1024)              525312
--------------------------------------------------------------
leaky_re_lu_4 (LeakyReLU)         (None, 1024)              0
--------------------------------------------------------------
batch_normalization_4 (Batch)     (None, 1024)              4096
--------------------------------------------------------------
dense_5 (Dense)                   (None, 784)               803600
--------------------------------------------------------------
reshape_1 (Reshape)               (None, 28, 28, 1)         0
==============================================================
Total params: 1,514,128
Trainable params: 1,510,288
Non-trainable params: 3,840
--------------------------------------------------------------
```

3. 다음으로 생성기에서 모델을 저장하는 함수로 넘어가자. 이 함수는 경로를 제외하고는 판별기 내부의 함수와 동일하다.

```
def save_model (self) :
    plot_model (self.Discriminator.model,
                    to_file= '/data/Discriminator_Model.png')
```

이 함수는 모델의 구조를 나타내는 PNG 형식으로 된 파일 한 개를 데이터 폴더에 출력한다.

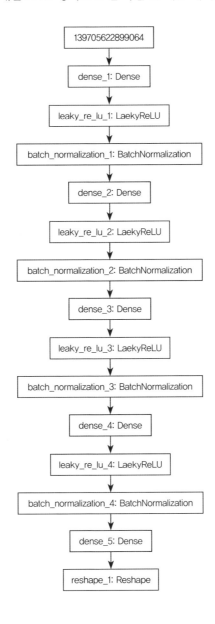

아무튼, 이게 우리가 GAN 생성기를 만든 방법이었다. 이게 여러분에게 쉬웠기를 바란다. 이제 우리는 제대로 된 걸작품을 만들 준비가 된 셈이다.

GAN의 모든 부분을 종합하기

이제 생성기와 판별기를 지니게 되었는데 이것으로 충분하지 않을까? 그렇지 않다. 실제로는 적대 모델까지 만들어야 한다. 또한, 우리가 왜 손실 함수에 더 초점을 맞추지 않는지에 관해 마음을 열어 놓고 의심해 보자. 이번 경우에서는, 각 손실 함수가 케라스 라이브러리에 내장되어 있으므로 지금 당장은 손실 함수에 집중하지 않을 것이다. 더 복잡한 모델을 다뤄야 할 때가 되면 손실 함수를 사용자가 직접 정의해야 하는데, 이에 대해서는 더 설명해야 할 것으로 보인다. 그렇지만 지금은 기본 GAN을 어떻게 구성할지, 어떻게 하면 적대적인 방식으로 훈련할 수 있는지에 집중하자.

출발 준비

이번에 나오는 코드는 모두 full-gan 폴더 아래의 gan.py 파일에 저장되어 있다. 이 클래스는 모델 개발 중에서 적대적인 모델 부분을 나타내며 두 신경망을 서로 대립하게 한다. 여러분이 지난 두 가지 레시피에서 사용했던 것과 같은 기본적인 도구들이 이 레시피에도 필요하다.

작동 방식 …

생성적 적대 모델은 Discriminator와 Generator를 입력으로 사용한다. 생성적 적대 모델은 이 두 모델을 가지고 **잠재 사례(latent example)**를 입력으로 삼아 훈련할 수 있게 결합이 된 모델로, 여기서는 이 모델을 설정하는 데 초점을 맞출 것이다. 출력은 판별기에서 나오는 예측이다. 이 클래스는 핵심 메서드의 관점에서 다른 클래스와 동일한 기본 구조를 공유한다.

GAN 클래스에는 판별기와 생성기의 클래스에 들어 있는 것과 동일한 핵심 구성요소들이 있다. 이런 식으로, GAN 모델은 기본적으로 각 스켈레톤 클래스에서 동일한 기본 부분들을 상속받는다. 작업을 시작해 보면 이런 구조를 구성하기가 실제로는 아주 쉽다.

1단계: GAN 클래스 초기화

이 초기화 단계에서는 주의해야 할 점이 몇 가지 있는데 이 내용이 다음 코드에 이어서 나온다.

```
class GAN (object) :
    def __init__ (self, discriminator, generator) :
        self.OPTIMIZER = Adam(lr=0.0002, decay=8e-9)
        self.Generator = generator

        self.Discriminator = discriminator
        self.Discriminator.trainable = False
        self.gan_model = self.model ()
        self.gan_model.compile(loss= 'binary_crossentropy',
                               optimizer=self.OPTIMIZER)
        self.gan_model.summary ()
```

이 코드를 살펴보면 먼저 discriminator(판별기) 모델과 generator(생성기) 모델을 모두 움켜쥔다는 점
에 유념하자(코드의 두 번째 줄). 그런 다음에 판별기의 훈련 가능성을 False로 설정하는데(여섯 번째
줄), 이는 적대 훈련을 하는 중에는 판별기가 훈련이 되지 않게 하겠다는 뜻이다. 이에 따라 생성기는
지속적으로 개선되지만 판별기는 원래대로 유지된다. 이 아키텍처에서 (생성기와 판별기 간에) 대화가
이뤄지도록 하려면 이 1단계가 필요하다. 그런 다음 모델을 구축하고(일곱 번째 줄) 컴파일하게 된다
(여덟 번째 줄). 마지막에는 요약을 인쇄한다(아홉 번째 줄).

2단계: 모델 정의

이번 경우에는 모델이 아주 간단하다.

```
def model (self) :
    model = Sequential()
    model.add(self.Generator)
    model.add(self.Discriminator)
    return model
```

생성기를 첫 번째 부분으로 삼고 판별기를 두 번째 부분으로 삼은 순차 모델을 구성해 사용한다. 그런
다음 GAN 모델은 **잠재 표본(latent sample)**을 채취하여 해당 계급에 속하는지 여부에 관한 확률을
산출한다.

3단계: 도우미 함수

도우미 함수는 GAN 모델 컨텍스트에 있던 판별기 및 생성기와 동일하다. 모델을 요약하는 코드는 다
음과 같다.

```
def summary (self) :
    return gan_model.summary ()
```

이 summary( )를 이용하면, 터미널에서 다음과 같은 출력을 볼 수 있다.

Layer (type)	Output Shape	Param #
sequential_1 (Sequential)	(None, 28, 28, 1)	1514128
sequential_2 (Sequential)	(None, 1)	923553

Total params: 2,437,681
Trainable params: 1,510,288
Non-trainable params: 927,393

그런 다음에 우리는 모델 구조의 PNG를 생성하는 save_model 함수와 동일한 함수를 사용한다.

```
def save_model (self) :
    plot_model (self.gan_model.model, to_file= '/data/GAN_Model.png')
```

그리고 출력 파일은 다음과 같아야 한다.

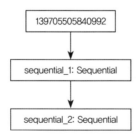

이렇게 여러분은 이제 100줄이 안 되는 코드로 첫 번째 GAN을 완성했다!

여러분의 첫 GAN을 훈련하기

훈련은 모델에 생명을 부여하는 피 같은 것이라고 할 수 있다. 모델을 만들었어도 훈련을 해서 세상에 보여주지 않는다면 아무런 의미가 없다. 이 Trainer 클래스는 훈련할 수 있는 메서드를 모델에 제공하고, 훈련을 낱낱이 점검할 수 있게 하는 메서드도 제공한다.

출발 준비

이 시점에서 지금까지의 모든 단계에서 다룬 내용을 다 완성해 두어야 한다는 점을 잊지 말기 바란다! 해당 단계들을 다 거쳤다면 이번에는 full-gan 폴더에 train.py 및 run.py 파일을 만들어야 한다. 또한 아직 수행하지 않았다면 full-gan 폴더 안에 data 폴더를 만든다. $HOME/full-gan 자리에 full-gan 폴더를 넣었는지 확인하거나 run.sh 스크립트를 업데이트해야 할 수도 있다.

수행 방법 …

GAN을 훈련하려면 두 가지 중요한 코드 조각이 필요하다. 우리가 정의하고 설명할 훈련 클래스와 해당 훈련 클래스를 실행하는 스크립트가 그것이다. 크게 보면 훈련 클래스 정의 부분과 실행 스크립트 정의 부분이라는 2개 부분이 있는데, 이들 각 부분에 관한 기본 사항을 다뤄보겠다.

훈련 클래스 정의

훈련기에서 여러분만의 구현 방법으로 채워야 할 각 메서드를 살펴보자. 우리는 이것을 몇 가지 핵심 요소로 나눌 것이다. 즉 가져오기 부분, class 안의 init 메서드, 데이터 적재 메서드, 훈련 메서드, 도우미 함수로 나눌 것이다.

가져오기

이번 단원에서 가져오기 부분은 간단하다. 우리에게 필요한 클래스들과 이와 같은 클래스들에 전반적으로 필요한 몇 가지 도우미 함수를 가져오면 된다.

```
#!/usr/bin/env python3
from gan import GAN
from generator import Generator
from discriminator import Discriminator
from keras.datasets import mnist
```

```
from random import randint
import numpy as np
import matplotlib.pyplot as plt
```

클래스의 init 메서드

이 클래스의 초기화 메서드에는 GAN을 조율하는 데 사용할 수 있는 변수와 모델 자체의 초기화라는 두 가지 중요한 부분이 있다. 우리가 모든 모델을 초기화한 다음 init 메서드에서 MNIST 데이터를 적재한다는 점을 알게 될 것이다. 이렇게 하면 클래스가 훈련에 준비되도록 한 다음에 적재되게 할 수 있다. 파라미터를 변경해야 하는 경우에 클래스의 새 인스턴스가 필요하다. 이러한 파라미터를 동적으로 재구성해야 하는 경우에 이를 수행할 수 있는 도우미 함수 집합을 개발해야 한다. 이번 예제의 범위에는 해당 기능이 빠져 있다. init 메서드를 구축하는 단계들은 다음과 같다.

1. 이미지 크기, 잠재 공간, 크기, 에포크 수, batch, 그리고 model_type 파라미터를 초기화한다.

```
class Trainer:
    def __init__ (self, width = 28, height= 28, channels = 1,
                    latent_size=100, epochs =50000, batch=32,
                    checkpoint=50, model_type=-1) :
```

2. 모든 파라미터를 클래스의 내부 변수로 사용할 수 있게 한다.

```
self.W = width
self.H = height
self.C = channels
self.EPOCHS = epochs
self.BATCH = batch
self.CHECKPOINT = checkpoint
self.model_type=model_type
self.LATENT_SPACE_SIZE = latent_size
```

3. 이전 레시피에서 생성한 Generator 클래스와 Discriminator 클래스를 초기화한다.

```
self.generator = Generator(height=self.H, width=self.W, channels=self.C,
                            latent_size=self.LATENT_SPACE_SIZE)
self.discriminator = Discriminator(height=self.H, width=self.W, channels=self.C)
self.gan = GAN (generator=self.generator.Generator,
            discriminator=self.discriminator.Discriminator)
```

4. 마지막으로, load_MNIST 메서드를 호출한다. 이 메서드는 MNIST 데이터를 자동으로 클래스에 집어 넣는다.

```
self.load_MNIST()
```

데이터 적재 메서드

MNIST 데이터는 유명하며, 단순해서 아름답기도 하다. MNIST 데이터셋을 누구나 한 번쯤 사용해 보았을 것으로 보이며 간단히 내려받을 수 있다. 우리의 목적에 맞도록, 우리는 MNIST 데이터가 일종의 사례 역할을 하게 훈련기에 적재할 생각이다. 이 클래스 내에는, 모든 숫자가 아닌 1개 숫자만으로도 잘 동작하는 생성기를 만들고 싶을 때, 1개 숫자만을 사용할 수 있게 해 주는 기능들도 일부 들어 있다.

```
def load_MNIST(self, model_type=3) :
    allowed_types = [-1, 0, 1, 2, 3, 4, 5, 6, 7, 8, 9]
    if self.model_type not in allowed_types:
        print('ERROR: Only Integer Values from -1 to 9 are allowed')

    (self.X_train, self.Y_train), (_, _) = mnist.load_data()
    if self.model_type!=-1:
        self.X_train = self.X_train[np.where(self.Y_train==int(self.model_type)) [0]]
    self.X_train = ( np.float32(self.X_train) - 127.5) / 127.5
    self.X_train = np.expand_dims(self.X_train, axis=3)
    return
```

model_type을 사용해 모든 MNIST 숫자들(model_type = -1)과 특정 숫자(model_type = [0,9]) 간에 전환할 수 있다. 우리는 나머지 클래스에서 사용할 X_train 집합을 적재한다. Y_train은 모델을 만들어 내기 위해 특정 숫자를 선택하고 싶을 때만 필요하다.

훈련 메서드

이해하기 쉽도록 이 아키텍처에 필수적인 부분들에 관해 이야기해 보자.

1. 먼저 train 메서드를 만들고 지정된 에포크 수만큼 반복한다.

```
def train(self) :
    for e in range(self.EPOCHS) :
```

2. 다음으로, 훈련 데이터셋에서 무작위 이미지들로 구성된 배치 한 개를 가져와서 우리의 x_real_images와 y_real_labels 변수를 만들 것이다.

```
# 배치를 부여잡는다.
count_real_images = int(self.BATCH/2)
starting_index = randint(0, (len(self.X_train)-count_real_images))
real_images_raw = self.X_train[ starting_index : (starting_index + count_real_images) ]
x_real_images = real_images_raw.reshape( count_real_images, self.W, self.H, self.C )
y_real_labels = np.ones([count_real_images,1])
```

3. BATCH 변수를 사용해서 지정한 이미지의 수를 반으로 줄였는데, 왜 그랬을까? 다음 단계에서 생성기로 이미지를 생성해 배치의 나머지 반을 채울 것이기 때문이다.

```
# 이 훈련 배치용으로 생성된 이미지를 부여잡는다.
latent_space_samples = self.sample_latent_space(count_real_images)
x_generated_images = self.generator.Generator.predict(latent_space_samples)
y_generated_labels = np.zeros([self.BATCH-count_real_images,1])
```

4. 이제 훈련용으로 쓸 전체 배치를 개발해 내었다. 이 두 집합을 x_batch 및 y_batch 변수에 연결해 훈련해야 한다.

```
# 판별기에서 훈련용으로 결합한다.
x_batch = np.Concatenate ([x_real_images, x_generated_images])
y_batch = np.Concatenate ([y_real_labels, y_generated_labels])
```

흥미로운 부분은 바로 이런 점인데, 우리는 이 배치를 사용해 판별기를 훈련하고 있다. 판별기는 훈련될 때 이미지들이 진짜가 아니라는 것을 알고 있으므로, 판별기는 생성된 이미지와 진짜 이미지 사이에서 끊임 없이 **결함**(imperfections)을 찾으려고 할 것이다.

5. 판별기를 훈련하고 손실 값을 파악해 알릴 수 있게 하자.

```
# 이제 다음과 같은 배치를 사용해 판별기를 훈련한다.
discriminator_loss = self.discriminator.Discriminator.train_on_batch(x_batch, y_batch) [0]
```

우리는 이제 생성기가 출력해 낸 이미지(따라서 적절치 않은 레이블이 붙은 이미지)를 사용해 GAN을 훈련할 것이다. 즉, 우리는 잡음을 바탕으로 삼아 이미지들을 생성해 내고, GAN을 훈련할 때 그러한 이미지 중 하나에 레이블을 지정한다. 왜 그럴까? 이게 새로 훈련된 판별기를 사용해 생성된 출력을 개선하는 훈련 중에 소위 적대 훈련 부분(adversarial training portion)이기 때문이다. GAN 손실 보고서에는 생성된 출력으로 인해 판별기가 혼란스러워 하는 면이 나타나게 된다.

6. 생성기를 훈련하는 코드는 다음과 같다.

```
# 잡음 생성
x_latent_space_samples = self.sample_latent_space(self.BATCH)
y_generated_labels = np.ones([self.BATCH,1])
generator_loss = self.gan.gan_model.train_on_batch(x_latent_space_samples,
                                                   y_generated_labels)
```

7. 손실 계량기준을 화면에 표시하고 데이터 폴더에 출력된 이미지로 모델을 확인하는 두 가지 부분이 스크립트 끝 부분에 들어
   가야 한다.

```
print ('Epoch: '+str(int(e))+', [Discriminator :: Loss: '+str(discriminator_loss)+'],
                              [Generator :: Loss: '+str(generator_loss)+']')
if e % self.CHECKPOINT == 0 :
    self.plot_checkpoint(e)
return
```

이게 GAN을 훈련하는 방법이다. 이제 여러분은 공식적으로 GAN의 주인이 되었다.

도우미 함수

그렇지만 기다려 보기 바란다. 아직 더 있다! 이 클래스 전반에 걸쳐 사용해 온 몇 가지 도우미 함수가
있다.

1. 먼저 sample_latent_space라는 편의 함수가 있다.

```
def sample_latent_space(self, instances) :
    return np.random.normal(0, 1, (instances, self.LATENT_SPACE_SIZE))
```

이 함수는 기본적으로 numpy에 대한 호출을 사용하기 쉬운 메서드 호출로 래핑한다.

2. 다음으로 모델 검사점을 그려내는 코드가 있다. 이 함수는 생성기 출력의 무작위 표본을 보여주는 그림을 표시한다. 그림을 그
   려 내는 함수의 핵심 부분들을 간략하게 살펴보자.

   1) 다음과 같이 검사점 이미지를 그리는 메서드를 정의한다. 이 때 숫자 값 e를 입력으로 사용한다.

```
def plot_checkpoint(self, e) :
    filename = "/data/sample_"+str(e)+".png"
```

   2) 잠재 공간에서 잡음을 생성하고 생성기로 이미지를 생성하는 코드는 다음과 같다.

```
noise = self.sample_latent_space(16)
images = self.generator.Generator.predict(noise)
```

3. 이렇게 새로 생성된 이미지들을 그리는 코드는 다음과 같은데, 이 경우에 각 에포크 검사점마다 16개 이미지가 생성된다.

```
plt.figure(figsize=(10,10))
    for i in range(images.shape[0]) :
        plt.subplot(4, 4, i+1)
        image = images[i, :, :, :]
        image = np.reshape(image, [self.H, self.W])
```

```
            plt.imshow(image, cmap= 'gray')
            plt.axis('off')
```

4. 마지막으로 그림을 그려내고 저장한 다음에 그림을 닫는 코드는 다음과 같다.

```
            plt.tight_layout()
            plt.savefig(filename)
            plt.close('all')
            return
```

여기서 주목해야 할 중요한 부분은 우리 모델 출력의 양호함(goodness)[4]을 나타내는 데 쓸 계량기준(metrics)이 아직 없다는 것이다. 무엇보다도 모델을 훈련할 수 있어야 하고, 손실이 최솟값(즉, 완전히 훈련된 상태)으로 수렴하는지를 확인해야 한다. 다음 장에서는 생성기 출력의 양호함을 평가하기 위한 계량기준에 대해 논의할 예정이다.

실행 스크립트를 정의하기

실행 스크립트(run script)는 세부 사항 측면에서 다루기가 조금 더 쉽다. 필요한 변수를 스크립트에 추가하고 훈련 메서드를 실행하면 그만이기 때문이다.

```
#!/usr/bin/env python3
from train import Trainer


HEIGHT = 28
WIDTH = 28
CHANNEL = 1
LATENT_SPACE_SIZE = 100
EPOCHS = 50001
BATCH = 32
CHECKPOINT = 500
MODEL_TYPE = -1
trainer = Trainer(height=HEIGHT,
                width=WIDTH,
                channels=CHANNEL,
                latent_size=LATENT_SPACE_SIZE,
                epochs =EPOCHS,
```

4 (옮긴이) 저자는 그저 '양호함'을 말하고 있지만, 그 의도로 볼 때 아마도 '적합도(goodness of fit)'를 말하려고 한 게 아닌가 싶다.

```
                batch=BATCH,
                checkpoint=CHECKPOINT,
                model_type=MODEL_TYPE)
trainer.train()
```

너비(HEIGHT), 높이(WIDTH) 및 채널(CHANNEL)이 MNIST 데이터에서 파생되는데 군이 여기에서 왜 정의했는지 궁금할 수 있다. 글쎄, 또 다른 성가신 연습 문제들 중 하나는 다른 데이터셋을 받아들일 수 있는 기능을 클래스에 구현해 넣는 일일 것이다. 코드의 구조가 주어진다면, 간단히 클래스가 서로 다른 데이터셋을 취할 수 있도록 해야 한다.

모델을 훈련하고 GAN의 출력을 이해하기

모델을 구축한 후에 가장 중요한 부분은 훈련이다! 방금 개발한 이 아름답고 단순한 아키텍처를 어떻게 훈련할 생각인가? 간단히 말해서, 이제 우리는 적절한 프레임워크를 마련해 둔 셈이므로, 개발한 도구를 모두 실행하고 나서 모델로부터 얻게 되는 결과를 이해하는 게 중요하다는 말이다.

출발 준비

이제 결정적인 순간이 되었다. 이 시점에 이르기까지 나왔던 모든 레시피를 다 완성했는가? 그렇지 않다면 돌아가서 해당 레시피로 했어야 할 일부터 마치자. 스크립트를 아직 실행하지 않은 경우에 데이터 폴더 항목을 제외한 디렉터리는 다음과 같아야 한다.

```
full-gan/
├── data
│       ├── Discriminator_Model.png
│       ├── GAN_Model.png
│       ├── Generator_Model.png
│       ├── sample_0.png
│       ├── sample_1000.png
├── discriminator.py
├── Dockerfile
├── gan.py
├── generator.py
├── README.md
```

```
├───── run.py
├───── run.sh
└───── train.py
```

다음 몇 단계에서는 이전에 만든 항목들을 모두 사용해야 하므로 계속하기 전에 이러한 모든 부분을 이 저장소(data 폴더 내부의 항목 제외)에 빌드해 두어야 한다.

수행 방법 …

애 많이 썼다! 정말이다. 진짜로 여러분이 이뤄 온 성과이다. 코드를 제대로 작성해 왔다면 코드를 아주 간단히 실행할 수 있다. 기본적으로 GAN을 실행하려면 다음과 같은 몇 가지 간단한 단계를 따라야 한다.

1. 저장소의 루트 폴더에서 다음 명령을 실행한다.

   sudo ./run.sh

2. 모든 것이 올바르게 작동한다면 화면에 다음과 같은 출력이 표시된다.

   ```
   username@username-comp:~/full-gan$ sudo ./run.sh
   [sudo] password for username:
   Sending build context to Docker daemon 3.998MB
   Step 1/3 : FROM base_image
      ---> c398836f2b23
   Step 2/3 : RUN apt install -y python3-pydot python-pydot-ng


   graphviz
      ---> Using cache
      ---> 37424cd81385
   Step 3/3 : ADD . /
      ---> c91a0189d9c1
   Successfully built c91a0189d9c1 Successfully tagged ch3:latest
   access control disabled, clients can connect from any host
   ################ Model Summaries
   ################ Download MNIST
   ############### Tensorflow connecting to the GPU
   Epoch: 0, [Discriminator :: Loss: 0.7186179], [Generator :: Loss: 0.7297293]
   Epoch: 1, [Discriminator :: Loss: 0.39331502], [Generator :: Loss: 0.7450044]
   ```

```
Epoch: 2, [Discriminator :: Loss: 0.3295707], [Generator :: Loss: 0.8133272]
Epoch: 3, [Discriminator :: Loss: 0.29371032], [Generator :: Loss: 0.8316293]
Epoch: 4, [Discriminator :: Loss: 0.29231048], [Generator :: Loss: 1.032237]
Epoch: 5, [Discriminator :: Loss: 0.30067348], [Generator :: Loss: 1.07507]
Epoch: 6, [Discriminator :: Loss: 0.23213515], [Generator :: Loss: 1.2063006]
     ...
```

3. 몇 가지 요점은 다음과 같다.

  ▪ ##########가 있는 부분은 원래 내용을 간단히 요약해서 대체한 줄이다. 모든 출력 내용을 책에 전부 표시할 수는 없기 때문이다.

  ▪ 이 코드를 개선해 Discriminator 손실과 Generator 손실을 그림으로 나타낼 수 있을 것이다.

  ▪ 도커 이미지가 구축되었는지를 알려면 다른 터미널 창에서 docker images라는 명령을 내려 확인해 볼 수 있다. ch3 이미지가 최근에 생성된 것을 볼 수 있어야 한다.

  ▪ 데이터 디렉터리에 PNG가 표시되지 않으면 데이터 디렉터리가 $HOME/full-gan/data에 있는지 확인한다. 디렉터리가 없으면 run.sh 파일을 수정해 대응하는 볼륨을 변경한다.

이제 이 GAN의 결과에 대해 이야기해 보자!

작동 방식 …

충분히 작업을 해 왔으므로 무언가를 보여 주어야 하지 않을까? 음, 이번 장에서 여러분이 이뤄 낸 노동의 결실을 보여주는 그림을 몇 개 나타내보겠다. 다음은 4만 에포크를 거쳐 온 MNIST 숫자 생성기가 보여 주는 결과이다.

MNIST 생성기가 만들어 낸 모든 이미지

에포크 수 ── 0 ── 5000 ── 15000 ── 40000 ──▶

이 결과물 중에서 내 마음을 끄는 것 중 하나는, 첫 번째 에포크에서 어떤 종류의 데이터가 생성되는지를 여러분이 알 수 있으리라는 점이다. 이 데이터는 본질적으로 **잡음(noise)**과 같다. 적대적인 훈련이 계속됨에 따라 생성기는 마침내 픽셀들을 이미지의 가운데 자리 쪽으로 옮기는 능력을 학습하게 되지만 5,000 에포크 정도일 때조차도 숫자를 눈에 띄게 식별하기는 어렵다. 1만 5,000 에포크일 때가 되어서야 비로소 일부 숫자가 생성되고 있으며 숫자를 만들 수 있다는 점이 분명해지고 있다. 4만 에포크에서 생성기는 몇 개 숫자를 꽤 잘 만들어 낸다. 1과 그 밖의 숫자를 여전히 더 다듬어야 할 것으로 보인다. MNIST 데이터에 있는 여러 숫자들 중 1개 숫자만으로 GAN을 훈련하면 어떻게 될까?

3이라는 숫자를 생성해 내는 생성기의 결과 중 일부를 확인해 보자. GAN 모델이 3이라는 숫자만을 생성해 내는 모델일 때 훨씬 더 빨리 수렴할 수 있다는 점을 제일 먼저 눈치챘을 것이다. 이상적으로 보면, 모델은 이런 이미지 유형을 아주 잘 배울 수 있다. 그리고 마침내 GAN은 이 특정 그림을 위해 뽑아 낸 거의 모든 사례에서 사실적으로 보이는 3을 생성할 수 있다.

그렇다면 서로 다른 데이터셋들을 사용해 GAN을 훈련한다는 게 의미하는 바는 무엇일까? 몇 가지 고차원적인 면에서 검토해 보자.

- GAN이 학습할 공간이 좁아질수록 GAN이 더 빨리 수렴한다.

- 숫자 데이터 집합을 전부 사용한다면, 자릿수라는 특성과 여러 숫자들이 서로 비슷한 모양이라는 점 때문에 수렴하는 데 애를 먹을 수 있다.

    - 이런 경우에 모델이 훈련 데이터에 대한 적절한 표현을 학습하려면 더 오래 훈련해야 한다(그리고 잠재적으로 훈련에 쓰는 사례도 더 많아야 한다).

연습문제

이번 장에서 연습할 문제들은 다음과 같다.

1. 모델이 유연해지도록 생성기를 확장해 보라. 모델을 정의할 때 쓰이는 두 변수에 다른 파라미터들을 넣어 실험해 보라. 그 효과들을 설명해 보라.

2. 훈련 클래스의 기능을 확장해 MNIST 이외의 다른 데이터셋을 수용할 수 있게 해 보라. 훈련 데이터를 인수가 되게 하면서도 그 밖의 어떤 것이라도 바꿔야 하는가? 그렇다면 무엇을 바꾸어야 하는가?

3. y 값으로는 손실, x 값으로는 에포크를 지정해 Discriminator 손실과 Generator 손실을 그림으로 그려내는 방식을 창안해 보라.

4장 | DCGAN을 이용한 새 외부 구조물에 대한 꿈

이번 장에서는 다음과 같은 레시피를 포함해 **심층 합성곱 생성적 적대 신경망**(deep convolutional generative adversarial network, DCGAN)을 구현하는 데 필요한 구성요소를 설명한다.

- DCGAN이란 무엇인가? 간단한 의사코드 예제

- 도구: 독특한 도구가 필요한가?

- 데이터 파싱: 데이터가 독특한가?

- 코드 구현: 생성기

- 코드 구현: 판별기

- 훈련

- 평가: DCGAN이 제대로 동작했는지를 어떻게 알 수 있는가?

- 성능 향상을 위한 파라미터 조정

들어가며

DCGAN은 애초에 **생성적 적대 신경망**(generative adversarial network, GAN)이라는 형태로 제안된, 이안 굿펠로우(Ian Goodfellow)의 특징적인 구조를 개선한 것으로 처음으로 인기를 끌었다. DCGAN에서는, 한 번 작동하기 시작하면 거의 분기하지 않는 GAN과는 달리, 반복적이며 훈련 가능한 아키텍처를 사용할 수 있게 되었다.

DCGAN이란 무엇인가? 간단한 의사코드 예제

DCGAN 아키텍처에서는 판별기와 생성기로 구성된 모델을 약간 보강해야 한다. 또한 수렴을 개선하려면 훈련 단계를 보강해야 한다. 첫 번째 예제에서 우리가 사용해 보았던 MNIST 데이터는 작업을 하기에 가장 간단한 사례들(examples)[1]로 구성되어 있다. 기억하겠지만 GAN을 수렴하게 하는 일이 이러한 아키텍처를 구축하는 데 있어서 가장 어려운 부분 중 하나지만, 오히려 DCGAN 아키텍처에서는 안정적으로 수렴하게 하는 일을 보장받을 수 있다. 다음 절에서는 의사코드를 이용해 **수렴(convergence)**에 관해 자세히 살펴볼 생각이다.

출발 준비

먼저, DCGAN 아키텍처를 중요한 구성요소인 판별기와 생성기로 나눈다. 다음 단원에서는 이 두 가지 구조를 개발하는 방법에 초점을 맞추겠지만, DCGAN의 기본 구조에 관해 다음 부분들로 나눠서 이야기하는 일부터 해 보자.

- 고수준 DCGAN을 만들기 위해 번호를 매겨 구분한 단계들

- 의사코드로 만들어 보는 생성기

- 의사코드로 만들어 보는 판별기

- 의사코드로 만들어 보는 훈련기

수행 방법 …

생성기는 DCGAN을 다룬 논문에 나오는 다음 그림을 사용하면 간단히 설명할 수 있다.

---

1 (옮긴이) 각 사례는 여러 특징으로 구성된 1개 행(row)이나 1개 레코드(record) 또는 1개 관측치(observations)라고 보면 된다.

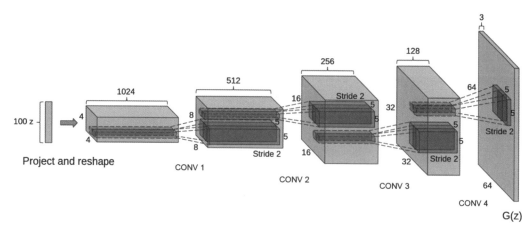

DCGAN 논문에서는 논문으로 펴낸 결과를 얻기 위해 사용한 생성기의 구조를 강조 표시했다.
우리의 모델에서도 동일한 기본 아키텍처를 사용하기는 하지만 대신에 더 단순하게 할 것이다.[2]

위의 그림은 앞으로 나올 단원들에서 생성기를 구축하는 방법에 영감을 줄 수 있는 요소를 설명한다. 여기서 이해해야 할 핵심 요소 중 하나이며 다른 신경망 아키텍처와 다른 점은 이 구조가 완전 연결 계층이나 풀링(pooling)[3]에 의존하지 않는다는 것이다. 각 뉴런이 후속 계층에 나오는 다른 뉴런과 모두 연결될(즉, 완전 연결 계층이 될) 필요가 없고, 뉴런의 출력을 결합(풀링이라고 알려진 일)할 필요도 없기 때문에, 이러한 방식으로 신경망은 일반화가 강제된다. 판별기는 훨씬 더 간단한 방식으로 자신을 표현한다. 우리가 선호하는 분류 기법이 얼마나 복잡한 것이든지 간에 간단히 판별기 안에 넣어 사용할 수 있다. 모델이 수렴되는 일을 보장받기 위해, 우리는 논문에 사용된 아키텍처를 간소화했다.

 이번 장의 끝 부분에 있는 연습 문제 중 하나에서는 그 밖의 판별기들을 사용하는 실험에 초점을 맞출 것이다.

생성기

Generator 클래스에는 두 가지 주목할 만한 차이점이 있는데, 그 중 한 가지는 클래스의 초기화 단계로서, 이 단계에서 우리는 간단한 GAN이나 합성곱 GAN 중 하나를 선택할 수 있고, 나머지 한 가지는 모델을 개발하는 클래스에서 추가 **스텁아웃 함수**(stubbed-out function)[4]를 제공하면 이에 맞춰 우리가 DCGAN 모델을 실제로 구축해야 한다는 점이다.

---

2 (옮긴이) 이 그림이 DCGAN 논문에서 가져온 것으로 보여, 원본 그림 모양 그대로 볼 수 있게 하기 위해 그림에 나오는 문구들을 번역해 싣지 않았다. 이해를 돕기 위해 각 용어의 의미를 설명하자면 'project and reshape → 데이터를 투사하고 모양을 변경한다, conv 1 … conv 4 → 1차 합성곱 … 4차 합성곱, stride 2 → 합성곱 창의 이동 폭(즉, 보폭)을 2로 지정'이다.
3 (옮긴이) 수학 용어로는 '병합', 통계학 용어로는 '합동'이다.
4 (옮긴이) '속이 빈 함수', '모의 함수', '가짜 함수'라는 뜻을 지닌 것으로, 테스트 등에 쓰기 위해 함수의 골격만 만들어 둔 함수를 말한다. 보통 '스텁 함수'라고도 부른다.

다음 단계로 이동해 간단한 의사코드 예제를 작성해 보자.[5]

1. 먼저 다음과 같이 가져오기를 포함해 클래스를 정상적으로 초기화한다.

```
#!/usr/bin/env python3
imports
```

2. 다음과 같이 model_type 플래그를 사용해 모델 유형을 토글할 수 있는 생성기 클래스를 만든다.

```
class Generator(object) :

    def __init__ (self, width = 28, height= 28, channels = 1,
                     latent_size=100, model_type = 'simple') :
        # 이 자리에서 클래스 변수들을 초기화한다.
```

3. 다음과 같이 화풍(style)이 서로 다른 두 가지 모델 간을 전환하는 간단한 예제를 작성한다.

```
        if model_type== 'simple' :
            # 이 자리에서 간단한 생성기를 초기화한다.
        elif model_type== 'DCGAN' :
            # 이 자리에서 합성곱 생성기를 초기화한다.
```

4. Generator 자체의 모델 아키텍처는 다음과 같은 메서드 안에 들어갈 것이다.

```
    def dc_model (self) :
        # 이 자리에 합성곱 방식으로 구성한 생성기를 둔다.
        return model
```

5. 우리가 만든 원래 모델을 유지할 계획이라면 다음 두 가지 방법을 비교해 보자.

```
    def model (self, block_starting_size=128, num_blocks=4) :
        # 이 자리에 간단한 GAN을 둔다.
        return model
```

6. 마지막으로 각 클래스에 도우미 메서드를 도입해 요약을 제공하고 다음과 같이 모델을 저장한다.

```
    def summary (self) :
        # 이 자리에 요약 도우미 함수의 기능을 담당하는 코드를 둔다.
    def save_model (self) :
        # 이 자리에 모델 저장 도우미 함수의 기능을 담당하는 코드를 둔다.
```

---

5 (옮긴이) 코드에 나오는 각 주석이 일종의 의사코드이다. 나중에 의사코드 부분을 실제 코드로 바꾸면 된다.

판별기

Discriminator 클래스는 **3장, '첫 번째 GAN을 100줄 이내로 만들기'**에 있는 것과 유사하게 변화한다. 그러나 두 가지 중요한 차이점이 있는데, 초기화 단계의 if 문과 모델 인스턴스화에 대한 메서드가 그것이다.

 이 새로운 코드 조각들을 나중에 나올 장에서 자세히 다룰 예정이다.

이제 다음 단계들을 거치며 간단한 판별기 의사코드 예제를 살펴보자.

1. 생성기 예제와 마찬가지로 python3을 사용하고 다음과 같이 필요한 가져오기를 수행한다.

```
#!/usr/bin/env python3
imports
```

2. Discriminator라는 클래스를 작성하면 다음과 같이 model_type을 토글할 수 있다.

```
class Discriminator(object) :
    def __init__ (self, width = 28, height= 28, channels = 1,
                    latent_size=100, model_type = 'simple') :
        # 이 자리에 클래스 변수들을 초기화하는 코드를 둔다.
```

3. 다음과 같이 클래스 초기화 단계에서 모델 유형 선택기에 대한 스텁아웃(stub-out)을 작성한다.[6]

```
        if model_type== 'simple' :
            # 이 자리에서 간단한 생성기를 초기화한다.
        elif model_type== 'DCGAN' :
            # 이 자리에서 합성곱 생성기를 초기화한다.
```

4. 다음과 같이 dc_model을 개발하는 메서드를 만든다.

```
    def dc_model (self) :
        # 이 자리에 합성곱 방식으로 된 생성기를 둔다.
        return model
```

5. 이전 장에 나온 원본 모델을 다음과 같이 유지한다.

```
    def model (self, block_starting_size=128, num_blocks=4) :
        # 이 자리에 간단한 GAN을 둔다.
        return model
```

---

6 (옮긴이) 즉, 골격을 짠다.

6. 마지막으로 판별기 함수에 대해 다음 도우미 함수를 입력한다.

```
def summary (self) :
    # 이 자리에 요약 도우미 함수의 기능을 담당할 코드를 둔다.
def save_model (self) :
    # 이 자리에 모델 저장 도우미 함수의 기능을 담당할 코드를 둔다.
```

관련 정보

- 3장, '첫 번째 GAN을 100줄 이내로 만들기'에서 생성기와 판별기를 다룬 단원을 참조한다.

도구: 독특한 도구가 필요할까?

이번 단원에서는 LSUN(Large-Scale Scene Understanding, 광범위 장면 이해) 데이터[7]를 사용할 수 있게 하는 기본 인프라를 만드는 방법을 보여준다. 이렇게 하면 여러분은 올바른 도커 컨테이너를 만들고 모든 폴더가 올바른 형식으로 구성되었는지 확인할 수 있다. 여기서는 DCGAN 레시피에 쓸 LSUN 데이터셋 내려받기 과정을 시작한다.

출발 준비

이번 단원이 향후 코딩 단원의 토대가 될 것이다. 먼저 파일을 저장할 수 있게 다음과 같이 폴더를 만든다.

```
DCGAN
├── data
│   └── README.md
├── docker
│   ├── build.sh
│   ├── clean.sh
│   └── Dockerfile
├── README.md
├── scripts
```

---

7   (옮긴이) 다양한 풍경, 정물, 실내 사진 등을 모아 둔 데이터이다.

우분투를 설치한 곳의 $HOME 디렉터리에 DCGAN 디렉터리를 만든다. 도커 명령을 사용해 볼륨을 대응시킬 때, 우리가 개발할 스크립트의 대부분은 이 설치 위치에 의존한다. 그러나 실행 명령을 내릴 때는, 대응 처리해 둔 볼륨을 변경하는 데 익숙하다면 $HOME에 설치하지 않아도 된다. 머신러닝(ML) 분야에서는 훈련에 사용되는 다른 데이터셋들에 의해 알고리즘 개발이 주도된다. 이번 장에서 쓸 수 있게 우리는 LSUN 데이터셋을 도입할 생각이다. 그리고 이번 단원에서는 이번 장에서 사용할 데이터셋을 내려받고 학습 단계에 맞춰 포맷하는 방법을 설명한다.

이번 단원에서는 다음 내용을 다룬다.

- 환경 설정

  - Dockerfile

  - 스크립트 구축

  - 스크립트 정제

- LSUN 데이터 수집

수행 방법 …

2장, '데이터 중심, 용이한 환경, 데이터 준비'와 3장, '첫 번째 GAN을 100줄 이내로 만들기'에서 그랬던 것처럼 먼저 도커 환경이 설정되어 있고 학습할 준비가 되어 있는지 확인한다.

DCGAN 개발 환경

base_image를 상속받는 Dockerfile에는 세 가지 중요한 구성요소가 있다. DCGAN 디렉터리의 docker 폴더에서 Dockerfile을 만들고 다음 단계들을 완성한다.

1. 다음 명령을 사용해 각 장마다 사용했던 base_image를 가져온다.

   FROM base_image

2. LSUN 데이터셋을 사용할 때 다음과 같이 LSUN 저장소를 사용해 원시 데이터를 내려받는다.

   RUN git clone https://github.com/fyu/lsun.git

3. 디버깅(IPython을 사용해서) 및 시각화(pydot 및 graphviz를 사용해서)에 유용한 몇 가지 기타 설치 사항이 있는데, 다음 명령으로 실행할 수 있다.

```
RUN apt install -y python3-pydot python-pydot-ng graphviz
RUN pip3 install ipython
```

4. 이제 Dockerfile을 구축하기 위해서는 빌드 스크립트(DCGAN과 docker에서는 build.sh라고 적절히 부름)를 생성해야 한다.

```
#/bin/bash
nvidia-docker build -t ch4 .
```

5. 그런 다음 필요에 따라 다음과 같은 코드를 사용해 이미지를 컴퓨터에서 제거하는 말끔한 스크립트를 구현한다(DCGAN과 docker에서는 clean.sh라는 파일에 저장됨).

```
#/bin/bash
docker rmi ch4
```

6. 모든 셸 스크립트와 마찬가지로 각 셸 스크립트를 사용하기 전에 해당 스크립트가 실행 가능해야 한다. 다음 명령을 사용하여 이 작업을 수행할 수 있다.

```
chmod 777 〈파일이름〉.sh
# 파일 이름을, 실행 권한을 부여할 파일 이름으로 바꾸라는 뜻이다.
```

7. 디렉터리 구조는 이제 다음과 같이 보일 것이다.

```
DCGAN
├── data
│       └── README.md
├── docker
│       ├── build.sh
│       ├── clean.sh
│       └── Dockerfile
```

8. 이제 Dockerfile과 빌드 스크립트가 있으므로 다음 명령을 실행해 도커 이미지를 구축한다.

```
sudo ./build.sh
```

이제, 계속 더 진행해서 데이터를 내려받을 차례이다!

LSUN 데이터를 내려받아 압축을 풀기

LSUN 데이터셋은 머신러닝 분야에 널리 사용되며 GAN 과업을 수행하기에 매우 적합하다. 이 데이터 셋에는 특히 우리의 과제와 관련된 몇 가지 유용한 계급들이 들어 있다. 다음 그림은 데이터에 레이블 이 지정된 방법을 보여준다.

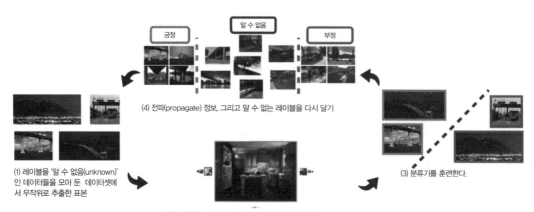

LSUN 데이터셋의 학습 방법

데이터셋을 살펴볼 때 주의할 점이 몇 가지 있는데, 첫째로 사람이나 신경망이 레이블을 지정했으므로 레이블에 오류가 있을 수 있다는 점이다. 또 한 가지 유의할 점으로는 우리가 사용할 outdoor_church와 같은 계급을 볼 때, 그것이 아주 다양한 구조를 수반한다는 점이다. GAN은 이미지 구조와 관련된 일반적인 표현을 학습하게 되지만, 깔끔한 결과를 얻으려면 신경망 및 기본 파라미터를 조정해야 한다. 이제 LSUN 데이터셋에서 데이터를 가져오는 방법을 살펴보자. 먼저 새로 만든 도커 이미지를 사용해 데이터를 내려받아 압축을 풀어야 한다. create_data.sh 셸 스크립트를 만들고 실행 권한을 부여한다. 이 파일에는 다음 세 단계가 포함된다.

1. 스크립트 맨 위에 이전 레시피에서 배웠던 bin/bash 문과 xhost 명령들이 필요할 텐데, 이는 다음과 같다.

```
#/bin/bash
xhost +
```

2. 첫 번째 실행 명령은 단순히 LSUN 그룹의 내려받기 스크립트를 사용해 데이터를 데이터 폴더로 내려받는다. 이 파일의 크기는 다음과 같이 약 3기가바이트이다.

```
# 데이터 폴더에 데이터를 내려받는다.
docker run -it \
    --runtime=nvidia \
    --rm \
    -v $HOME/DCGAN/data:/data \
        ch4 python lsun/download.py -o /data -c church_outdoor && \
            unzip church_outdoor_train_lmdb.zip && \
            unzip church_outdoor_val_lmdb.zip && \
            mkdir /data/church_outdoor_train_lmdb/expanded
```

3. 다음 명령은 약 126, 000개 이미지가 들어 있는, 평평한 디렉터리 구조로 데이터를 확장한다.

```
# 데이터를 우리 데이터 폴더로 확장
docker run -it \
    --runtime=nvidia \
    --rm \
    -v $HOME/DCGAN/data:/data \
        ch4 python lsun/data.py export /data/church_outdoor_train_lmdb \
            --out_dir /data/church_outdoor_train_lmdb/expanded --flat
```

4. 다음 번 레시피에서 생성할 파이썬 스크립트를 실행하려면 스크립트 폴더의 create_data.sh 셸 스크립트에 다음과 같이 하나 이상의 run 명령을 추가해야 한다.

```
# NPY 파일에 저장
docker run -it \
    --runtime=nvidia \
    --rm \
    -v $HOME/DCGAN/data:/data \
    -v $HOME/Chapter4/DCGAN/src:/src \
        ch4 python3 src/save_to_npy.py
```

다음 단원에서는 앞서 나온 모든 파일을 NPY 파일로 읽어 GAN에서 사용할 수 있도록 함으로써 데이터 처리를 완료한다.

더 많은 정보 …

▪ 자세한 내용을 알고 싶다면 https://arxiv.org/pdf/1506.03365.pdf에서 LSUM 데이터셋에 관한 원래 문서를 참조한다.

▪ 아니면 http://lsun.cs.princeton.edu/2017/라는 웹 사이트에서 참조한다.[8]

관련 정보

▪ 2장, '데이터 중심, 용이한 환경, 데이터 준비'를 참조한다. 하지만 먼저 개발 환경 레시피를 설정하자.

---

8   (옮긴이) 번역 시점에서는 이 페이지를 찾을 수 없다. 대신에 https://www.yf.io/p/lsun에서 정보를 찾아 볼 수 있다.

데이터 파싱: 데이터가 독특한가?

데이터는 이러한 알고리즘에 생명을 주는 피와 같다. 이 책에서 다른 내용은 그냥 넘길지라도 이번 내용은 꼭 배워 두기 바란다. 이번 레시피에서는 배열의 각 파일을 읽고, 학습용으로 크기를 조정하며, 액세스하기 쉬운 압축 형식으로 저장한다.

출발 준비

먼저 디렉터리 구조에 대한 **온전성 검사(sanity check)**를 수행해 적절한 부분들이 모두 있는지 확인한다. 디렉터리 구조는 다음과 같이 보일 것이다.

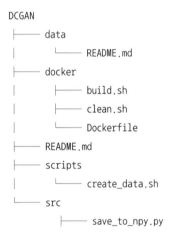

```
DCGAN
├── data
│       └── README.md
├── docker
│       ├── build.sh
│       ├── clean.sh
│       └── Dockerfile
├── README.md
├── scripts
│       └── create_data.sh
└── src
        ├── save_to_npy.py
```

save_to_npy.py라는 새 파일과 함께 새 폴더 src가 있어야 한다. 다음에 나오는 레시피에서는 이 파이썬 파일과, 파이썬 파일이 데이터를 저장하는 방법에 초점을 맞춘다.

수행 방법 …

1. 먼저 save_to_npy.py 파일을 만들고 다음 줄을 추가해 필요한 종속물들을 가져오고 python3 인터프리터를 가리킨다.

```
#!/usr/bin/env python3
from PIL import Image
import numpy as np
import os
```

2. 그런 다음에 이 스크립트의 첫 번째 핵심 메서드를 구축한다. 이 메서드는 다음과 같이 확장명을 기반으로 지정된 폴더의 파일 목록을 가져온다.

```
def grabListOfFiles(startingDirectory, extension=".webp") :
    listOfFiles = [ ]
    for file in os.listdir(startingDirectory) :
        if file.endswith(extension) :
            listOfFiles.append(os.path.join(startingDirectory, file))
    return listOfFiles
```

앞의 함수는 디렉터리를 재귀적으로 검색하고 주어진 확장자를 지닌 파일을 모두 찾는다는 점에서 좋다. 우리의 경우, LSUN 데이터셋은 모든 이미지가 WebP 형식으로 저장된다.

3. grabArrayOfImages라는 두 번째 메서드는 다음과 같이 이미지를 읽고 플래그에 따라 이미지를 RGB나 회색조로 변환한다.

```
def grabArrayOfImages(listOfFiles, resizeW=64, resizeH=64, gray=False) :
    imageArr = [ ]
    for f in listOfFiles:
        if gray:
            im = Image.open(f).convert("L")
        else:
            im = Image.open(f).convert("RGB")
        im = im.resize((resizeW, resizeH))
        imData = np.asarray(im)
        imageArr.append(imData)
    return imageArr
```

WebP 파일들을 올바르게 읽으려면 앞의 예제에서 Pillow의 Image 클래스를 사용해야 한다. Pillow의 내장 기능을 사용해 이미지를 작고 정사각형인 크기로 조정할 수 있다(대부분의 그래픽 카드에서는 64×64가 적당하다). 이미지를 읽고 크기를 조정하면 배열에 추가할 수 있다. 파일 목록이 모두 쓰인 후에 우리는 배열을 반환한다.

4. 마지막으로 다음과 같이 파일 목록을 부여잡고 회색조 이미지 또는 컬러 이미지를 처리한 다음에 마지막으로 Numpy에 내장된 save 함수를 사용해 다음과 같이 이미지를 자신의 npy 파일로 저장해 보자.

```
direc = "/data/church_outdoor_train_lmdb/expanded/"

listOfFiles = grabListOfFiles(direc)
imageArrGray = grabArrayOfImages(listOfFiles, resizeW=64, resizeH=64, gray=True)
imageArrColor = grabArrayOfImages(listOfFiles, resizeW=64, resizeH=64)

print("Shape of ImageArr Gray: ", np.shape(imageArrGray))
print("Shape of ImageArr Color: ", np.shape(imageArrColor))
```

```
np.save('/data/church_outdoor_train_lmdb_gray.npy', imageArrGray)
np.save('/data/church_outdoor_train_lmdb_color.npy', imageArrColor)
```

5. 이제 create_data 셸 스크립트를 실행 가능한 상태로 바꿔야 한다(chmod 777 create_data.sh). 그런 후에 다음 명령을 실행해 데이터를 내려받고 압축을 푼 다음에 학습을 위해 관련 파일에 저장한다.

```
sudo ./create_data.sh
```

이 스크립트가 끝나면 다음과 비슷한 출력이 표시된다.

```
Archive: church_outdoor_val_lmdb.zip
    creating: church_outdoor_val_lmdb/
    inflating: church_outdoor_val_lmdb/lock.mdb
    inflating: church_outdoor_val_lmdb/data.mdb
.
.
Exporting /data/church_outdoor_train_lmdb to
Finished   1000    images
Finished   2000    images
Finished   3000    images
Finished   4000    images
Finished   5000    images
Finished   6000    images
Finished   7000    images
.
.
Shape of ImageArr Gray: (126227, 64, 64, 1)
Shape of ImageArr Color: (126227, 64, 64, 3)
```

다음 레시피로 넘어 가자.

코드 구현: 생성기

이제부터가 재미있는 부분이다! 흥미로운 점은 다음과 같은 준비 단계를 통해 GAN 코딩이라는 모험을 훨씬 쉽게 이해할 수 있다는 점이다. Generator 코드에는 두 가지 핵심 변경 사항이 있다. 이전 의사코드 단계에서 다루었다. 이번 단원에서는 심층 합성곱 생성기와 함께 코드의 두 가지 주요 변경 사항을 구현해 보자.

출발 준비

다음과 같이 디렉터리 검사를 수행한다.

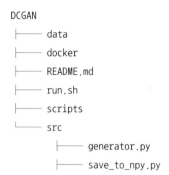

```
DCGAN
├──── data
├──── docker
├──── README.md
├──── run.sh
├──── scripts
└──── src
          ├──── generator.py
          ├──── save_to_npy.py
```

이번 단원에서는 generator.py 스크립트를 구축할 것이다. 이 스크립트를 처음부터 다시 구축하거나 **3장, '첫 번째 GAN을 100줄 이내로 만들기'**에서 Generator.py를 가져 와서 DCGAN 기능을 쓸 수 있게 업그레이드하면 된다.

앞으로 나올 스크립트가 길다란 글자 덩어리처럼 보일 수 있겠지만, 두려워하지 않아도 된다.

수행 방법 …

앞으로 사용할 각 클래스마다 가져오기(imports) 부분이 있다는 점을 먼저 알아두어야 한다. 우리가 거치는 각 레시피와 관련된 파일의 제일 윗부분에 가져오기 부분이 있는지를 확인하라.

생성기 초기화: DCGAN 업데이트

Generator 클래스 초기화는 **3장, '첫 번째 GAN을 100줄 이내로 만들기'**에서 보았던 것과 매우 비슷하다. 그러나 if 문이 중간에 붙어 있다는 한 가지 차이점이 있다.

1. 먼저 이전처럼 클래스를 초기화하지만 다음과 같이 모델 유형을 가리키는 인수 한 개를 추가해야 한다.

```
class Generator(object) :
    def __init__ (self, width = 28, height= 28, channels = 1,
                  latent_size=100, model_type = 'simple') :
```

2. 클래스의 내부 변수로 다음 변수를 모두 추가한다.

```
        self.W = width
```

```
self.H = height
self.C = channels
self.LATENT_SPACE_SIZE = latent_size
self.latent_space = np.random.normal(0,1, (self.LATENT_SPACE_SIZE,))
```

3. 우리는 실행 시 if 문에서 단순한 구조와 DCGAN 구조 사이에서 전환할 수 있다. 이 기능을 사용하면 수행중인 작업에 따라 DCGAN 모델을 켜거나 끌 수 있다 (다음 코드 블록 참조).

```
if model_type== 'simple' :
    self.Generator = self.model ()
    self.OPTIMIZER = Adam(lr=0.0002, decay=8e-9)
    self.Generator.compile(loss= 'binary_crossentropy',
                           optimizer=self.OPTIMIZER)
elif model_type== 'DCGAN' :
    self.Generator = self.dc_model ()
    self.OPTIMIZER = Adam(lr=1e-4, beta_1=0.2)
    self.Generator.compile(loss= 'binary_crossentropy',
                           optimizer=self.OPTIMIZER, metrics=['accuracy'])
```

DCGAN 아키텍처에 들어있는 생성기에 쓰이는 optimizer는 약간 다르다. 우리는 또한 선언부에서 평가를 위한 계량기준 (metric) 한 가지를 지정했다. 훈련된 GAN들을 발산시키기는 아주 쉬운데(판별기 손실이 0이 되었을 때), 이럴 때 생성기는 간단히 잡음만을 출력해 낸다. 앞서 나온 파일 설정을 통해 적절한 생성기 출력을 얻을 수 있어야 하지만, 성능을 향상하고 싶 다면 설정 내용을 조율해야 할 것이다.

4. 마지막으로 다음 줄을 진단용으로 추가한다.

```
self.save_model ()
self.summary ()
```

DCGAN 구조 구축

1. 먼저, 이전의 신경망 모델에서와 같이 Sequential 모델 유형을 인스턴스화하고 다음과 같이 첫 번째 조밀 계층을 추가해야 한다.

```
def dc_model (self) :
    model = Sequential()
    model.add(Dense(256*8*8, activation=LeakyReLU (0.2),
    input_dim=self.LATENT_SPACE_SIZE))
    model.add(BatchNormalization())
```

이 첫 번째 조밀 계층은 LeakyReLU 활성이 있는 입력 계층을 나타낸다. 또한 입력이 잠재 공간 크기임을 유의하자. 조밀 계층의 첫 번째 숫자는 초기화된 필터의 수이지만, 앞으로 신경망의 시작 값을 변경해 보고 싶을 수도 있을 것이다. 여기에 나온 논문에서는 1,024개의 필터로 시작하지만 더 많은 필터로 시작하면 GAN의 수렴에 도움이 될 수 있다.

2. 다음으로 텐서를 이미지로 만들 수 있도록 텐서 모양을 고쳐야 한다. (필터의 수에 해당하는 256×8×8은 모양 변경 계층의 각 채널에 대한 곱셈과 같다는 점에 유의하자.) 각 계층은 직전 계층의 원래 정보와 일치해야 한다. 즉, 이전 텐서 크기 정보와 일치해야 한다는 말이다. (8, 8, 256)으로 변경한 후에 우리는 이를 상향 표본추출(upsample)[9]을 한 다음에 16×16 (3 채널)의 생성기 이미지를 살펴본다. 거기에서 다음과 같이 두 개의 동일한 블록을 수행한다.

```
model.add(Reshape((8, 8, 256)))
model.add(UpSampling2D ())
# 16x16
model.add(Convolution2D (128, 5, 5,
        border_mode= 'same', activation=LeakyReLU (0.2)))
model.add(BatchNormalization())
model.add(UpSampling2D ())
# 32x32
model.add(Convolution2D (64, 5, 5,
        border_mode= 'same', activation=LeakyReLU (0.2)))
model.add(BatchNormalization())
model.add(UpSampling2D ())
```

앞의 블록들은 다음과 같은 특징들 덕분에 설계 내역이 간단하다.

- 중간 생성된 이미지에서 2차원 합성곱을 사용하면 필터 크기, 보폭(stride), 윤곽선 모드(합성곱 필터로 윤곽선을 처리하는 방법) 및 활성 함수를 선택할 수 있다

- LeakyReLU를 사용하면 실제로 잘 작동한다.

- 이전에 나오는 합성곱 계층의 BatchNormalization은 활성치(activations)가 지나치게 높거나 낮지 않게 하는 데 보탬이 되고 훈련 속도를 높이거나 과적합을 줄일 수 있게 한다.

- UpSampling2D 척도(scale)는 16×16 → 32×32 → 64×64 등과 같이 기본적으로 두 배씩 늘어난다.[10]

3. 이 모델의 출력 텐서는 활성을 제외하고 이전 계층과 비슷한 방식으로 구성된다. tanh는 저자들이 권장하는 활성 함수인데, 이 특정 아키텍처에 꼭 필요한 것으로 보인다. 다음 코드를 통해 어떻게 쓰이는지를 보자.

```
# 3×64×64
model.add(Convolution2D (self.C, 5, 5, border_mode= 'same', activation= 'tanh'))
return model
```

---

9   (옮긴이) 여기서 말하는 '상향 표본추출'이란, 신경망 계층의 유닛 개수를 늘려 입력보다 출력 개수가 많아지게 한다는 의미로, 이는 이 계층의 파라미터 계수를 늘린다는 소리와 같다. 앞서 다룬 '과대 표본추출'과 개념이 다르다는 점에 유의하자.

10   (옮긴이) 이게 앞에서 말한 상향 표본추출(upsampling)의 의미이다.

4. 모델을 반환한 후 다음 그림과 같이 모델 구조를 PNG 형식 파일로 저장한다.

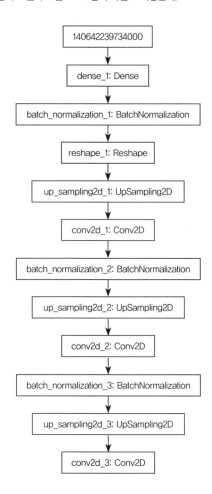

관련 정보

- 3장, '첫 번째 GAN을 100줄 이내로 만들기'를 참조한다.

코드 구현: 판별기

판별기는 생성기에 비하면 더 간단하다. 심층 합성곱 신경망은 분류 연구에 흔하게 쓰인다. 그러나 GAN에서 기억해야 할 핵심은 훈련이 적대적이어야 한다는 것이다. 간단히 말하자면, 훈련이 적대적이지 못하면 최첨단 분류 기법을 사용한다고 할지라도 생성기에 학습 능력을 부여하지 못할 수도 있다는 점이다. 본질을 말하자면 판별기를 구조화하기 위한 균형잡힌 행동이 있다.

출발 준비

항상 그렇듯이 디렉터리를 추적하고 다음과 같이 새로 개발된 구조들을 적절한 자리에 두어야 한다.

```
DCGAN
├── data
├── docker
├── README.md
├── run.sh
├── scripts
└── src
        ├── discriminator.py
        ├── gan.py
        ├── generator.py
        └── save_to_npy.py
```

 이전 단원에 나왔던 discriminator.py와 gan.py는 이어서 나오는 레시피로 통합된다.

수행 방법 …

굿펠로우의 논문에 나온 구조를 DCGAN 유형으로 수정하기는 간단하다. 그저 DCGAN 모델 생성에 사용된 코드의 두 가지 핵심 변경사항을 **3장, '첫 번째 GAN을 100줄 이내로 만들기'**에 반영하는 일만 하면 된다. 여기에서는 가져오기 부분을 검토하지 않겠지만, 스크립트에 필요하다면 가져오기 부분을 맨 위에 두라. 적절한 인터프리터를 지정하는 일을 잊지 마라! 자, 재미있는 것들로 넘어 가자!

판별기 클래스 초기화

1. 먼저 우리가 사용하려는 model_type과 관련된 인수를 추가하고, 다음과 같이 사용자가 GAN 또는 DCGAN을 선택할 수 있게 해야 한다.

```
class Discriminator(object) :
    def __init__ (self, width = 28, height= 28, channels = 1,
                    latent_size=100, model_type = 'simple') :
```

2. 그런 다음에는 다음과 같이 클래스 내에서 기본 설정을 수행한다.

```
self.W = width
self.H = height
self.C = channels
self.CAPACITY = width*height*channels
self.SHAPE = (width, height, channels)
```

3. 다음 코드는 3장, '첫 번째 GAN을 100줄 이내로 만들기'에서 사용된 것과 같다. 단, if 문으로 선택 가능하게 포장되어 있다는 점이 다를 뿐이다.

```
if model_type== 'simple':
    self.Discriminator = self.model ()
    self.OPTIMIZER = Adam(lr=0.0002, decay=8e-9)
    self.Discriminator.compile(loss= 'binary_crossentropy',
                           optimizer=self.OPTIMIZER, metrics=['accuracy'])
```

4. 다음 else-if 문을 사용하면 DCGAN 아키텍처를 선택할 수 있다. 여기서는 Adam 최적화기를 사용하지만 다른 유형의 최적화기를 시험해 볼 수 있다.

```
elif model_type== 'DCGAN':
    self.Discriminator = self.dc_model ()
    self.OPTIMIZER = Adam(lr=1e-4, beta_1=0.2)
    self.Discriminator.compile(loss= 'binary_crossentropy',
                           optimizer=self.OPTIMIZER, metrics=['accuracy'])
```

5. 마지막으로, 모델을 저장하고 다음과 같이 터미널에 요약을 제공한다.

```
self.save_model ()
self.summary ()
```

판별기 또는 생성기 손실이 0까지 떨어지면 모델이 분기된다는 점을 기억하자!

모델 구조를 구축하기

이 모델 구조는 직관적이므로 다음 코드 블록과 같이 합성곱 계층을 사용해 입력 이미지(진짜 또는 가짜)에 대한 이진 분류를 트리거한다.

```
def dc_model (self) :
    model = Sequential()
    model.add(Convolution2D (64, 5, 5, subsample=(2,2),
```

```
            input_shape= (self.W, self.H, self.C),
            border_mode= 'same', activation=LeakyReLU (alpha=0.2)))
model.add(Dropout(0.3))
model.add(BatchNormalization())

model.add(Convolution2D (128, 5, 5, subsample=(2,2),
            border_mode= 'same', activation=LeakyReLU (alpha=0.2)))
model.add(Dropout(0.3))
model.add(BatchNormalization())

model.add(Flatten())
model.add(Dense(1, activation= 'sigmoid'))
return model
```

판별기를 구성하는 동안 우리는 다음 단계를 수행한 셈이다.

1. 순차적 모델을 인스턴스화하고 64개 필터, 5×5 커널, 2×2의 **부표본(sub-sample)**및 이미지의 입력 모양을 지닌 2D 합성 곱 계층으로 시작한다.

2. 퇴출(drop)[11]은 각 단계에서 **희박성(sparcity)**을 강화한다. 이 예제에서는 각 전달(pass) 이후에 학습된 가중치의 30%를 퇴출함으로써 모델이 과적합하지 않게 할 수 있고 핵심 특징들을 학습하게 할 수 있다.

3. BatchNormalization(배치 정규화)를 수행한다.

4. 더 많은 수의 필터(예를 들면 128개)를 사용해 이 과정을 반복한다.

5. 마지막으로, 모델을 평평하게 하고 예측(진짜라면 1, 가짜라면 0)을 출력하는지를 확인한다.

모델을 작성한 후 saveModel 함수를 사용해서 구조를 확인해 계층들이 다음 그림과 같은 방식으로 연결되어 있는지 확인한다.

---

11 (옮긴이) 보통 드롭아웃(dropout)이라고 부르는 일. 소거(zeroed out)라고도 한다.

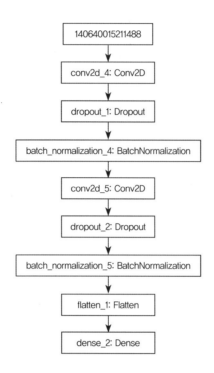

 3장, '첫 번째 GAN을 100줄 이내로 만들기'에서 정확한 GAN.py 파일을 복사하여 이 DCGAN 아키텍처에서 사용할 수 있다.

이제 훈련으로 넘어 가자.

관련 정보

- 자세한 내용은 3장, '첫 번째 GAN을 100줄 이내로 만들기'에 있는 GAN 모델 단원을 참조한다.

훈련

3장, '첫 번째 GAN을 100줄 이내로 만들기'의 훈련 스크립트는 새로운 데이터 형식을 수용하도록 수정되었으며 더 복잡한 아키텍처가 수렴할 수 있도록 몇 가지 새로운 트릭을 추가했다. 또한 이번 단원에서 GAN 훈련기를 위한 배치(batch)와 획기적 시스템을 완전히 구현할 것이다.

출발 준비

GAN을 훈련하는 데 필요한 다음 파일들을 추가한다.

```
DCGAN
├─── data
├─── docker
├─── README.md
├─── run.sh
├─── scripts
└─── src
        ├─── discriminator.py
        ├─── gan.py
        ├─── generator.py
        ├─── run.py
        ├─── save_to_npy.py
        └─── train.py
```

train.py 및 run.py 파일은 DCGAN 아키텍처 훈련을 유도한다.

수행 방법 …

이번 단원에서는 훈련 스크립트의 주요 변경 사항에 초점을 맞춘다.

클래스 초기화로 변경

1. 첫째, 다음 코드에 나타난 바와 같이 model_type이라고 하는 Trainer 클래스에 새로운 옵션 인수가 있음을 확인한다.

```
class Trainer:
    def __init__ (self, width = 28, height= 28, channels = 1,
                  latent_size=100, epochs =50000, batch=32,
                  checkpoint=50, model_type= 'DCGAN', data_path = '') :
```

기억하겠지만 우리가 훈련하게 하려는 MNIST 번호를 선택할 때, 3장, '첫 번째 GAN을 100줄 이내로 만들기'에서 이 파라미터를 사용했다. 이번 경우에, 우리는 이 파라미터를 사용해 생성기 및 판별기의 모델 유형을 선택한다. 이 구현을 위해 생성기와 판별기 모두 동일한 모델 유형을 사용하려고 한다고 가정한다. 앞으로 고려해야 할 선택적 변경 사항은 생성기 및 판별기에 대해 서로 다른 모델 유형을 허용하는 것이다.

2. 다음으로 우리는 model_type 변수를 다음과 같이 Discriminator 및 Generator와 함께 사용해야 한다.

```
self.generator = Generator(height=self.H, width=self.W, channels=self.C,
                            latent_size=self.LATENT_SPACE_SIZE,
                            model_type = self.model_type)
self.discriminator = Discriminator(height=self.H, width=self.W,
                                    channels=self.C, model_type = self.model_type)
self.gan = GAN (generator=self.generator.Generator,
                discriminator=self.discriminator.Discriminator)
#self.load_MNIST()
self.load_npy(data_path)
```

이 시점에서 GAN 모델은 3장, '첫 번째 GAN을 100줄 이내로 만들기'에서 변경되지 않았으므로, 우리는 간단하게 GAN 클래스에서 우리 모델을 그대로 지켜냄으로써 적대적인 훈련을 위한 GAN 모델을 생성한다.

3. 클래스 초기화에서 강조할 가치가 있는 마지막 변경 사항은 데이터 적재이다. 여기서는 말끔한 내장 데이터셋을 더 이상 사용하지 않는다. load_npy 함수는 다음과 같이 npy 파일에서 데이터를 적재한다.

```
def load_npy(self, npy_path, amount_of_data=0.25) :
    self.X_train = np.load(npy_path)
    self.X_train = self.X_train[:int(amount_of_data * float (len(self.X_train)))]
    self.X_train = (self.X_train.astype(np.float32) - 127.5)/127.5
    self.X_train = np.expand_dims(self.X_train, axis=3)
    return
```

다음 가정들에 유의한다.

- 학습하기 알맞게 데이터를 정리하고 크기를 조정했다. 즉, 표본, 채널, 높이 및 너비라는 구조를 조정했다는 뜻이다.

- 모든 이미지의 크기는 같다.

- 처리해 낼 수 있는 데이터 분량은 컴퓨터에 달려 있다. 예를 들어 16GB 용량인 RAM과 1060 GPU를 사용하면 약 50%의 데이터가 적재된다. 자신의 시스템을 기반으로 amount_of_data 파라미터를 수정해야 한다는 점을 잊지 마라.

의사코드에서 변경한 사항을 이해하기

3장, '첫 번째 GAN을 100줄 이내로 만들기'에서 볼 수 있는 원래의 훈련 과정은 다음과 같다.

```
### 의사코드
On Epoch:
    배치 크기 = ##
    x_train_real = 진짜 이미지들로 구성된 배치 중 절반
    y_train_real = 여러 개의 1(진짜) × 배치 크기
    x_train_gen = 생성된 이미지들로 구성된 배치 중 절반
    y_train_gen = 여러 개의 0(가짜) × 배치 크기

    train_discriminator(concat(x_train_real, x_train_gen),
                        concat(y_train_real, y_train_gen))
    x_generated_images = generator(batch_size)
    y_labels = 진짜를 나타내는 여러 개의 1
    train_GAN (x_generated_images, y_labels)
```

처리 과정을 **보강하면(updated)** 다음과 같다.

```
### 의사코드()
On Epoch:
    배치 크기 = ##
    flipcoin()
        x_train = 진짜 이미지들로 구성된 배치 중 절반
        y_train = 여러 개의 1(진짜) × 배치 크기
    else:
        x_train = 생성된 이미지들로 구성된 배치 중 절반
        y_train = 여러 개의 0(가짜) × 배치 크기

    train_discriminator(x_train, y_train)

    x_generated_images = generator(batch_size)
    flipcoin()
        y_labels = 진짜를 나타내는 여러 개의 1
    else:
        y_labels = 가짜(잡음 레이블들)를 나타내는 여러 개의 0
    train_GAN (x_generated_images, y_labels)
```

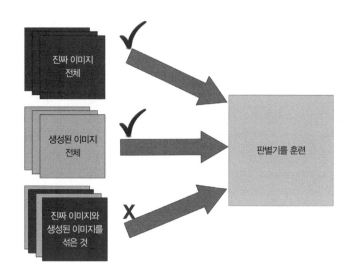

이 훈련 단계의 주요 변경 사항은 다음 그림과 같이 판별기를 학습할 때 생성된 이미지와 진짜 이미지를 더 이상 섞지(mix) 않는다는 점이다. 훈련기 클래스에 대한 이러한 사소한 변경은 GAN의 성능 향상을 위한 것으로서 경우에 따라서는 수렴할 수 있는 이유가 되기도 한다. 예를 들어, 이번 장을 작성하는 시점에서 우리는 판별기가 발산할 수 있는 몇 가지 예를 들었고, 생성기는 단지 **잡음(noise)**만을 발생시켰다.

앞으로 나올 파라미터 조율을 다룬 레시피에서는 동전 던지기를 설명한다.
앞서 나온 파이썬 코드는 의사코드이다.

새롭고 향상된 훈련 스크립트

이번 단원에서는 훈련 메서드에서 변경된 사항 중 주요 내용을 다룬다.

1. 먼저, 다음과 같이 훈련 메서드를 정의하고 에포크를 반복해야 한다.

```
def train(self) :
    for e in range(self.EPOCHS) :
        b = 0
```

여기서 우리는 변수 b를 사용해 에포크를 완료하기 위해 수행해야 하는 배치 수를 추적하고 있다.

2. 이제 다음과 같은 코드를 사용해 훈련 데이터의 복사본을 만들어 작업할 수 있도록 한다. 그런 다음 마지막으로 학습 데이터가 고갈될 때까지 배치를 작성한다.

```
X_train_temp = deepcopy(self.X_train)
    while len(X_train_temp)>self.BATCH:
        # 배치들을 추적한다.
        b = b + 1
```

에포크 내에서 사용되는 배치를 추적하려면 변수 b를 증가시키는 것을 잊지 마라.

3. 판별기를 훈련하려면, 각 에포크에 대한 훈련 데이터를 얻으라. 다음 예제에서는 진짜 데이터(true, 이번 경우에는 if 문) 또는 생성된 데이터(false)에 대해 훈련하는 훈련기를 구현했다.

```
# 판별기를 훈련한다.
# 이 모델에 대한 훈련 배치를 절반은 진짜 데이터로, 절반은 잡음으로 구성한다.
# 이 훈련용 배치에 쓸 진짜 이미지를 부여잡는다.
if self.flipCoin() :
    count_real_images = int(self.BATCH)
    starting_index = randint(0, (len(X_train_temp)-count_real_images))
    real_images_raw = X_train_temp[ starting_index : (starting_index
                                        + count_real_images) ]
    # self.plot_check_batch(b, real_images_raw) ## 이게 많은 파일을 내보낸다!

    # 남은 이미지가 없게 될 때까지 사용된 이미지를 삭제한다.
    X_train_temp = np.delete(X_train_temp, range(starting_index,
                            starting_index + count_real_images)), 0)
    x_batch = real_images_raw.reshape(count_real_images,
                                    self.W, self.H, self.C)
    y_batch = np.ones([count_real_images,1])
else:
    # 이 훈련용 배치에 쓸 생성 이미지를 부여잡는다.
    latent_space_samples = self.sample_latent_space(self.BATCH)
    x_batch = self.generator.Generator.predict(latent_space_samples)
    y_batch = np.zeros([self.BATCH,1])
```

보다시피, 우리는 임의로 훈련 데이터를 표본추출한 다음 복사된 변수에서 삭제했다.

4. 훈련 데이터를 받은 후 다음과 같이 판별기를 훈련하고 판별기의 손실을 기록한다.

```
# 이제, 이 배치를 사용해 판별기를 훈련한다.
discriminator_loss =
    self.discriminator.Discriminator.train_on_batch(x_batch, y_batch) [0]
```

5. 마지막으로 생성된 레이블을 사용해 적대적인 GAN 모델을 훈련한다. 10분의 1에 해당하는 시간만큼 다음과 같이 의도적인 레이블 오류가 훈련 과정에 도입된다.

```python
# 실제로, 생성기를 훈련할 때 레이블을 뒤집으면 수렴이 개선된다.
if self.flipCoin(chance=0.9) :
    y_generated_labels = np.ones([self.BATCH,1])
else:
    y_generated_labels = np.zeros([self.BATCH,1])
x_latent_space_samples = self.sample_latent_space(self.BATCH)
generator_loss = self.gan.gan_model.train_on_batch(x_latent_space_samples,
                                        y_generated_labels)
```

6. 마지막으로, 다음 발췌 부분에서 볼 수 있듯이, 초기화에 의해 지정된 대로 각 에포크에 print 문, 그리기(plot) 함수 및 검사점을 사용해 모든 결과를 점검한다.

```python
print ('Batch: '+str(int(b))+',
        [Discriminator :: Loss: '+str(discriminator_loss)+'],
        [Generator :: Loss: '+str(generator_loss)+']')
if b % self.CHECKPOINT == 0 :
    label = str(e)+'_'+str(b)
    self.plot_checkpoint(label)

print ('Epoch: '+str(int(e))+',
        [Discriminator :: Loss: '+str(discriminator_loss)+'],
        [Generator :: Loss: '+str(generator_loss)+']')
if e % self.CHECKPOINT == 0 :
    self.plot_checkpoint(e)
return
```

파이썬의 run 스크립트

이제 이 DCGAN을 실행하는 데 필요한 모든 부분을 갖추게 되었다! 먼저 다음과 같은 파이썬 run 스크립트를 살펴보라.

```python
#!/usr/bin/env python3
from train import Trainer

# 명령 행 인수 메서드
HEIGHT = 64
```

```
WIDTH = 64
CHANNEL = 3
LATENT_SPACE_SIZE = 100
EPOCHS = 100
BATCH = 128
CHECKPOINT = 10
PATH = "/data/church_outdoor_train_lmdb_color.npy"

trainer = Trainer(height=HEIGHT, \
                  width=WIDTH, \
                  channels=CHANNEL, \
                  latent_size=LATENT_SPACE_SIZE, \
                  epochs =EPOCHS, \
                  batch=BATCH, \
                  checkpoint=CHECKPOINT, \
                  model_type= 'DCGAN', \
                  data_path=PATH)
trainer.train()
```

보강한 파이썬 실행 스크립트에서는 다음 사항에 유의하자.

- 높이와 너비는 64×64인데, 이는 npy 파일에서 사용한 크기와 같다.

- 배치 크기로는 128을 권장한다.

- Model_Type 플래그가 DCGAN으로 설정된다.

- 각 에포크는 다음 에포크로 이동하기 전에 배치의 전체 데이터셋을 통과한다. 즉, 최소 data_size 또는 batch_size가 있음을 의미한다.

- 이 호출의 경로는 Dockerfile이 도달할 수 있는 경로여야 한다(도커의 run 스크립트에서 -v 호출이 적절하게 구성되었는지 확인하라).

셸의 run 스크립트

이제 적절한 셸 스크립트를 실행할 차례이다. 다음과 같다.

```bash
#/bin/bash

# 훈련 단계
xhost +
docker run -it \
    --runtime=nvidia \
    --rm \
    -e DISPLAY=$DISPLAY \
    -v /tmp/.X11-unix:/tmp/.X11-unix \
    -v /home/jk/Desktop/book_repos/Chapter4/DCGAN/data:/data \
    -v /home/jk/Desktop/book_repos/Chapter4/DCGAN/src:/src \
    ch4 python3 /src/run.py
```

스크립트가 실행 가능하다는 점을 확인하고 (다른 레시피와 마찬가지로 chmod 사용) 적절한 수준에 맞춰 놓는다. 이 시점에서 디렉터리 구조는 다음과 같아야 한다.

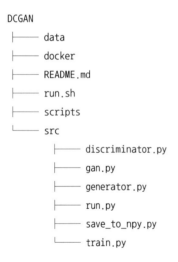

```
DCGAN
├── data
├── docker
├── README.md
├── run.sh
├── scripts
└── src
        ├── discriminator.py
        ├── gan.py
        ├── generator.py
        ├── run.py
        ├── save_to_npy.py
        └── train.py
```

훈련을 실행하려면 파이썬 실행 스크립트가 최신 상태인지 확인한 다음 다음과 같이 DCGAN 루트에서 셸의 run 스크립트를 실행한다.

```
sudo ./run.sh
```

이제 결과에 대해 이야기해 보자!

평가: 코드가 작동하는지를 어떻게 알 수 있는가?

이제 잠시 한숨을 돌리자. 여러분이 이제 결과를 얻기는 했지만, 코드가 작동했는지를 어떻게 알 수 있는가? 이 레시피에서는 질적으로 결과를 보고 조사하는 데 사용할 수 있는 방법에 대해 논의할 것이다.

우리는 훈련 스크립트의 입력과 출력을 이해하기를 원하므로, 128개 이미지로 된 입력 배치의 예를 다음 화면에 나타냈다.

다음 화면은 훈련 초기에 생성기가 출력하는 예 중 하나이다.

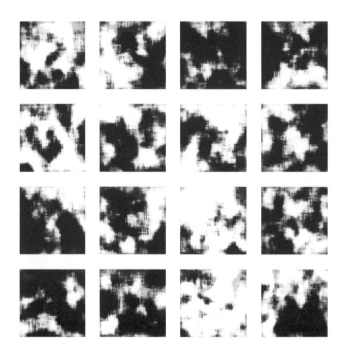

그럼, 몇 시간에 걸쳐 훈련하면 실제로 어떤 결과를 얻게 될까? 다음 단원에서 확인해 보자!

출발 준비

여러분의 코드가 실행되어야 한다. 그렇지 않은 경우에 이전 레시피로 돌아가서 모든 지침을 올바르게 준수했는지 확인한다.

작동 방식 …

다음 그림은 결과를 한 군데로 모아 보여준다.[12]

---

12 (옮긴이) 이 출력 화면에 나오는 각 제목의 뜻은 다음과 같다.
  Ganerator Examples → 생성기가 출력해 내는 사례들
  Epoch → 에포크
  Batch Examples → 배치별 사례들의 모양

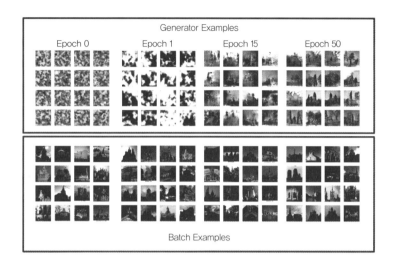

눈치를 챘는지 모르겠지만 이 결과는 우리에게 할 일이 남아 있음을 보여준다. 훈련 과정을 100 에포크가 아닌 50 에포크에서 의도적으로 중단했다는 점을 알 수 있다. 왜 그랬을까? 음, 다양한 결과를 얻기 위해 조정할 수 있는 꼭지(knob)와 파라미터가 많이 있는데, 이 생성기가 특정 구조 유형들에 과적합하기 시작한 것으로 보였기 때문이다. 추가로 일반화를 할 수는 있지만 이 데이터셋에는 알아 보기가 정말로 힘든 몇 가지 예가 나온다.

생성기는 훈련에 쓰인 것을 바탕으로 해서만 학습할 수 있다. 이번 경우에서는, 데이터 중에서 더 작은 **부분집합(subset, 서브셋)**을 사용하고 특정 구조 유형만 학습하게 하는 게 유용할 수 있다.

성능 향상을 위한 파라미터 조절

이제 동작하는 코드와 이미지를 생성하는 생성기를 지니게 되었으므로 다음으로 어떤 일을 해야 할까? 신경망의 성능을 높이려면 어떤 파라미터를 사용하면 되는지를 살펴보자.

이번 단원에서는 코드를 향상시킬 수 있는 다양한 영역에 대해 중점적으로 설명한다.

수행 방법 …

코드를 최적화하는 방법은 여러 가지이다. 이를 염두에 두고 이 레시피에서 코드를 수정할 위치를 알고 있는지 확인하기 위해 몇 가지 기본 사항을 다룰 것이다.

- 훈련 코드: 각 flipcoin 함수들(이 함수들은 수정된 확률을 가지며, 확률이 높을수록 더 높은 확률로 true로 평가된다).

- 생성기 구조 및 판별기 구조

- 이미지 개수

훈련 파라미터

훈련 코드의 각 flipcoin 이벤트들에서, 실행 스크립트에서 수정 가능한 파라미터를 만드는 것을 고려해 보라. 이런 면을 미리 보여 주는 의사코드는 다음과 같다.

```
### 의사코드
On Epoch:
    배치 크기 = ##
    flipcoin()
        x_train = 배치의 절반을 차지하는 진짜 이미지들
        y_train = 여러 개의 1(진짜1) × 배치 크기
    else:
        x_train = 배치의 절반을 차지하는 생성 이미지들
        y_train = 여러 개의 0(가짜) × 배치 크기

    train_discriminator(x_train, y_train)

    x_generated_images = generator(batch_size)
    flipcoin()
        y_labels = 진짜인 경우에 여러 개의 1
    else:
        y_labels = 가짜인 경우에 여러 개의 0(잡음으로 된 레이블들)
    train_GAN (x_generated_images, y_labels)
```

각 flipcoin 단계에는 변경 가능한 파라미터가 있으며 이 파라미터를 표시하면 판별기 훈련 시에 진짜 이미지나 생성된 이미지를 제공하는 빈도를 수정할 수 있다. 두 번째 flipcoin 이벤트에서, 우리는 GAN 훈련 시에 추가 레이블 잡음을 유도해 낼 수 있다. 이 두 파라미터는 모두 애플리케이션에 맞게 노출되고 조정되어야 한다. 다음에 나오는 단계들을 예제로 사용할 수 있다.

1. 훈련 스크립트에서 flipCoin 메서드는 다음과 같다.

   # 판별기를 훈련한다.
   # 이 모델에 대한 훈련 배치를 절반은 진짜 데이터로, 절반은 잡음으로 구성한다.

```
    # 이 훈련용 배치에 쓸 진짜 이미지들을 부여잡는다.
    if self.flipCoin() :
```

2. 다음 코드는 flipCoin에 대한 정의이다.

```
def flipCoin(self, chance=0.5) :
    return np.random.binomial(1, chance)
```

이 평가가 참이 될 chance(가능성)를 변경할 수 있다. 이것은 판별기를 훈련할 때 고려해야 할 중요한 파라미터이다. 이 과정에서 생성된 이미지가 더 많아지거나 적어질 수 있다.

3. 파라미터를 변경하고 조절하려면 다음 코드를 사용한다.

```
    # 판별기를 훈련한다.
    # 이 모델에 대한 훈련 배치를 절반은 진짜 데이터로, 절반은 잡음으로 구성한다.
    # 이 훈련용 배치에 쓸 진짜 이미지들을 부여잡는다.
    if self.flipCoin(chance=0.8) :
```

4. 이제 결과를 확인하라!

판별기 및 생성기 아키텍처 파라미터

DCGAN 저자들은 각 모델의 구조를 구성하기 위해 다음과 같은 요령을 제안했다.

Architecture guidelines for stable Deep Convolutional GANs
- Replace any pooling layers with strided convolutions (discriminator) and fractional-strided convolutions (generator).
- Use batchnorm in both the generator and the discriminator.
- Remove fully connected hidden layers for deeper architectures.
- Use ReLU activation in generator for all layers except for the output, which uses Tanh.
- Use LeakyReLU activation in the discriminator for all layers.

DCGAN 논문 저자들이 제시하는 지침(참고 문헌: https://arxiv.org/pdf/1511.06434.pdf)[13]

---

13 (옮긴이) 원문 그대로 확인해 볼 수 있게 본문에서는 번역하지 않고 여기 각주에 다음과 같이 번역해 둔다.

안정된 심층 합성곱 GAN (DCGAN)을 위한 아키텍처 지침
- 각 풀링 계층들을 보폭 처리(strided)한 합성곱(판별기)과 부분적으로 보폭 처리한 합성곱(생성기)으로 바꾼다.
- 생성기와 판별기에서 배치 노름(batch norm)을 사용한다.
- 더 깊은 아키텍처가 될 수 있게 완전 연결 은닉 계층들을 제거한다.
- Tanh 활성을 사용하는 출력 계층을 제외한 모든 계층에 대해 생성기에서는 ReLU 활성을 사용한다.
- 모든 계층에 대해 판별기에서는 LeakyReLU를 사용한다.

생성기의 경우에 훈련 시간이 더 소요되고, 발산될 가능성[14]이 더 높아진다는 점을 감안하여 신경망에 계층을 추가할 수 있다. 판별기를 정교한 이진 분류기로도 만들 수는 있지만, 이렇게 하면 발산할 위험성이 커진다.

기본적으로, 애플리케이션의 필요에 맞춰 아키텍처를 실험해 보고, 신경망에 가장 좋은 파라미터가 무엇인지 알아내야 한다.

연습문제

1. DCGAN 생성기를 수정해 논문과 정확하게 일치하게 해 보자. 논문에 나온 결과를 충실하게 재현해 낼 수 있는가? 그 이유는 무엇인가?

2. 내려받기 스크립트를 수정하고 다른 LSUN 데이터셋을 내려받는다. 코드를 수정해야만 결과를 낼 수 있는가? 중요한 파라미터는 무엇인가?

---

14 (옮긴이) 즉, 손실이 수렴하지 않고 발산할 가능성. 다시 말하면 손실이 커질 가능성.

이번 장에서는 다음과 같은 레시피들을 다룬다.

- 의사코드로 맛보는 Pix2Pix

- 데이터셋 파싱

- 코드 구현: 생성기

- 코드: GAN 신경망

- 코드 구현: 판별기

- 훈련

들어가며

Pix2Pix는 생성적 적대 신경망 아키텍처를 사용하는 인기있는 **화풍 모사(style transfer)** 애플리케이션이다. Pix2Pix 아키텍처를 훈련하기가 쉬워서 전 세계 연구자와 최종 사용자들에게 인기를 끌고 있다. 이번 장에서는 간단한 훈련 스크립트를 사용해서 이 알고리즘의 구현에 관한 기본 사항을 배우게 된다.

의사코드로 맛보는 Pix2Pix

2016년도에 조건부 적대 신경망을 사용하는 이미지 간 변환(image-to-image translation)이 Pix2Pix라는 이름으로 나왔을 때, 바로 사용할 수 있을 만큼 간단한 화풍 모사 신경망이라는 찬사를 받았다. Pix2Pix는 다른 분야의 기술보다 파라미터 조율을 더 적게 해도 되는 신경망인데, 이번 장의 마지막 부분에서 이 신경망의 성능을 확인할 수 있다. 이 레시피에서는 실제 코드를 구현하기 전에 알고리즘의 기본 사항을 의사코드로 제시해 다루고자 한다.

출발 준비

「Image-to-Image Translation with Conditional Adversarial Networks」(조건부 적대 신경망을 사용한 이미지 간 변환)이라는 논문을 https://arxiv.org/pdf/1611.07004.pdf에서 볼 수 있다.

논문을 읽고 나서 다음 단계로 넘어가자. 우리는 이 레시피에서 논문을 구현하는 기본 사항을 다룰 것이다.

수행 방법 …

신경망을 구축하는 데 필요한 핵심 구성요소 두 가지는 판별기 메서드와 생성기 메서드이다. 다음 그림은 실제 작동중인 두 신경망을 나타낸다.

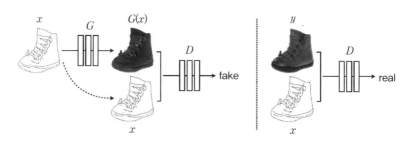

조건부 합성곱 신경망을 이용한 이미지: 이미지 변환을 위한 일반적인 신경망 아키텍처 [1]

다음 두 단원에서는 각 구성요소를 구현하는 데 필요한 기본 의사코드를 다룬다.

판별기

이 아키텍처로 된 판별기는 매우 간단하지만, 몇 단계만 거친 후에 우리는 상위 수준에서 구성하는 방법을 설명할 것이다.

---

[1] (옮긴이) 논문에 나오는 그림이라서 원본 그대로 볼 수 있게 번역하지 않았다. 이 그림에서 fake는 가짜, real은 진짜라는 뜻이다.

1. 클래스 안에 판별기를 둘 수 있게 모델을 정의한다.

```
define a model:
```

2. 이 신경망을 위해, 우리는 처음부터 두 개의 입력 이미지를 접합해(concatenate) 둘 생각이다. 여기에서는 원본 이미지와 가짜 이미지를 제공하게 되는데, 이 점이 논문의 조건부 적대를 다룬 부분이 관여되는 곳이다. 이 입력을 기반으로 분류를 제공한다.

```
input_A = Input (shape= 입력 A의 모양)
input_B = Input (shape= 입력 B의 모양)
input_layer = Concatenate (axis=-1) ([input_A, input_B])
```

3. 합성곱을 사용하는 2차원 계층을 사용하고, 각 계층에서 필터의 수를 늘림으로써, 작은 규모로 문맥적 특징까지 모두 학습한다.

```
conv2d (small)
conv2d (medium)
conv2d (big)
conv2d (bigger)
conv2d (biggest)
```

4. output_layer는 분류를 담당한다(0이나 1로 분류, 즉 가짜나 진짜로 분류).

```
output_layer = Convolution2D (1)
return Model ([input_A, input_B], output_layer)
```

모델은 2개 이미지 입력 및 단일 분류 출력으로 정의된다.

생성기

이 논문에서 생성기는 U-Net이라고 부르는, 인기 있는 인코더-디코더 방식 신경망을 기반으로 한다. U-Net 신경망을 다룬 원래 논문을 읽어 아키텍처를 이해해 두는 게 좋다. 다음은 「Image-to-Image Translation with Conditional Adversarial Networks」(조건부 적대 신경망을 사용한 이미지 간 변환)이라는 논문[2]에 포함된 그림이다.

---

2 (옮긴이) 이 논문을 https://arxiv.org/pdf/1611.07004.pdf에서 볼 수 있다.

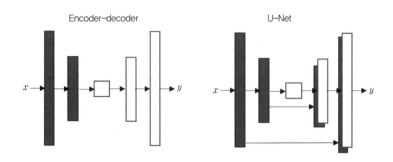

U–Net은 아키텍처의 양면을 건너뛰어 연결하는(skip connection) 인코더–디코더 구조를 특징으로 한다.[3]

다음은 이 신경망을 구현하기 위한 의사코드 단계이다.

1. 이 모델을 정의할 메서드를 작성한다.

   ```
   define a model:
   ```

2. 입력 텐서를 이미지의 모양으로 정의한다.

   ```
   model = Input (image.shape)
   ```

3. 각 계층의 세부 사항은 이후의 레시피에서 다루게 될 것이다. 현재로서는, 합성곱 2차원 계층은 필터의 크기 및 결과인 텐서에 따라 big, medium, small로 정의된다.

   ```
   # 인코더 아키텍처
   conv2d (big)
   conv2d (medium)
   conv2d (small)
   conv2d (small)
   conv2d (small)
   conv2d (small)
   ```

4. 디코더의 경우에 축소된 이미지를 가져와서 2차원 계층을 사용해 최대 해상도로 복원한다. 여기에 구축된 **연결 건너뛰기(skip_connection)** 계층들에 유념하자.

   ```
   # 디코더 아키텍처
   conv2d (small)
   skip_connection()
   conv2d (medium)
   skip_connection()
   ```

---

3 (옮긴이) 논문의 Figure 3에 나오는 그림이다. 이 그림에서 Encoder–Decoder는 '인코더–디코더'라는 뜻이다.

```
conv2d (medium)
skip_connection()
conv2d (big)
skip_connection()
conv2d (big)
skip_connection()
conv2d (big)
skip_connection()
conv2d (big)
```

실제로, 케라스에서 연결 건너뛰기를 명시하면 그 자체로는 신경망 내의 **접합 계층**(concatenate layer)으로 나타난다.

5. 출력 계층을 만들고 모델을 반환한다.

```
output(image.shape)
return model
```

데이터셋 파싱

이러한 모든 신경망에서는 데이터가 생명이나 다름 없다. 좋은 데이터가 없다면 우리 신경망이 효과적일 수 없다. 이번 경우에서는, 앞에서 언급한 논문에 나오는 데이터 소스를 활용하여 이 신경망을 실험할 생각이다.

출발 준비

우리는 언제나 저장소를 올바른 구조로 구축해 두어야 한다. 작업 공간이 깔끔하면 코드를 더 말쑥하게 만들 수 있다. 다음 트리는 우분투의 $HOME 디렉터리에 있는 Pix2Pix 폴더를 나타낸 것이다.

```
├── docker
│     ├── build.sh
│     ├── clean.sh
│     └── Dockerfile
├── README.md
├── run.sh
└── src
    ├──
```

모든 셸 스크립트에 대한 자리 표시자(placeholders)를 도커 폴더에 만든다. 먼저 이 책 전체에서 사용할 src 디렉토리를 만든다.

수행 방법 …

이제 도커 이미지를 작성하고 데이터를 내려받는 데 익숙해져야 한다. 다음 레시피는 이러한 단계들을 간소화함으로써 간단히 이미지 내의 데이터를 내려받을 수 있게 한다.

새로운 Dockerfile을 사용해 도커 컨테이너를 만들기

도커 컨테이너는 base_image를 기반으로 하며 이 신경망을 실행하는 데 필요한 기본 구성요소를 설치한다. 다음 컨테이너로 이동하기 전에 이 컨테이너가 구축되어 있는지 확인한다.

다음과 같은 단계들을 따른다.

1. 2장, '데이터 중심, 용이한 환경, 데이터 준비'에서 구축한 base_image의 고유한 특징을 상속 받는다.

   ```
   FROM base_image
   ```

2. 디버깅을 해야 할 경우를 대비해 IPython과 함께 필요한 그리기(plotting) 도구를 설치한다.

   ```
   RUN apt update && apt install -y python3-pydot python-pydot-ng graphviz
   RUN pip3 install ipython
   ```

3. cityscapes 데이터셋을 내려받아 컨테이너 내부에 저장한다. cityscapes 데이터셋은 약 100MB여야 한다.

   ```
   RUN wget -N http://efrosgans.eecs.berkeley.edu/pix2pix/datasets/cityscapes.tar.gz
   RUN mkdir -p /data/cityscapes/
   RUN tar -zxvf cityscapes.tar.gz -C /data/cityscapes/
   RUN rm cityscapes.tar.gz
   ```

보조 스크립트 작성

이 셸 스크립트들은 각기 우리가 만들고 있는 이미지의 유용성에 중요하다.

다음과 같은 단계들을 따르자.

1. build.sh라는 파일에 다음 텍스트를 입력하고 저장한다.

   ```
   #/bin/bash
   nvidia-docker build -t ch6 .
   ```

2. 터미널 창에서 스크립트를 실행해 스크립트가 실행 가능한지 확인한다.

```
chmod +x build.sh
```

3. 스크립트를 실행해 이미지를 구축한다.

```
./build.sh
```

4. clean.sh라는 빌드 파일을 열고 다음 텍스트를 추가하고 저장한다.

```
#/bin/bash
docker rmi ch6
```

5. 터미널 창에서 스크립트를 실행해 스크립트가 실행 가능한지 확인한다.

```
chmod +x clean.sh
```

6. 컨테이너를 제거하고 처음부터 다시 구축해야 하는 경우에만 clean.sh 스크립트를 사용한다.

코드 구현: 생성기

생성기는 앞서 소개한 의사코드에서 본 U-NET 아키텍처를 사용한다. 이 레시피에서 우리는 피는 해당 신경망을 구현하는 실질적인 측면을 다룰 예정이다.

출발 준비

현장 점검! 작업 디렉터리에 다음 파일이 있는지 확인한다.

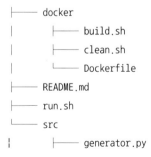

```
├── docker
│       ├── build.sh
│       ├── clean.sh
│       └── Dockerfile
├── README.md
├── run.sh
└── src
│       ├── generator.py
```

이전 단계의 레시피를 모두 마칠 때까지 이 단계를 지나치지 마라. generator 파일을 Pix2Pix 구현을 위한 작업 디렉터리에 복사한다.

수행 방법 ···

generator.py 파일에서 다음 단계들을 파일에 입력해 신경망 아키텍처를 만든다.

1. 이 모든 신경망을 통해 클래스를 구현하는 데 필요한 라이브러리를 가져와야 한다.

```
#!/usr/bin/env python3
import sys
import numpy as np
from keras.layers import Dense, Reshape, Input, BatchNormalization, Concatenate
from keras.layers.core import Activation
from keras.layers.convolutional import UpSampling2D, Convolution2D,
                                      MaxPooling2D, deconvolution2D
from keras.layers.advanced_activations import LeakyReLU
from keras.models import Sequential, Model
from keras.optimizers import Adam, SGD, Nadam, adamax
from keras import initializers
from keras.utils import plot_model
```

2. 이전 장에서와 같은 방식으로 Generator 객체를 생성한다. init 클래스가 많이 변경되지 않는다는 점에 유념하자.

```
class Generator(object) :
    def __init__ (self, width = 256, height= 256, channels = 3) :
        self.W = width
        self.H = height
        self.C = channels
        self.SHAPE = (width, height, channels)

        self.Generator = self.model ()
        self.OPTIMIZER = Adam(lr=2e-4, beta_1=0.5, decay=1e-5)
        self.Generator.compile(loss= 'binary_crossentropy',
                        optimizer=self.OPTIMIZER,metrics=['accuracy'])

        self.save_model ()
        self.summary ()
```

3. 다음에 나오는 메서드는 생성기 모델을 정의한다.

```
def model (self) :
    input_layer = Input (shape=self.SHAPE)
```

4. 우리는 처음 네 개의 계층으로 인코더 상단을 구현한다.

```
down_1 = Convolution2D (64 , kernel_size=4, strides=2,
            padding= 'same', activation=LeakyReLU (alpha=0.2)) (input_layer)


down_2 = Convolution2D (64*2, kernel_size=4, strides=2,
            padding= 'same', activation=LeakyReLU (alpha=0.2)) (down_1)
norm_2 = BatchNormalization() (down_2)


down_3 = Convolution2D (64*4, kernel_size=4, strides=2,
            padding= 'same', activation=LeakyReLU (alpha=0.2)) (norm_2)
norm_3 = BatchNormalization() (down_3)
```

5. 디코더로 이동하기 전에 동일한 네 개 계층을 유지한다.

```
down_4 = Convolution2D (64*8, kernel_size=4, strides=2,
            padding= 'same', activation=LeakyReLU (alpha=0.2)) (norm_3)
norm_4 = BatchNormalization() (down_4)


down_5 = Convolution2D (64*8, kernel_size=4, strides=2,
            padding= 'same', activation=LeakyReLU (alpha=0.2)) (norm_4)
norm_5 = BatchNormalization() (down_5)


down_6 = Convolution2D (64*8, kernel_size=4, strides=2,
            padding= 'same', activation=LeakyReLU (alpha=0.2)) (norm_5)
norm_6 = BatchNormalization() (down_6)


down_7 = Convolution2D (64*8, kernel_size=4, strides=2,
            padding= 'same', activation=LeakyReLU (alpha=0.2)) (norm_6)
norm_7 = BatchNormalization() (down_7)
```

6. 이 단계에서는 동일한 필터 크기를 유지하면서도 인코더 출력에 대한 **상향 표본추출(upsampling)**[4]을 시작한다. 연결 계층 유형을 사용해 **건너뛰기 연결(skip connection)**을 확인한다.

```
upsample_1 = UpSampling2D(size=2) (norm_7)
up_conv_1 = Convolution2D (64*8, kernel_size=4, strides=1, padding= 'same',
                  activation= 'relu') (upsample_1)
norm_up_1 = BatchNormalization(momentum=0.8) (up_conv_1)
```

---

4 (옮긴이) 보통 원어 그대로 '업샘플링'이라고 부르기도 하지만, 통계학 용어의 용례인 '상향'과 '표본추출'에 맞췄다. '상향 표집'이라고 하면 더 통계학 용어에 가깝다. 참고로 '과대 표본추출'(oversampling, 즉 '과대 표집')과는 다른 개념이라는 점에 유의하자. 과대 표본추출에 대해서는 이 책의 다른 부분에 자세히 설명이 되어 있다.

```
add_skip_1 = Concatenate () ([norm_up_1, norm_6])

upsample_2 = UpSampling2D(size=2) (add_skip_1)
up_conv_2 = Convolution2D (64*8, kernel_size=4, strides=1, padding= 'same',
                                activation= 'relu') (upsample_2)

norm_up_2 = BatchNormalization(momentum=0.8) (up_conv_2)
add_skip_2 = Concatenate () ([norm_up_2, norm_5])

upsample_3 = UpSampling2D(size=2) (add_skip_2)


up_conv_3 = Convolution2D (64*8, kernel_size=4, strides=1,
                                padding= 'same', activation= 'relu') (upsample_3)
norm_up_3 = BatchNormalization(momentum=0.8) (up_conv_3)
add_skip_3 = Concatenate () ([norm_up_3, norm_4])
```

7. 디코더의 최상위 부분은 다음과 같이 구현된다. U-Net의 블록 구조는 출력 계층까지 모두 동일하다.

```
upsample_4 = UpSampling2D(size=2) (add_skip_3)
up_conv_4 = Convolution2D (64*4, kernel_size=4, strides=1,
                                padding= 'same', activation= 'relu') (upsample_4)
norm_up_4 = BatchNormalization(momentum=0.8) (up_conv_4)
add_skip_4 = Concatenate () ([norm_up_4, norm_3])

upsample_5 = UpSampling2D(size=2) (add_skip_4)
up_conv_5 = Convolution2D (64*2, kernel_size=4, strides=1,
                                padding= 'same', activation= 'relu') (upsample_5)
norm_up_5 = BatchNormalization(momentum=0.8) (up_conv_5)
add_skip_5 = Concatenate () ([norm_up_5, norm_2])

upsample_6 = UpSampling2D(size=2) (add_skip_5)
up_conv_6 = Convolution2D (64, kernel_size=4, strides=1,
                                padding= 'same', activation= 'relu') (upsample_6)
norm_up_6 = BatchNormalization(momentum=0.8) (up_conv_6)
add_skip_6 = Concatenate () ([norm_up_6, down_1])
```

8. 본질적으로 last_upsample과 output_layer로 출력 이미지를 정의하게 된다.

```
last_upsample = UpSampling2D(size=2) (add_skip_6)
output_layer = Convolution2D (self.C, kernel_size=4, strides=1,
```

```
                        padding= 'same', activation= 'tanh')(last_upsample)

        return Model (input_layer, output_layer)
```

9. 우리가 제작하는 모든 신경망에 구현되는 두 가지 도우미 함수가 있다.

```
    def summary (self):
        return self.Generator.summary ()

    def save_model (self):
        plot_model (self.Generator, to_file= '/data/Generator_Model.png')
```

코드 구현: GAN 신경망

GAN 신경망은 이전의 레시피에서 나온 판별기와 생성기를 조건부 적대 구성으로 묶어 훈련한다.

출발 준비

여러분이 이전에 기억해 두었던 사실을 떠올려, 작업 디렉터리에 gan.py를 추가한다.

```
├── docker
│       ├── build.sh
│       ├── clean.sh
│       └── Dockerfile
├── README.md
├── run.sh
└── src
│       ├── generator.py
│       ├── gan.py
```

수행 방법 …

이 경우에서 GAN 신경망은 가장 쉬운 부분이므로 쉽게 구현할 수 있다. 우리는 신경망들을 서로 연결해 함께 훈련할 수 있다.

1. 이 클래스에 사용할 라이브러리를 모두 가져온다.

```python
#!/usr/bin/env python3
import sys
import numpy as np
from keras.models import Sequential, Model
from keras.layers import Input
from keras.optimizers import Adam, SGD
from keras.utils import plot_model
```

2. Adam 최적화기와, 그 다음으로 model_inputs와 model_outputs를 사용해 init 클래스를 구현한다.

```python
class GAN (object) :
    def __init__ (self, model_inputs=[ ], model_outputs=[ ]) :
        self.inputs = model_inputs
        self.outputs = model_outputs
        self.gan_model = Model (inputs = self.inputs, outputs = self.outputs)
        self.OPTIMIZER = Adam(lr=2e-4, beta_1=0.5)
        self.gan_model.compile(loss=['mse', 'mae'],
                               loss_weights=[ 1, 100],
                               optimizer=self.OPTIMIZER)
        self.save_model ()
        self.summary ()
```

입력이 신경망에 연결되는 방식 때문에 두 가지 분리된 손실 함수가 필요하다는 점에 유의해야 한다. 훈련 스크립트에서 생성기와 판별기를 이 GAN 신경망에 연결하는 방법을 확인할 수 있다.

3. 클래스 외부에 대한 액세스를 제공하는 모델을 정의한다.

```python
def model (self) :
    model = Model ()
    return model
```

4. 다음 도우미 함수는 일반적이어서 이 책의 모든 장에 걸쳐 나온다.

```python
def summary (self) :
    return self.gan_model.summary ()

def save_model (self) :
    plot_model (self.gan_model, to_file= '/data/GAN_Model.png')
```

코드 구현: 판별기

판별기 신경망은 그 밖의 분류 신경망과 비슷하다. 이 레시피에서는 Pix2Pix 판별기 구현의 기본 사항을 다룰 것이다.

출발 준비

discriminator.py를 작업 디렉터리에 추가한 사실을 떠올려 보자.

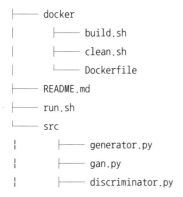

```
├── docker
│       ├── build.sh
│       ├── clean.sh
│       └── Dockerfile
├── README.md
├── run.sh
└── src
    │       ├── generator.py
    │       ├── gan.py
    │       ├── discriminator.py
```

작동 방식 …

다음과 같은 단계들을 따르라.

1. discriminator.py 파일에 다음과 같은 가져오기 단계들을 추가해 클래스를 구축할 준비를 한다.

```
#!/usr/bin/env python3
import sys
import numpy as np
from keras.layers import Input, Dense, Reshape, Flatten, Dropout,
                         BatchNormalization, Lambda, Concatenate
from keras.layers.core import Activation
from keras.layers.convolutional import Convolution2D
from keras.layers.advanced_activations import LeakyReLU
from keras.models import Sequential, Model
from keras.optimizers import Adam, SGD, nadam, Adamax
import keras.backend as K
from keras.utils import plot_model
```

2. Discriminator 클래스를 생성한 다음에 Discriminator에서 width, height 및 channels 및 starting_filters 수로 초기화한다.

```
class Discriminator(object) :
    def __init__ (self, width = 256, height= 256, channels = 3, starting_filters=64) :
        self.W = width
        self.H = height
        self.C = channels
        self.CAPACITY = width*height*channels
        self.SHAPE = (width, height, channels)
        self.FS = starting_filters #FilterStart
        self.Discriminator = self.model ()
        self.OPTIMIZER = Adam(lr=2e-4, beta_1=0.5, decay=1e-5)
        self.Discriminator.compile(loss= 'mse',
                                optimizer=self.OPTIMIZER, metrics=['accuracy'])
        self.save_model ()
        self.summary ()
```

3. 진정한 마술은 이 메서드에서 우리 모델을 정의할 때 발생한다.

```
def model (self) :
    input_A = Input (shape=self.SHAPE)
    input_B = Input (shape=self.SHAPE)
    input_layer = Concatenate (axis=-1) ([input_A, input_B])
```

이것은 두 개의 이미지를 입력으로 받아서 하나의 텐서로 연결하기 때문에 이전의 신경망과 다르다.

4. 우리는 Convolutional 2D 계층과 LeakyReLU를 사용하는 간단한 아키텍처를 사용한다.

```
up_layer_1 = Convolution2D (self.FS, kernel_size=4, strides=2,
                padding= 'same', activation=LeakyReLU (alpha=0.2)) (input_layer)

up_layer_2 = Convolution2D (self.FS*2, kernel_size=4, strides=2,
                padding= 'same', activation=LeakyReLU (alpha=0.2)) (up_layer_1)
leaky_layer_2 = BatchNormalization(momentum=0.8) (up_layer_2)

up_layer_3 = Convolution2D (self.FS*4, kernel_size=4, strides=2,
                padding= 'same', activation=LeakyReLU (alpha=0.2)) (leaky_layer_2)
leaky_layer_3 = BatchNormalization(momentum=0.8) (up_layer_3)

up_layer_4 = Convolution2D (self.FS*8, kernel_size=4, strides=2,
                padding= 'same', activation=LeakyReLU (alpha=0.2)) (leaky_layer_3)
leaky_layer_4 = BatchNormalization(momentum=0.8) (up_layer_4)
```

5. 최종 output_layer는 0이나 1(즉, 가짜나 진짜)로 이진 분류된다.

```
output_layer = Convolution2D (1, kernel_size=4, strides=1,
                       padding= 'same') (leaky_layer_4)
return Model ([input_A, input_B], output_layer)
```

6. 다음 두 가지 도우미 함수를 사용해 요약을 반환하고 모델을 그려낸다.

```
def summary (self) :
    return self.Discriminator.summary ()


def save_model (self) :
    plot_model (self.Discriminator, to_file= '/data/Discriminator_Model.png')
```

훈련

이번 단계에서는 지금까지 나온 모든 내용을 하나로 모으는 단계 즉, 훈련 단계이다! 이 레시피에서 여러분은 이 모든 신경망을 함께 배치하고 Pix2Pix 신경망을 화풍 모사용으로 훈련하는 방법을 배우게 된다.

출발 준비

현장 점검! 작업 디렉터리에 다음 파일이 있는지 확인한다.

```
├── docker
│      ├── build.sh
│      ├── clean.sh
│      └── Dockerfile
├── README.md
├── run.sh
└── src
       ├── generator.py
       ├── discriminator.py
       ├── gan.py
       ├── train.py
```

생성기, 판별기 및 GAN 신경망을 모두 구축했는지 확인한다. 그렇지 않으면 훈련 스크립트에 있는 어떤 것도 작동하지 않을 거다!

수행 방법 …

모델을 훈련하는 방법을 설명하자면, 우리는 클래스를 인스턴스화할 때 각 신경망과 입력을 적절하게 연결해야 하고, 이 신경망을 훈련하는 데 쓸 수 있는 훈련 메서드를 만들어야 하고, 마지막으로 우리가 이 코드를 모두 사용할 수 있게 해 주는 도우미 함수를 이해해야 한다.

클래스 설정

클래스를 설정하고 훈련 메서드를 초기화하려면 다음 단계를 따른다.

1. 훈련 함수에서는 주로 케라스를 가져온다기보다는 단순히 NumPy와 그 밖의 도우미 라이브러리를 가져온다.

```
#!/usr/bin/env python3
from gan import GAN
from generator import Generator
from discriminator import Discriminator
from keras.layers import Input
from keras.datasets import mnist
from random import randint
import numpy as np
import matplotlib.pyplot as plt
from copy import deepcopy
import os
from PIL import Image
import random
import numpy as np
```

2. Trainer 클래스는 다른 모델들과 동일한 유형의 입력으로 시작된다.

```
class Trainer:
    def __init__ (self, height = 256, width = 256, channels=3,
                    epochs = 50000, batch = 1, checkpoint = 50,
                    train_data_path = '', test_data_path= '') :
        self.EPOCHS = epochs
        self.BATCH = batch
        self.H = height
```

```
                    self.W = width
                    self.C = channels
                    self.CHECKPOINT = checkpoint
```

3. 훈련용 데이터셋과 검사점의 플롯(plot)을 사용할 때 비교할 데이터셋을 읽어보라.

```
            self.X_train_A, self.X_train_B = self.load_data(train_data_path)
            self.X_test_A, self.X_test_B = self.load_data(test_data_path)
```

4. 훈련 클래스 내에서 Generator 객체를 인스턴스화한다.

```
        self.generator = Generator(height=self.H, width=self.W, channels=self.C)
```

5. 입력 이미지의 모양(shape)으로 두 개의 입력을 만든다. 이 경우에 이미지의 크기, 모양 및 채널 수는 정확히 같다.

```
            self.orig_A = Input (shape=(self.W, self.H, self.C))
            self.orig_B = Input (shape=(self.W, self.H, self.C))
```

6. 조건부 훈련 부분은 orig_b를 생성기의 입력으로 사용한다.

```
            self.fake_A = self.generator.Generator(self.orig_B)
```

7. 다음으로 Discriminator 객체를 만들고 판별기 신경망의 훈련 가능 여부를 False로 설정한다.

```
        self.discriminator = Discriminator(height=self.H, width=self.W, channels=self.C)
        self.discriminator.trainable = False
```

8. 이 discriminator 객체로, 우리가 만든 fake_A와 orig_B 신경망들을 입력한다.

```
        self.valid = self.discriminator.Discriminator([self.fake_A, self.orig_B])
```

9. 마침내 우리는 연결을 적절하게 설정하는 일을 모두 마쳤다. 이제 우리는 orig_A와 orig_B의 입력과 valid와 fake_A의 출력을 가지고 우리의 적대 모델을 만들 차례이다.

```
        model_inputs = [self.orig_A, self.orig_B]
        model_outputs = [self.valid, self.fake_A]
        self.gan = GAN (model_inputs=model_inputs, model_outputs=model_outputs)
```

이제, 주된 훈련 메서드로 이 신경망을 어떻게 훈련시킬 것인가를 살펴볼 차례이다!

훈련 메서드

훈련 메서드는 훈련 클래스의 핵심부이다. 이 메서드에서는 우리가 가져온 모든 데이터를 사용하고, CycleGAN 아키텍처로 모델을 훈련하며, 우리의 훈련 결과를 확인한다.

다음에 나오는 단계들은 이러한 모델을 훈련하는 기본 구조를 보여준다.

1. 우선, 우리는 에포크의 수를 따라 실행하는 훈련 메서드를 정의한다. 각 에포크마다 A와 B 훈련 데이터의 복사본을 만들려고 한다.

```
def train(self) :
    for e in range(self.EPOCHS) :
        X_train_A_temp = deepcopy(self.X_train_A)
        X_train_B_temp = deepcopy(self.X_train_B)
```

2. 다음에 나오는 단계에서는 배치 수(화풍 모사를 위한 배치 크기 1)를 정의하고 배치를 실행한다.

```
number_of_batches = len(self.X_train_A)
for b in range(number_of_batches) :
```

3. 이번 단계에서는 A와 B 집합 모두에 대해 임의의 인덱스를 얻는다(데이터가 쌍을 이루기 때문에 A 및 B 데이터셋 각기에 대해 동일한 인덱스를 얻는다).

```
# 판별기를 훈련한다.
# 이번 훈련 배치에 쓸 진짜 이미지들을 부여잡는다.
starting_ind = randint(0, (len(X_train_A_temp)-1))
real_images_raw_A = X_train_A_temp[ starting_ind : (starting_ind + 1) ]
real_images_raw_B = X_train_B_temp[ starting_ind : (starting_ind + 1) ]
```

4. 이미지들을 움켜진 후 임시 배열에서 이미지를 삭제한다.

```
# 하나도 안 남을 때까지 사용된 이미지들을 삭제한다.
X_train_A_temp = np.delete(X_train_A_temp,
                    range (starting_ind, (starting_ind + 1)), 0)
X_train_B_temp = np.delete (X_train_B_temp,
                    range (starting_ind, (starting_ind + 1)), 0)
```

5. 예측과 훈련 단계들에서 쓸 수 있게 배치들을 작성한다.

```
batch_A = real_images_raw_A.reshape ( 1, self.W, self.H, self.C )
batch_B = real_images_raw_B.reshape ( 1, self.W, self.H, self.C )
```

6. PatchGAN 문서 구조를 Y 레이블에 사용하여, 훈련용으로 쓸 y_valid 및 y_fake 레이블을 만든다.

```
y_valid = np.ones((1,)+(int(self.W / 2**4), int (self.W / 2**4), 1))
y_fake = np.zeros((1,)+(int(self.W / 2**4), int (self.W / 2**4), 1))
```

7. 다음으로 생성기를 사용해 Batch 입력을 기반으로 결과를 생성해 Fake A 이미지를 만든다.

```
fake_A = self.generator.Generator.predict(batch_B)
```

8. 판별기를 실제 및 가짜 데이터셋 모두에 대해 훈련한다. 이 두 훈련 단계의 손실을 모은다.

```
# 이제 진짜들이 들어 있는 배치를 사용해 판별기를 훈련한다.
discriminator_loss_real =
    self.discriminator.Discriminator.train_on_batch ([batch_A,batch_B],
                                                      y_valid) [0]
discriminator_loss_fake =
    self.discriminator.Discriminator.train_on_batch ([fake_A,batch_B],
                                                      y_fake) [0]
```

9. 이 단계에서는 두 값을 평균해 총 손실을 계산한다.

```
full_loss = 0.5 * np.add(discriminator_loss_real, discriminator_loss_fake)
```

10. 다음으로, 우리는 A 배치와 B 배치를 입력으로 하고 y_valid와 A 배치를 출력으로 하여 적대적 모델을 훈련한다.

```
generator_loss =
    self.gan.gan_model.train_on_batch ([batch_A, batch_B], [y_valid,batch_A])
```

11. 일정한 간격(우리의 검사점 값)에 맞춰, 훈련이 올바른 방향으로 진행될 수 있게, 몇 가지 진단용 그래프를 그려야 한다.

```
if b % self.CHECKPOINT == 0 :
    label = str(e)+'_'+str(b)
    self.plot_checkpoint(label)
```

12. 마지막 단계에서 모든 배치 및 모든 에포크에 대해 진단한 내용을 표시한다.

```
print ('Batch: '+str(int(b))+',
    [Full Discriminator :: Loss: '+str(full_loss)+'],
    [Generator :: Loss: '+str(generator_loss)+']')
print ('Epoch: '+str(int(e))+',
    [Full Discriminator :: Loss:'+str(full_loss)+'],
    [Generator :: Loss: '+str(generator_loss)+']')
```

이게 다이다! 이게 여러분이 훈련 메서드를 만드는 방법이다. 다음 두 단원에서는 우리가 검사용 그래프로 일하는 방법과, 이 훈련 스크립트를 실행하는 방법을 다룰 것이다.

결과를 그리기

모든 GAN 신경망을 사용해, 우리는 훈련이 올바른 방향으로 진행되고 있는다는 점을 확인하기를 바란다. 이 그리기 함수를 통해 화풍과 생성된 이미지 및 원본 이미지를 볼 수 있다. 이 그림에서 우리는 화풍이 다음 이미지로 모사되고 원래 이미지로 되돌아 가고 있음을 확인할 수 있어야 한다.

이 그리기 함수를 생성하는 단계는 다음과 같다.

1. 먼저, 함수를 정의하고 모든 배치에서 저장할 파일 이름을 만든다.

```python
def plot_checkpoint(self,b) :
    orig_filename = "/out/batch_check_"+str(b)+"_original.png"
```

2. 다음으로 그래프에 필요한 행과 열의 수와 모델의 검사점 평가를 위해 얻고자 하는 표본의 수를 정의한다.

```python
r, c = 3, 3
random_inds = random.sample (range (len (self.X_test_A))), 3)
```

3. 다음으로, 테스트 집합에서 이미지를 가져와서 생성기에서 평가하도록 서식을 지정한다.

```python
imgs_A = self.X_test_A[random_inds].reshape(3, self.W, self.H, self.C )
imgs_B = self.X_test_B[random_inds].reshape(3, self.W, self.H, self.C )
fake_A = self.generator.Generator.predict(imgs_B)
```

4. 더 쉽게 그릴 수 있게 모든 데이터를 단일 배열에 넣는다.

```python
gen_imgs = np.Concatenate ([imgs_B, fake_A, imgs_A])
```

5. 다음으로, 모든 이미지를 그려내기 위해 0~1로 재조정한다.

```python
# 이미지 크기를 0 ~1로 재조정
gen_imgs = 0.5 * gen_imgs + 0.5
```

6. 이번 단계에서는 제목을 만들고 그림 내용을 구성하고 그림을 이루는 각 이미지를 그려낸다.

```python
titles = ['Style', 'Generated', 'Original']
fig, axs = plt.subplots(r, c)
cnt = 0
for i in range(r) :
    for j in range(c) :
        axs[i,j].imshow(gen_imgs[cnt])
        axs[i, j].set_title(titles[i])
        axs[i,j].axis('off')
        cnt += 1
```

7. 마지막 단계에서는 그림을 저장하고 그림을 닫는다(즉, 머신에 메모리를 저장).

```
fig.savefig("/out/batch_check_"+str(b)+".png")
plt.close('all')

return
```

마지막으로 이 클래스의 도우미 함수를 다루도록 하겠다.

도우미 함수

다음에 이어질 여러 단계에서는 이번 단원에서 강조하려는 몇 가지 도우미 함수가 나온다.

1. 데이터 적재 함수(load_data)는 내려받은 입력 데이터를 정의하는 데 도움이 된다. 이 이미지가 256×512로 함께 봉합되므로 함수는 이 이미지를 읽어 두 개의 배열로 분리한다.

```
def load_data (self, data_path) :
    listOFFiles = self.grabListOfFiles(data_path, extension="jpg")
    imgs_temp = np.array(self.grabArrayOfImages(listOFFiles))
    imgs_A = [ ]
    imgs_B = [ ]
    for img in imgs_temp:
        imgs_A.append(img[:,:self.H])
        imgs_B.append(img[:, self.H:])
    imgs_A_out = self.norm_and_expand(np.array(imgs_A))
    imgs_B_out = self.norm_and_expand(np.array(imgs_B))

    return imgs_A_out, imgs_B_out
```

2. 다음 함수는 신경망이 적절한 모양을 사용하도록 배열하는 편리한 함수이다.

```
def norm_and_expand(self, arr) :
    arr = (arr.astype(np.float32) - 127.5)/127.5
    normed = np.expand_dims(arr, axis=3)
    return normed
```

3. 다음에 보이는 함수를 사용하면 시작 디렉터리에서 파일 목록을 가져올 수 있다.

```
def grabListOfFiles(self, startingDirectory, extension=".webp") :
    listOfFiles = [ ]
    for file in os.listdir(startingDirectory) :
```

```
                    if file.endswith(extension) :
                         listOfFiles.append(os.path.join(startingDirectory, file))
              return listOfFiles
```

4. 파일 목록이 주어지면 이미지를 배열로 읽어 들여 반환한다.

```
     def grabArrayOfImages(self, listOfFiles, gray=False) :
         imageArr = [ ]
         for f in listOfFiles:
             if gray:
                 im = Image.open(f).convert("L")
             else:
                 im = Image.open(f).convert("RGB")
             imData = np.asarray(im)
             imageArr.append(imData)
         return imageArr
```

이제 이 모델을 어떻게 훈련시키느냐로 넘어갈 텐데, 클래스를 설정하고 나서 작업을 진행해 보자.

훈련 스크립트 실행

이제 훈련 클래스가 있게 되었으므로, 이 훈련 클래스를 사용해 Pix2Pix 아키텍처를 훈련하기 위한 코드를 작성해 보자. 다음에 나오는 것은 훈련 클래스를 실행하고 설정을 변경하는 데 필요한 단계들이다.

1. src 폴더에 다음 코드가 포함된 run.py 파일을 만든다.

```
#!/usr/bin/env python3
from train import Trainer

# 명령 행 인수 메서드
HEIGHT = 256
WIDTH = 256
CHANNELS = 3
EPOCHS = 100
BATCH = 1
CHECKPOINT = 50
TRAIN_PATH = "/data/cityscapes/cityscapes/train/"
TEST_PATH = "/data/cityscapes/cityscapes/val/"
```

```
trainer = Trainer(height=HEIGHT, width=WIDTH, \
                    channels=CHANNELS,
                    epochs =EPOCHS, \
                    batch=BATCH, \
                    checkpoint=CHECKPOINT, \
                    train_data_path=TRAIN_PATH, \
                    test_data_path=TEST_PATH)
trainer.train()
```

훈련 클래스에는 다음과 같은 정보가 있다.

- HEIGHT: 입력 이미지들의 높이

- WIDTH: 입력 이미지들의 너비

- CHANNELS: 해당 입력 이미지에 대한 채널들

- EPOCHS: 데이터셋을 사용해 모델을 훈련할 횟수

- BATCH: 신경망을 통해 순방향으로 전달되는 이미지 개수

- CHECKPOINT: 모델 출력을 검사하고 싶어 하는 횟수

- TRAIN_PATH: 훈련 데이터의 경로

- TEST_PATH: 테스트 데이터의 경로

2. 그런 다음 코드 디렉터리의 루트에 run.sh 스크립트 파일을 만들고 다음 텍스트를 파일에 추가한다.

```
#/bin/bash

# 훈련 단계
xhost +
docker run -it \
    --runtime=nvidia \
    --rm \
    -e DISPLAY=$DISPLAY \
    -v /tmp/.X11-unix:/tmp/.X11-unix \
    -v $HOME/Chapter5/out:/out \
    -v $HOME/Chapter5/src:/src \
    ch5 python3 /src/run.py
```

3. 이번 장의 저장소의 루트에서 sudo 명령으로 다음 스크립트를 실행한다(셸 스크립트가 실행 가능한지 확인한다).

```
sudo ./run.sh
```

바로 지금 모델을 훈련해 보기 바란다. 축하한다! 여러분은 밑바닥부터 시작해서 Pix2Pix를 성공적으로 구현했다.

연습문제

마침내 Pix2Pix를 다룬 장을 마쳤다! 숙고해야 할 문제는 다음과 같다.

1. 생성기에 더 많은 계층을 추가하면 어떻게 되는가? 실적이 개선되거나 악화될 것이라고 생각하는가?

CycleGAN을 사용해 화풍을 모사하기 | 6장

이번 장에서는 다음과 같은 레시피를 다룬다.

- 의사코드: 어떻게 작동하는가?

- CycleGAN 데이터셋 파싱

- 코드 구현: 생성기

- 코드 구현: 판별기

- 코드 구현: GAN

- 훈련 시작

들어가며

CycleGAN은 GAN 커뮤니티에서 가장 잘 알려진 아키텍처 중 하나이다. 훈련 데이터가 짝을 이뤄 구성되어 있지 않아도 뛰어난 화풍 모사를 한 결과를 낼 수 있다. 이번 장에서 이 모델의 기본 구조와 그것을 사용할 때 기대할 수 있는 결과를 검토해 보자.

의사코드: 어떻게 작동하는가?

이 레시피는 CycleGAN 논문(https://arxiv.org/pdf/1703.10593.pdf)에 실린 부분들을 해부하는데 초점을 맞출 것이다. 각 부분이 제안하는 구조, 개발 전반에 걸쳐 부분들이 제안하는 간단한 조언, 그리고 우리가 이번 장을 위해 우리의 개발에서 사용하고자 할 수 있는 모든 잠재적인 지표를 살펴본다는 말이다.

출발 준비

이 레시피의 경우에 여러분의 home 디렉터리에 이번 장의 코드용 폴더를 작성하기만 하면 된다. 도커, 엔비디아-도커 및 엔비디아 드라이버 설치와 같은 모든 필수 설치 단계를 완료했는지 확인한다. 다음 단원으로 넘어가기 전에 마지막으로 CycleGAN 논문(https://arxiv.org/pdf/1703.10593.pdf) 을 부여 잡고 꼭 읽어보기 바란다.

수행 방법 ⋯

이 밖의 모든 장에서 그러듯이, 이 특정 알고리즘이 유래한 논문부터 읽는 게 바람직하다. 논문을 읽어 봄으로써 여러분은 논문을 구현하는 데 필요한 기초를 다질 수 있고 개발의 토대가 되는 가정들을 살펴 볼 수 있다. 예를 들어 우리는 그저 논문 내용을 그대로 구현하기보다는 여러 장을 통해서 작은 혁신을 이룸으로써 논문이 제시했던 원래 개념보다 개선되게 했다.

CycleGAN은 어떤 점이 강력한가?

CycleGAN의 가장 중요한 부분 중 하나는 짝(pair)을 이루는 입출력 데이터가 필요하지 않다는 점이다. 화풍 모사의 많은 애플리케이션에서 짝 데이터(paired data)[1]는 훈련에 필수적인 부분이다. CycleGAN은 낡아빠진 틀을 깨고 나와 짝 입력이 없는 모델을 안정적으로 훈련할 수 있었던 최초의 GAN 구현 중 하나이다.

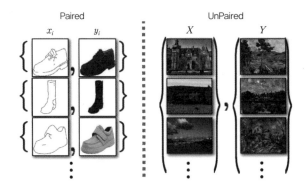

CycleGAN 논문에 나오는, 짝을 이루지 않는 입력 데이터[2]

---

1 (옮긴이) 원래 통계학 용어는 '짝 자료' 또는 '쌍(체) 자료'인데, 머신러닝/딥러닝 분야에서는 자료라는 말 대신에 데이터라는 말을 더 자주 쓴다는 면을 감안해 '짝 데이터'로 표기했다.
2 (옮긴이) 논문에 나온 그림 그대로 볼 수 있도록 그림에 나오는 문구를 수정하지 않았다. 그림에서 Paired는 '짝을 이룬 것'이라는 뜻이고, Unpaired는 '짝을 이루지 않은 것'이란 뜻이다.

CycleGAN에서는 생성기와 판별기로 아주 간단한 합성곱 신경망들(convolutional neural networks, CNNs)을 쓴다. 이 특별한 논문의 진정한 비밀의 원천은 아키텍처를 구현한 방식에 있다. 이 아키텍처는 A에서 B로, B에서 A 로 향하는 **표현(representation)**을 학습할 수 있게 훈련하기 위해 이 신경망들을 **봉합(stitch)**[3]한 방식인 셈이다. 의사코드는 아주 간단명료하지만 이것을 부기해(bookeeping)[4] 두는 일에 주의를 기울여야 한다(많은 생성기를 갖게 될 것이기 때문이다!).

1. A에서 B로, B에서 A로 가는 생성기를 초기화한다.

   ```
   # 논문을 바탕으로 모델들을 구축한다.
   init generator_A_to_B
   init generator_B_to_A
   ```

2. 각 이미지 유형(각 화풍마다 하나씩)에 대한 판별기를 초기화한다.

   ```
   init discriminatorA
   init discriminatorB
   ```

3. 모든 신경망을 적대적인 훈련 아키텍처에 맞게 구성하고 신경망을 초기화해 훈련한다.

   ```
   init GAN ()
   ```

4. A와 B에 대한 배치들을 부여잡은(grab) 채로 각 판별기를 훈련하고, GAN 모델을 적대 모드로 훈련해 신경망을 훈련한다.

   ```
   while 배치가 아직 남아 있는 동안:
       grab BatchA  # A 배치를 부여잡음(즉, 획득함)
       grab BatchB  # B 배치를 부여잡음(즉, 획득함)

       train discriminatorA(BatchA) # A 배치를 사용해 A 판별기를 훈련한다.
       train discriminatorB(BatchB) # B 배치를 사용해 B 판별기를 훈련한다.

       train GAN (BatchA, BatchB) # A 배치와 B 배치로 GAN을 훈련한다.
   ```

보다시피, 이 설계 내용은 아주 간단하다. 비밀 양념장은 실제로는 GAN 아키텍처 자체에 내장되어 있다. CycleGAN 논문에는 아키텍처 구축 방법을 보여주는 몇 가지 훌륭한 그림이 실려 있다.

---

3 (옮긴이) 봉합이란 서로 다른 천 조각을 '실로 꿰매는 일'을 말한다. 저자가 합성, 연결, 결합, 구성, 결속, 접합 등의 비슷한 말들을 쓰지 않고 굳이 봉합이라는 말을 쓴 이유를 본문을 깊이 있게 읽다 보면 알 수 있게 된다.

4 (옮긴이) 즉, 부기 코드(bookkeeping code)로 유지해. '부기(簿記)'란 '기록을 남겨 유지한다'는 뜻이다. 부기 코드에 관해서는 상용구 코드(boilerplate code)와 아울러서 검색해 보면 도움이 된다. 참고로 부기 코드를 '북키핑 코드', 상용구 코드를 '보일러플레이트 코드'라고도 부른다.

전반적인 설계는 세 가지 단계로 구성된다.

1. 서로 다른 두 가지 화풍 간에 변환(translate)할 수 있으려면[5] 두 개의 생성기와 두 개의 판별기가 필요하다. 생성기 G는 X에서 Y로 변환되고 판별기 Y(DY)에 의해 확인된다. 마찬가지로 생성기 F는 Y에서 X로 변환되고 판별기 X(DX)에 의해 검사된다.

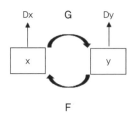

기본 CycleGAN 아키텍처

2. CycleGAN 논문의 주요 특징 중 한 가지는 x에서 $\hat{y}$로 평가(evaluate)해 본 후에 $\hat{x}$를 재구성한다는 점이다. 재구성된 $\hat{x}$로 돌아감으로써 학습기의 기초가 되는 확실한 계량기준(metric)을 얻을 수 있다.

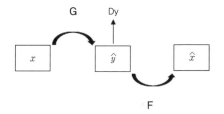

X에서 Y로 변환한 다음에 X를 재구성하는 CycleGAN 아키텍처

3. 2단계에서처럼, y에서 $\hat{x}$로 화풍을 모사한 다음에 $\hat{y}$를 재구성한다. 양쪽 방향으로 이와 같은 일을 진행함으로써 변환된 사진과 재구성한 사진을 적대적인 단계로 평가할 수 있는 아키텍처를 정의할 수 있다.

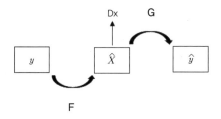

Y에서 X로 변환한 다음에 Y를 재구성하는 CycleGAN 아키텍처

---

5 (옮긴이) 저자가 말하는 화풍 변환(style translate)은 화풍 모사(style transfer) 작업을 방향을 바꿔 두 번 하는 작업에 해당한다. 즉, A 그림에서 B 그림으로 화풍을 한 번 모사하고, 다시 B 그림에서 A 그림으로 화풍을 한 번 모사하면 한 차례 화풍 변환이 되었다고 보는 것이다. 이와 같이 화풍 변환과 화풍 모사라는 말의 개념이 다르다는 점에 유념하자.

CycleGAN 데이터셋 파싱

데이터가 얼마나 중요한지에 관해 또 말한다면 싫증이 날 지경이겠지만, 솔직히 말하자면 데이터가 개발을 성공하게 하기도 하고 망가뜨리기도 한다. 우리는 간단히 CycleGAN 논문 저자가 개발에 사용했던 것과 동일한 데이터셋을 사용할 것이다. 이렇게 하면 우리가 낸 결과를 논문 저자들이 낸 결과와 비교할 수 있고, 저자들이 어느 정도 정리해 둔 데이터셋을 이용할 수 있다는 두 가지 이점을 얻을 수 있다.

출발 준비

지금까지 우리는 문제 해결 방법의 구조를 검토하는 데 중점을 두었다. 이 책에 나오는 모든 장들에서 그랬던 것처럼, 실험을 위한 훈련 데이터를 수집하는 데 몇 분을 소비해야 한다. 다음과 같은 파일들로 이뤄진 디렉터리 구조를 그대로 따라서 구성하라.

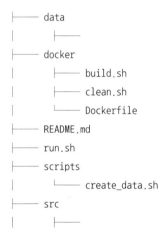

```
├──── data
│        ├────
├──── docker
│        ├──── build.sh
│        ├──── clean.sh
│        └──── Dockerfile
├──── README.md
├──── run.sh
├──── scripts
│        └──── create_data.sh
├──── src
│        ├────
```

우리는 CycleGAN에서 사용할 개발 환경과 데이터를 지니기 위해 구축해야 하는 파일을 소개할 것이다.

수행 방법 …

이제는 도커 파일을 만들고, 빌드 스크립트와 실행 스크립트를 작성하고, 일부 데이터를 내려받는 일이 습관이 되기 시작해야 한다. 궁극적으로 우리는 개발을 위해 아키텍처를 표준화하고 이러한 각 문제에 접근하는 방법을 표준화하는 습관을 구축하기 시작한다. **2장, '데이터 중심, 용이한 환경, 데이터 준비'**

와 3장, '첫 번째 GAN을 100줄 이내로 만들기'를 반복해 사용할 수 있다. 이번도 다르지 않을 것이다. 도커 구현을 먼저 확인해 보자.

도커 구현

도커 파일과 이와 관련된 셸 스크립트를 몇 단계로 나눠 보자.

1. 도커 폴더 아래에 Dockerfile 파일을 만들고 다음 명령으로 시작한다.

```
FROM base_image
RUN apt update && apt install -y python3-pydot python-pydot-ng graphviz
RUN pip3 install ipython
RUN pip3 uninstall keras -y && pip3 install keras==2.2.1
```

base_image에서 상속 받고 개발에 필요한 몇 가지 패키지를 설치한다. 마지막 줄은 중요한 포인트인데, 우리는 다음 단계에서 설치할 케라스 기여자(contributor) 계층들을 활용하기 위해 특정 케라스 빌드를 설치해야 하기 때문이다. 근본적으로, 이러한 신경망에는 케라스 속으로 적절하게 접혀 들어 가지 않는 몇 가지 특정 계층이 있다.

2. 케라스 기여자 계층들을 복사하고 설치한다(python3에 맞춰 설치한다)

```
# 케라스 기여자 계층들을 내려받아 설치한다.
# 케라스에 기본적으로 구현되어 있지 않은 계층들이 일부 논문들에는 실려 있다.
RUN git clone https://www.github.com/keras-team/keras-contrib.git
RUN cd keras-contrib && git checkout 04b64a47a7552f && python setup.py install
RUN cd keras-contrib && python3 setup.py install
```

3. 계속해서 build.sh라는 셸 스크립트를 작성하고 다음 테스트를 파일에 넣으라.

```
#/bin/bash
nvidia-docker build -t ch5 .
```

4. 새로 작성된 Dockerfile을 구축하려면 다음 명령을 터미널에 입력해 빌드 스크립트를 실행 가능하게 만들고 실행한다.

```
sudo chmod 775 build.sh && ./build.sh
```

 이 명령을 실행하기 전에 현재 디렉터리가 docker 폴더인지 확인해야 한다!

5. 편하게 쓸 수 있게 clean.sh라는 정리용 스크립트를 만들어 보자.

```
#/bin/bash
docker rmi ch5
```

이 스크립트는 나중에 다시 구축해야 하는 경우에 이미지를 쉽게 정리할 수 있게 해준다.

데이터 내려받기 스크립트

내려받기 스크립트가 이상하게 보이는 것 같은데, 그렇지 않은가? 이 실행 명령에서 새로 생성된 컨테이너를 사용해 내려받기 스크립트를 가져와서 data 폴더에 데이터를 내려받는다.

```
#/bin/bash
xhost +

docker run -it \
    --runtime=nvidia \
    --rm \
    -v /home/jk/Desktop/book_repos/Chapter5/data:/data \
    ch5 wget -N
https://raw.githubusercontent.com/junyanz/CycleGAN/master/datasets/download_dataset.sh \
-O /data/download_dataset.sh && ./download_dataset.sh horse2zebra
```

실제 데이터는 어떻게 보일까?

CycleGAN이 아주 좋은 이유는, 이미지들이 담긴 배열이 두 개 필요하지만 서로 일치하게 할 필요가 없다는 점 때문이다. 지도학습에서는 어떤 입력 X와 해당 출력 Y가 보통 있게 된다. 이를 바탕으로 에이전트는 X와 Y 사이의 관계를 학습한다. 반면에 CycleGAN을 사용하는 이 과업에서는 B의 화풍을 A로 모사하는 데 입력 A 및 입력 B가 필요할 뿐이다. CycleGAN 모델들을 사용하면 모사하려는 화풍의 방향에 따라 A의 화풍을 B에서 모사하든지, B의 화풍을 A에서 모사할 수 있다.

예를 들어 다음과 같이 말과 얼룩말로 구성된 사례가 있다고 하자.

우리의 CycleGAN 구현은 말에서 얼룩말, 또는 얼룩말에서 말로 진행하는 법을 배울 것이다. 이 과정에서 두 모델은 모두 적대적인 설정에 맞춰 훈련된다.

코드 구현: 생성기

지금쯤은 분명해 보일지 모르겠지만, 지금까지 우리가 구축한 각 생성기의 코드는, 종국적으로 GAN 에서 DCGAN을 거쳐 CycleGAN에 이르기까지, 비슷해 보이면서도 한편으로는 점진적인 변화를 보이게 될 것이다. 이번 경우에는, 몇 블록에 걸쳐 **하향 표본추출(down sampling)**을 한 다음에 다시 **상향 표본추출(up sampling)**을 한다.

우리는 또한 저자들이 화풍 모사를 위한 더 나은 훈련을 시행하기 위해 사용했던 Instance Normalization(사례 정규화)이라고 불리는 새로운 계층을 도입할 것이다.

출발 준비

모든 레시피에는 여러분의 디렉터리가 갖춰야 할 구조가 다음과 같이 나타나 있다. 이 구조에 맞춰 줘야 각 단계에서 올바른 파일을 얻을 수 있다.

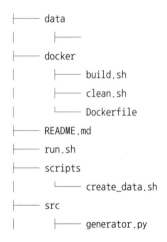

```
├── data
│       ├──
├── docker
│       ├── build.sh
│       ├── clean.sh
│       └── Dockerfile
├── README.md
├── run.sh
├── scripts
│       └── create_data.sh
├── src
│       ├── generator.py
```

수행 방법 ⋯

우리는 생성기를 사용해 여러 개의 필터와 블록 화풍을 사용해 논문을 재현해 볼 것이다.

다음은 이에 대한 단계이다.

1. 가져오기 부분은 이전 장의 많은 부분과 일치한다.

   ```
   #!/usr/bin/env python
   import sys
   ```

```
import numpy as np
from keras.layers import Dense, Reshape, Input,
                           BatchNormalization, Concatenate
from keras_contrib.layers.normalization import InstanceNormalization
from keras.layers.core import Activation
from keras.layers.convolutional import UpSampling2D, Convolution2D,
                                        MaxPooling2D, deconvolution2D
from keras.layers.advanced_activations import LeakyReLU
from keras.models import Sequential, Model
from keras.optimizers import Adam, SGD, Nadam, Adamax
from keras import initializers
from keras.utils import plot_model
```

우리가 keras_contrib 패키지[6]에서 InstanceNormalization 계층을 가져와 사용하고 있다는 점에 유의해야 한다. 이 계층은 원래의 CycleGAN 논문에서 사용되었는데, 다행히 이 책에서 활용할 수 있는 오픈소스 구현이 있다.

2. 다음으로 클래스를 인스턴스화하고 클래스에 대한 입력을 단순화한다.

```
class Generator(object) :
    def __init__ (self, width = 28, height= 28, channels = 1) :
        self.W = width
        self.H = height
        self.C = channels
        self.SHAPE = (width, height, channels)

        self.Generator = self.model ()
        self.OPTIMIZER = Adam(lr=1e-4, beta_1=0.2)
        self.Generator.compile(loss= 'binary_crossentropy',
                optimizer=self.OPTIMIZER,metrics=['accuracy'])

        self.save_model ()
        self.summary ()
```

이 클래스는 이전에 나온 그 밖의 인스턴스화보다 훨씬 간단하다. 이유는 무엇인가? CycleGAN 논문 내용이 복잡해 보이는 이유는 모델을 조합하는 구조와 아키텍처 때문이다.

---

6 (옮긴이) 케라스의 기본 모델이나 모듈 외에 케라스 기여자들(contributors)이 작성한 모델이나 모듈들을 공식적으로 모아 놓은 라이브러리이며, 케라스에 덧붙여 사용할 수 있다. 관련 문서와 코드를 https://github.com/keras-team/keras-contrib에서 볼 수 있다. 이 책에서는 이 중에서도 기여자 계층의 정규화 패키지(keras_contrib.layers. normalization)를 가져와 사용한다.

3. 이 생성기에 필수적인 부분은 모델이다. 다음 코드로부터 착수한다.

```
def model (self) :
    input_layer = Input (shape=self.SHAPE)
```

4. 모델의 첫 번째 부분에는 이 InstanceNormalization을 사용하는 2D 합성곱들이 있다.[7]

```
down_1 = Convolution2D (32, kernel_size=4, strides=2,
        padding= 'same', activation=LeakyReLU (alpha=0.2)) (input_layer)
norm_1 = InstanceNormalization() (down_1)

down_2 = Convolution2D (32*2, kernel_size=4, strides=2,
        padding= 'same', activation=LeakyReLU (alpha=0.2)) (norm_1)
norm_2 = InstanceNormalization() (down_2)

down_3 = Convolution2D (32*4, kernel_size=4, strides=2,
        padding= 'same', activation=LeakyReLU (alpha=0.2)) (norm_2)
norm_3 = InstanceNormalization() (down_3)

down_4 = Convolution2D (32*8, kernel_size=4, strides=2,
        padding= 'same', activation=LeakyReLU (alpha=0.2)) (norm_3)
norm_4 = InstanceNormalization() (down_4)
```

InstanceNormalization은 BatchNormalization이나 그 밖의 유사한 기술과 비교하면 어떤 면이 다를까?

5. 상향 표본추출 블록은 하향 표본추출 블록과 유사하지만 이미지를 원래 해상도로 되돌린다.[8]

```
upsample_1 = UpSampling2D () (norm_4)
up_conv_1 = Convolution2D (32*4, kernel_size=4, strides=1,
                    padding= 'same', activation= 'relu') (upsample_1)
norm_up_1 = InstanceNormalization() (up_conv_1)
add_skip_1 = Concatenate () ([norm_up_1, norm_3])

upsample_2 = UpSampling2D () (add_skip_1)
up_conv_2 = Convolution2D (32*2, kernel_size=4, strides=1,
                    padding= 'same', activation= 'relu') (upsample_2)
norm_up_2 = InstanceNormalization() (up_conv_2)
add_skip_2 = Concatenate () ([norm_up_2, norm_2])
```

---

7   (옮긴이) 원문에는 설명되어 있지 않은데, 합성곱 계층을 통해서는 보통 하향 표본추출(즉, 해상도 줄이기)을 하는데, 여기서도 그러한 작업이 이뤄진다.
8   (옮긴이) 신경망 계층에 공급되는 데이터가 이미지라면, 하향 표본추출은 해상도 줄이기에 해당하는 반면에 상향 표본추출은 해상도 늘리기에 해당한다.

```
upsample_3 = UpSampling2D () (add_skip_2)
up_conv_3 = Convolution2D (32, kernel_size=4, strides=1,
                     padding= 'same', activation= 'relu') (upsample_3)
norm_up_3 = InstanceNormalization() (up_conv_3)
add_skip_3 = Concatenate () ([norm_up_3, norm_1])
```

InstanceNormalization을 다시 사용한다는 점에 유념하자. 이 계층은 신경망에 화풍 모사 함수에 대한 일반화를 제공하므로, 생성기 개발에 중요한 요소이다.

6. 생성기 모델 메서드의 마지막 부분은 이 모델의 출력 계층과 구조이다.

```
last_upsample = UpSampling2D () (add_skip_3)
output_layer = Convolution2D (3, kernel_size=4, strides=1,
                     padding= 'same', activation= 'tanh') (last_upsample)
return Model (input_layer, output_layer)
```

이 생성기 모델에는 return 문이 필요한데, 이 반환(return) 과정에서 우리는 모델을 실제로 구축하게 된다. 이러는 이유는 무엇일까? GAN 단계에서 아키텍처를 연결할 때 모델의 입력과 출력을 연결하기 위해 이러한 유형의 구조가 필요할 것이기 때문이다.

7. 이전 클래스와 마찬가지로 이 클래스에도 유사한 도우미 메서드들이 들어 있는데, 이는 다음과 같다.

```
def summary (self) :
    return self.Generator.summary ()


def save_model (self) :
    plot_model (self.Generator.model, to_file= '/data/Generator_Model.png')
```

이게 다이다! 이게 생성기에 필요한 것들이다.

코드 구현: 판별기

판별기들은 판별 모델링(discriminative modeling) 세계에 있어서 밥과 반찬 같은 것인데, 우리가 그러한 독특한 방식으로 판별기를 사용하면 재미있을 것이다. 설계된 각 판별기는 실제 데이터와 가짜 데이터의 차이를 이해하기 위해 만들어졌지만 그리 썩 좋지는 않다. 왜 그럴까? 판별기가 항상 두 가지 유형의 데이터의 차이를 알 수 있게 되어 버리면 생성기가 일관성 있게 향상되기 어렵다. CycleGAN 논문에 기초한 다음 판별기는 원래 구현에 기반한 구조를 사용할 것이다.

출발 준비

디렉터리 구조는 다음과 같이 보여야 한다.

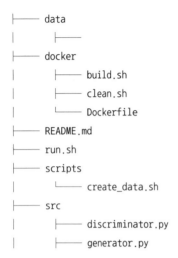

```
├──── data
│       ├────
├──── docker
│       ├──── build.sh
│       ├──── clean.sh
│       └──── Dockerfile
├──── README.md
├──── run.sh
├──── scripts
│       └──── create_data.sh
├──── src
│       ├──── discriminator.py
│       ├──── generator.py
```

수행 방법 …

판별기는 이미지를 입력으로 가져 와서 결정한 내용(진짜인지, 아니면 가짜인지에 대한 결정)을 출력한다. 우리는 판별기 클래스의 일반적인 구성을 다룰 것이다(힌트: 이전의 판별기 레시피와 아주 비슷해 보일 것이다).

1. 어떤 일보다 먼저 우리는 이 클래스에서 사용할 모든 구성요소를 가져온다.

```python
#!/usr/bin/env python3
import sys
import numpy as np
from keras.layers import Input, Dense, Reshape, Flatten, Dropout,
                                BatchNormalization, Lambda, concatenate
from keras.layers.core import Activation
from keras_contrib.layers.normalization import InstanceNormalization
from keras.layers.convolutional import Convolution2D
from keras.layers.advanced_activations import LeakyReLU
from keras.models import Sequential, Model
from keras.optimizers import Adam, SGD, nadam, Adamax
import keras.backend as K
from keras.utils import plot_model
```

이 가져오기 부분에서는 contributors 패키지[9]에서 사용자 정의 계층을 가져오는 일을 한다. 시간이 남는다면 이 패키지에서 사용할 수 있는 그 밖의 계층들도 확인해 보라. 오픈소스 커뮤니티는 분명히 더 추상화된 계층을 구현하기 위해 열심히 노력한다.

2. 판별기 클래스를 비슷한 방식으로 인스턴스화한다. CycleGAN에 대한 파라미터는 아주 적다.

```
class Discriminator(object) :
    def __init__ (self, width = 28, height= 28, channels = 1) :
        self.W = width
        self.H = height
        self.C = channels
        self.CAPACITY = width*height*channels
        self.SHAPE = (width, height, channels)
        self.Discriminator = self.model ()
        self.OPTIMIZER = Adam(lr=2e-4, beta_1=0.5)
        self.Discriminator.compile(loss= 'mse',
                    optimizer=self.OPTIMIZER, metrics=['accuracy'])
        self.save_model ()
        self.summary ()
```

여러분은 이름이 부여된 잠재 공간을 각 클래스에서 본 적이 있을 것이다. 화풍 모사 분야에서 우리는 무작위로 표본추출한 잡음 집합(즉, 잠재 공간)에서 이미지들을 생성해 내려 하기보다는 이미지를 입력으로 사용하는 데 초점을 맞출 것이다.

논문 저자들은 또한 기본 판별기 구현을 위해 **평균 제곱 오차**(mean squared error, MSE)라는 최적화기를 사용했다는 점도 언급해 두고자 한다. 이것은 이전 모델과 다르지만 심층 학습기에서 흔히 사용되는 함수이다. 이제 세 번째 단계로 나아가 보자.

3. 앞에서 언급한 클래스 정의 부분 속에 모델 메서드를 정의하는 부분을 작성한다(우리가 모델 개발을 할 때 늘 하던 일부터 한다는 말이다).

```
def model (self) :
    input_layer = Input (self.SHAPE)
```

4. 다음 코드가 판별기의 템플릿으로 보이기 시작해야 한다. 몇 가지 2D 합성곱 계층이 출력 계층에 이르기까지 반복해서 나온다.

```
up_layer_1 = Convolution2D (64, kernel_size=4, strides=2,
    padding= 'same', activation=LeakyReLU (alpha=0.2)) (input_layer)

up_layer_2 = Convolution2D (64*2, kernel_size=4, strides=2,
```

```
            padding= 'same', activation=LeakyReLU (alpha=0.2)) (up_layer_1)

   norm_layer_1 = InstanceNormalization() (up_layer_2)

   up_layer_3 = Convolution2D (64*4, kernel_size=4, strides=2,
          padding= 'same', activation=LeakyReLU (alpha=0.2)) (norm_layer_1)
   norm_layer_2 = InstanceNormalization() (up_layer_3)

   up_layer_4 = Convolution2D (64*8, kernel_size=4, strides=2,
          padding= 'same', activation=LeakyReLU (alpha=0.2)) (norm_layer_2)
   norm_layer_3 =InstanceNormalization() (up_layer_4)
```

한편으로 생각해 보면, 우리가 합성곱 계층의 개수를 가변적으로 만들지 않는 이유는 무엇일까? 확실한 건 아니지만 곧바로 머리속으로 떠오르는 한 가지 이유를 굳이 대자면, 본질적으로 신경망에는 입력 내용을 기억할 수 있는 충분한 용량이 있다는 점이다. 계층의 개수와 일반화 가능성 사이에는 상충되는 면이 있다. 우리가 입력 데이터를 기억하게 한다면 모델은 발산할 것이다.

5. 마지막 몇 개 계층은 우리가 출력 변수로 다시 향하게 하고 출력 변수를 적절히 평평하게 만든다.

```
   output_layer = Convolution2D (1, kernel_size=4, strides=1,
                               padding= 'same') (norm_layer_3)
   output_layer_1 = Flatten() (output_layer)
   output_layer_2 = Dense(1, activation= 'sigmoid') (output_layer_1)
   return Model (input_layer, output_layer_2)
```

이 메서드의 return 문은 생성기와 비슷해야 한다. 이러한 모델들을 하나로 엮기 시작할 때 아키텍처를 더 쉬운 것이 되게 하려면 이러한 구조 유형이 필요하다.

6. 우리의 일반적인 도우미 함수들 중에 일부를 사용하여 이 클래스를 마무리하자.

```
   def summary (self) :
       return self.Discriminator.summary ()


   def save_model (self) :
       plot_model (self.Discriminator.model,
                       to_file= '/data/Discriminator_Model.png')
```

코드 구현: GAN

GAN을 구축하는 일은 이러한 모든 아키텍처들 중 한 가지와 더불어 핵심 단계에 해당한다. CycleGAN을 개발하는 일이 다중 레벨 모델을 개발하는 단계들 중에 첫 번째 단계 중 하나이기 때문에 다소 주의해야 한다. GAN 모델은 적대적인 훈련 모드에서 여섯 가지 모델을 갖게 된다.

출발 준비

이 책에 나오는 모든 레시피에서는 갖춰 두어야 할(또는 갖춰져 있어야 할) 디렉터리 구조를 다음과 같이 보여준다. 이런 식으로 디렉터리 구조를 표시해 두었으므로 여러분은 해당 레시피를 구현하는 간 단계별로 필요한 파일을 찾을 수 있을 것이다.

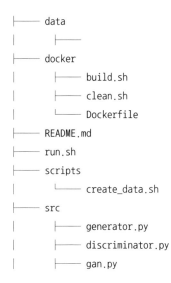

```
├── data
│      ├──
├── docker
│      ├── build.sh
│      ├── clean.sh
│      └── Dockerfile
├── README.md
├── run.sh
├── scripts
│      └── create_data.sh
├── src
│      ├── generator.py
│      ├── discriminator.py
│      ├── gan.py
```

수행 방법 …

코드는 매우 간단하지만 바로 이 지점에서 케라스가 실제로 능력을 발휘한다. 50줄 미만의 코드만으로도 여섯 가지 개별 모델을 적대적인 훈련에 투입할 수 있다.

다음은 이를 구현하기 위한 단계들이다.

1. 코드의 구현 단계를 위해 가져오기를 해야 한다.

```
#!/usr/bin/env python3
import sys
```

```
import numpy as np
from keras.models import Sequential, Model
from keras.layers import Input
from keras.optimizers import Adam, SGD
from keras.utils import plot_model
```

2. 이전에 그랬던 것처럼 클래스를 인스턴스화한다. 이때 lambda 변수들에 주목한다.

```
class GAN (object) :
    def __init__ (self, model_inputs=[ ], model_outputs= [ ],
                    lambda_cycle=10.0, lambda_id=1.0) :
        self.OPTIMIZER = SGD(lr=2e-4, nesterov=True)
        self.inputs = model_inputs
        self.outputs = model_outputs
```

lambda_cycle과 lambda_id는 각기 X에서 Y에 이르는 세대와, X에서 Y를 거쳐 X에 이르는 재구성 세대에 대한 손실 함수들의 값을 나타낸다. lambda_id 파라미터는 lambda_cycle 변수의 10%(논문에 따라)여야 한다.

3. 훈련 클래스에서 전달된 입력 및 출력을 사용해 모델을 만들 차례이다.

```
        self.gan_model = Model (self.inputs, self.outputs)
        self.OPTIMIZER = Adam(lr=2e-4, beta_1=0.5)
```

이 경우에 self.input은 훈련 클래스에서 인스턴스화되어 GAN 클래스로 전달되는 두 개의 케라스 입력 클래스의 배열로 표현된다.

4. 생성기 네 개와 판별기 두 개를 포함해 모두 여섯 개의 모델이 적대적 훈련에 쓰일 수 있게 출력 배열을 이룬다. 이 배열이 구체화되면 여러분은 그러한 모델들이 서로 어떤 식으로 봉합(연결)되었는지를 볼 수 있게 된다.

```
        self.gan_model.compile(loss=['mse', 'mse', 'mae', 'mae', 'mae', 'mae'],
            loss_weights=[ 1, 1, lambda_cycle, lambda_cycle, lambda_id, lambda_id ],
            optimizer=self.OPTIMIZER)
```

5. 여러 장에서 그랬던 것처럼 모델을 저장하고 그 요약 내역을 표시하는 기본 기능을 구현한 코드는 다음과 같다.

```
        self.save_model ()
        self.summary ()
```

6. 우리는 이전에 나온 2개 장과 동일한 기능을 사용한다.

```
    def summary (self) :
        return self.gan_model.summary ()
```

7. 이것이 우리 클래스의 마지막 메서드이다.

```
def save_model (self) :
    plot_model (self.gan_model.model, to_file= '/data/GAN_Model.png')
```

우리가 기본 GAN에서 더 복잡한 아키텍처 중 하나를 구현했다는 점을 가정하면, 이게 간결한 표현인 셈이다.

훈련 시작

이제 다시 우리의 오랜 친구 같은 훈련 과정이 시작된다. CycleGAN에 대한 훈련에는 고유하고 특별한 구성요소가 있지만 이전의 여러 장에 나온 것과 상당히 비슷한 부분도 있음을 알 수 있다. 여러분은 추가 훈련 단계를 염두에 두어야 하는데, 이는 여러 생성기와 판별기를 훈련하기 때문이다. 이에 따라 배치 시간이 늘어나고 결과적으로 에포크당 시간이 크게 늘어난다. 유일한 장점은 이 기저에 있는 우리의 배치는 하나의 이미지일 뿐이라는 것이다.

출발 준비

디렉터리가 다음 트리와 일치해야 한다. src 아래에 파이썬 파일이 없으면 run.py 및 train.py의 빈 파일을 추가하기만 하면 이 레시피의 코드가 채워진다.

```
├──── data
│         ├──
├──── docker
│         ├──── build.sh
│         ├──── clean.sh
│         └──── Dockerfile
├──── README.md
├──── run.sh
├──── scripts
│         └──── create_data.sh
├──── src
│         ├──── discriminator.py
│         ├──── gan.py
│         ├──── generator.py
```

```
|         ├──── run.py
|         ├──── save_to_npy.py
|         └──── train.py
```

훈련 과정을 몇 가지 주요 구성요소로 나눌 수 있다.

- 초기화: '실제로 모델을 훈련하기 위해 무엇을 설정해야 하는가?'라는 질문에 답해 보자.

- 훈련 메서드: '어떤 코드가 모델을 훈련하는가?'라는 질문에 답해 보자.

- 도우미들: '모델을 훈련할 수 있도록 보조 기능이 필요한가?'라는 질문에 답해 보자.

수행 방법 …

초기화, 훈련방법, 도우미 등에 관한 각 개념에 대해서는 다음 절에서 다루겠다.

초기화

CycleGAN 구현의 초기화는 이전에 구현해 본 것들보다 복잡하다. 우리는 GAN 클래스에 전달할 몇 가지 생성기와 판별기를 추가해야 한다.

깊이 있게 살펴보자.

1. 이번에는 가져오기 부분이 상당히 분명해야 한다. 다음은 이 훈련 클래스 정의 부분에서 가져올 핵심 부분들과 클래스들이다.

```
#!/usr/bin/env python3
from gan import GAN
from generator import Generator
from discriminator import Discriminator
from keras.layers import Input
from keras.datasets import mnist
from random import randint
import numpy as np
import matplotlib.pyplot as plt
from copy import deepcopy
import os
from PIL import Image
import numpy as np
```

2. 모든 입력 변수를 사용해 Trainer 클래스를 인스턴스화한다.

```
class Trainer:
    def __init__ (self, height = 64, width = 64, epochs = 50000,
                    batch = 32, checkpoint = 50,
                    train_data_path_A = '', train_data_path_B = '',
                    test_data_path_A= '', test_data_path_B= '') :
        self.EPOCHS = epochs
        self.BATCH = batch
        self.RESIZE_HEIGHT = height
        self.RESIZE_WIDTH = width
        self.CHECKPOINT = checkpoint
```

이제 훈련 및 테스트 설정을 위한 별도의 폴더 두 개를 지니게 되었다. 이 레시피의 흥미로운 부분 중 하나는 하나의 데이터셋에서 모델을 훈련하고 테스트 데이터셋에서 생성기의 결과를 보여줄 것이라는 점이다. 이렇게 하면 train_A라는 데이터셋과 train_B라는 데이터셋 사이에 학습한 관계에 과적합하지 않게 된다.

3. 모든 데이터를 해당 클래스 변수에 적재한다. 우리는 이제 이 작업을 수행하는 새로운 도우미 함수들을 갖게 되었다.

```
self.X_train_A, self.H_A, self.W_A, self.C_A =
                    self.load_data(train_data_path_A)
self.X_train_B, self.H_B, self.W_B, self.C_B =
                    self.load_data(train_data_path_B)
self.X_test_A, self.H_A_test, self.W_A_test, self.C_A_test =
                    self.load_data(test_data_path_A)
self.X_test_B, self.H_B_test, self.W_B_test, self.C_B_test =
                    self.load_data(test_data_path_B)
```

우리는 이 레시피의 뒷부분에서 load_data 메서드의 디자인을 설명할 것이다. 다만 이번에는 load_data 함수가 폴더에 대한 경로를 나타내는 문자열을 예상하고 해당 폴더에서 끝나는 특정 파일이 있는 모든 이미지를 읽는다는 점만 이해하면 그만이다.

4. 우리는 A에서 B로 그리고 B에서 A로 가는 생성기가 필요하다. 이 두 가지 모델의 인스턴스를 생성하는 일은 직접적이다.

```
self.generator_A_to_B = Generator(height=self.H_A, width=self.W_A,
                                    channels=self.C_A)
self.generator_B_to_A = Generator(height=self.H_B, width=self.W_B,
                                    channels=self.C_B)
```

5. 이제부터 주의해야 한다. 클래스 정의 부분에서 인스턴스화를 할 때 다음과 같은 내용을 추가한다.

```
self.orig_A = Input (shape=(self.W_A, self.H_A, self.C_A))
self.orig_B = Input (shape=(self.W_B, self.H_B, self.C_B))
```

```
    self.fake_B = self.generator_A_to_B.Generator(self.orig_A)
    self.fake_A = self.generator_B_to_A.Generator(self.orig_B)

    self.reconstructed_A = self.generator_B_to_A.Generator(self.fake_B)
    self.reconstructed_B = self.generator_A_to_B.Generator(self.fake_A)

    self.id_A = self.generator_B_to_A.Generator(self.orig_A)
    self.id_B = self.generator_A_to_B.Generator(self.orig_B)
```

이 블록과 그 밖의 사전 딕셔너리 단계에 포함된 세 가지 독특한 아이디어가 있다.

- 먼저 케라스의 Input 클래스로 저장된 원본 이미지 A와 B가 있는지 확인해야 한다. 변수 orig_A 및 orig_B는 다음 세 구성 요소 간에 공유되는 입력 값이다.

- fake_A와 fake_B는 하나의 화풍에서 다른 화풍으로 우리를 데려가 변환된 화풍으로 이미지를 생성하는 생성기이다. 그러므로 이것이 우리가 가짜라고 말하는 이유이다.

- reconstructed_A 및 reconstructed_B는 가짜 A 및 B 이미지를 가져와서 원래 이미지의 화풍으로 다시 변환한다.

- id_A와 id_B는 원본 이미지를 가져 와서 같은 화풍으로 다시 변환하기 때문에 **항등 함수**(identity functions)이다. 이상적으로 보면 이 함수는 이미지에 화풍을 적용하지 않는다.

이제 우리가 GAN을 구성할 수 있는 핵심 생성기 부분들을 갖게 되었다.

그렇지만 아직 많은 게 남아 있다! 우리는 A 이미지와 B 이미지를 평가하는 판별기들이 필요하다. 또한 fake_A와 fake_B 생성기를 검사하는 **유효성 판별기**(validity discriminator)도 필요하다.

```
    self.discriminator_A = Discriminator(height=self.H_A, width=self.W_A, channels=self.C_A)
    self.discriminator_B = Discriminator(height=self.H_B, width=self.W_B, channels=self.C_B)
    self.discriminator_A.trainable = False
    self.discriminator_B.trainable = False
    self.valid_A = self.discriminator_A.Discriminator(self.fake_A)
    self.valid_B = self.discriminator_B.Discriminator(self.fake_B)
```

여기에 약간의 마법이 일어난다. 구조화된 방식으로 계급을 설정했으므로 모든 모델을 GAN 클래스로 간단히 전달할 수 있고 우리의 적대 모델을 구성할 수 있다.

```
    model_inputs = [self.orig_A, self.orig_B]
    model_outputs = [self.valid_A, self.valid_B,
```

```
                    self.reconstructed_A, self.reconstructed_B,
                    self.id_A, self.id_B]
    self.gan = GAN (model_inputs=model_inputs, model_outputs=model_outputs,
                    lambda_cycle=10.0, lambda_id=1.0)
```

훈련 메서드

train 메서드는 몇 가지 중요한 변경 사항이 있는 DCGAN과 공통 코드를 공유하지만, 배치 생성기의
데이터를 다르게 수집해야 하며 방금 개발한 판별기들(총 네 개)을 훈련해야 한다.

1. train 폴더의 여러 데이터셋을 제외하고 DCGAN 구현과 비슷한 방식으로 train 메서드를 정의해 시작한다.

```
def train(self) :
    for e in range(self.EPOCHS) :
        b = 0
        X_train_A_temp = deepcopy(self.X_train_A)
        X_train_B_temp = deepcopy(self.X_train_B)
        while min(len(X_train_A_temp), len(X_train_B_temp)) > self.BATCH:
            # 배치들을 추적한다.
            b = b + 1
```

배치가 단일 이미지를 나타내므로 각 도메인에 같은 수의 이미지가 포함될 필요는 없다. 이제는 while 문이 다른 폴더보다 작
은 하나의 폴더가 있음을 고려해야 한다는 것을 의미한다. A와 B 사이의 더 작은 이미지 배열에 더 이상 이미지가 없는 경우에
에포크가 종료된다.

2. 이 코드가 익숙하겠지만, 주요 차이점은 추가 데이터 소스를 추가했으므로 배치의 A 및 B 버전이 필요하다는 것이다.

```
# 훈련 판별기
# 이 훈련 배치에 대해 진짜 이미지들을 부여잡는다.
count_real_images = int (self.BATCH)
starting_indexs = randint (0, (min(len(X_train_A_temp),
                                   len(X_train_B_temp)) - count_real_images))
real_images_raw_A = X_train_A_temp[ starting_indexs :
                           (starting_indexs + count_real_images) ]
real_images_raw_B = X_train_B_temp[ starting_indexs :
                           (starting_indexs + count_real_images) ]

# 남은 게 없을 때까지 사용된 이미지를 삭제한다.
X_train_A_temp = np.delete(X_train_A_temp, range(starting_indexs,
                           (starting_indexs + count_real_images)), 0)
```

```
X_train_B_temp = np.delete(X_train_B_temp, range(starting_indexs,
                    (starting_indexs + count_real_images)), 0)



batch_A = real_images_raw_A.reshape(count_real_images,
                    self.W_A, self.H_A, self.C_A )
batch_B = real_images_raw_B.reshape(count_real_images,
                    self.W_B, self.H_B, self.C_B )
```

3. **4장, 'DCGAN을 이용한 새 외부 구조물에 대한 꿈'**에서 소개한 바와 같이 개별 판별기를 훈련하기 위한 배치 개발을 통해 훈련 과정에 레이블 잡음을 도입한다.

```
if self.flipCoin() :
    x_batch_A = batch_A
    x_batch_B = batch_B
    y_batch_A = np.ones([count_real_images,1])
    y_batch_B = np.ones([count_real_images,1])
else:
    x_batch_B = self.generator_A_to_B.Generator.predict(batch_A)
    x_batch_A = self.generator_B_to_A.Generator.predict(batch_B)
    y_batch_A = np.zeros([self.BATCH,1])
    y_batch_B = np.zeros([self.BATCH,1])
```

4. 새롭게 개발된 배치들을 사용해 판별기 A와 판별기 B를 작성한다.

```
# 이제 이 배치를 사용해 판별기를 훈련한다.
self.discriminator_A.Discriminator.trainable = True
discriminator_loss_A =
    self.discriminator_A.Discriminator.train_on_batch (x_batch_A, y_batch_A) [0]
self.discriminator_A.Discriminator.trainable = False

self.discriminator_B.Discriminator.trainable = True
discriminator_loss_B =
    self.discriminator_B.Discriminator.train_on_batch (x_batch_B, y_batch_B) [0]
self.discriminator_B.Discriminator.trainable = False
```

5. 모든 입력 값을 사용해 GAN 모델을 훈련하며, 손실을 기록한다.

```
# 실제로는 생성기 훈련 시 수렴이 잘 될 수 있게 레이블을 뒤집기
if self.flipCoin(chance=0.9) :
    y_generated_labels = np.ones([self.BATCH,1])
```

```
    else:
        y_generated_labels =np.zeros([self.BATCH,1])
    generator_loss = self.gan.gan_model.train_on_batch(
                            [x_batch_A, x_batch_B],
                            [y_generated_labels, y_generated_labels,
                             x_batch_A, x_batch_B, x_batch_A, x_batch_B])
```

6. 배치의 출력을 주기적으로 그리면서 에포크 수준에서 점검한다.

```
print ('Batch: '+str(int(b))+',
       [Discriminator_A :: Loss: '+str(discriminator_loss_A)+'],
       [Generator :: Loss: '+str(generator_loss)+']')
if b % self.CHECKPOINT == 0 :
    label = str(e)+'_'+str(b)
    self.plot_checkpoint(label)

print ('Epoch: '+str(int(e))+',
       [Discriminator_A :: Loss: '+str(discriminator_loss_A)+'],
       [Generator :: Loss: '+str(generator_loss)+']')
return
```

도우미 메서드

몇 가지 새로운 도우미 메서드가 있다. 즉, 독립적인 데이터 적재 메서드 대신 단순히 훈련 내부에 새로운 메서드가 있다는 말이다. 또한 CycleGAN을 개발할 때 우리는 전송된 화풍에서 화풍 모사와 재구성을 점검할 수 있어야 한다. 그리기 함수가 이를 수행한다.

단계들은 다음과 같다.

1. 데이터를 적재하기는 매우 쉽다. 4장, 'DCGAN을 이용한 새 외부 구조물에 대한 꿈'에서 사용한 데이터 적재를 다시 해시 처리하기만 하면 된다.

```
def load_data(self, data_path, amount_of_data = 1.0) :
    listOFFiles = self.grabListOfFiles(data_path, extension="jpg")
    X_train = np.array(self.grabArrayOfImages(listOFFiles))
    height, width, channels = np.shape(X_train[0])
    X_train = X_train[:int(amount_of_data*float(len(X_train)))]
    X_train = (X_train.astype(np.float32) - 127.5)/127.5
    X_train = np.expand_dims(X_train, axis=3)
    return X_train, height, width, channels
```

2. 운영체제를 이용해 간단히 파일 목록을 입수한다.

```
def grabListOfFiles(self, startingDirectory, extension=".webp") :
    listOfFiles = [ ]
    for file in os.listdir(startingDirectory) :
        if file.endswith(extension) :
            listOfFiles.append(os.path.join(startingDirectory, file))
    return listOfFiles
```

3. 4장, 'DCGAN을 이용한 새 외부 구조물에 대한 꿈'에서 본 동전 던지기 작업이 진행된다.

```
def flipCoin(self, chance=0.5) :
    return np.random.binomial(1, chance)
```

4. 이미지 가져오기는 4장, 'DCGAN을 이용한 새 외부 구조물에 대한 꿈'에서 소개한 별도의 파이썬 스크립트에서 병합된다.

```
def grabArrayOfImages(self, listOfFiles, gray=False) :
    imageArr = [ ]
    for f in listOfFiles:
        if gray:
            im = Image.open(f).convert("L")
        else:
            im = Image.open(f).convert("RGB")
        im = im.resize((self.RESIZE_WIDTH, self.RESIZE_HEIGHT))
        imData = np.asarray(im)
        imageArr.append(imData)
    return imageArr
```

5. 각 검사점에서, 테스트 집합에서 예를 가져오고 화풍을 A에서 B로 전송한 후 다시 A로 전송한다.

```
def plot_checkpoint(self,b) :
    orig_filename = "/data/batch_check_"+str(b)+"_original.png"

    image_A = self.X_test_A[5]
    image_A = np.reshape(image_A,
                [self.W_A_test, self.H_A_test, self.C_A_test])

    fake_B = self.generator_A_to_B.Generator.predict(image_A.reshape(1,
                self.W_A, self.H_A, self.C_A ))
    fake_B = np.reshape(fake_B,
                [self.W_A_test, self.H_A_test, self.C_A_test])

    reconstructed_A = self.generator_B_to_A.Generator.predict(fake_B.reshape(1,
```

```
            self.W_A, self.H_A, self.C_A ))
reconstructed_A = np.reshape(reconstructed_A,
            [self.W_A_test, self.H_A_test, self.C_A_test])

checkpoint_images = np.array([[image_A, fake_B, reconstructed_A])
```

6. Matplotlib의 그리기 함수를 사용해 세 가지 이미지 모두를 그린다.

```
# 이미지 크기 0~1로 재조정
checkpoint_images = 0.5 * checkpoint_images + 0.5

titles = ['Original', 'Translated', 'Reconstructed']
fig, axes = plt.subplots(1, 3)
for i in range(3) :
    image = checkpoint_images[i]
    image = np.reshape(image, [self.H_A_test, self.W_A_test, self.C_A_test])
    axes[i].imshow(image)
    axes[i].set_title(titles[i])
    axes[i].axis('off')
fig.savefig("/data/batch_check_"+str(b)+".png")
plt.close('all')
return
```

각 배치 또는 에포크 검사에서 다음과 비슷한 출력 이미지가 나타난다.[10]

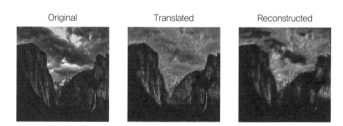

| Original | Translated | Reconstructed |

연습문제

1. 더 간결한 메서드들을 사용해 판별기와 생성기를 다시 작성할 수 있는가?

---

10 (옮긴이) 이 그림에 나오는 각 문구의 뜻은 'Original → 원본 이미지, Translated → 변환 이미지, Reconstructed → 재구성 이미지'이다.

7장 | SimGAN에서 모조 이미지를 사용해 사실적인 눈동자 사진을 생성하기

이번 장에서는 다음과 같은 레시피를 다룬다.

- SimGAN 아키텍처의 작동 원리

- 의사코드: SimGAN이 어떤 식으로 작동할까?

- 훈련 데이터를 사용해 작업하는 방법

- 코드 구현: 손실 함수

- 코드 구현: 생성기

- 코드 구현: 판별기

- 코드 구현: GAN

- SimGAN 신경망 훈련

들어가며

이번 장에서는 SimGAN 논문에 초점을 맞추는 한편, 모조 데이터(simulated data)를 더욱 현실감 있게 보이게 하는 방법에도 초점을 맞출 것이다. SimGAN 아키텍처에서 사용되는 생성기 신경망은 모조 데이터의 충실도를 높일 수 있다.

SimGAN 아키텍처의 작동 원리

애플은 이전에 「Learning from Simulated and Unsupervised Images through Adversarial Training」(모조 이미지와 비지도 학습용 이미지를 가지고 적대적 훈련을 통해 학습하기, https://arxiv.org/pdf/1612.07828.pdf)을 펴냈는데, 이 논문에서 저자들은 SimGAN이라는 아키텍처 유형을 만들었다. 이 논문에서 제시한 것처럼 SimGAN을 사용하면 모조 데이터를 더욱 진짜처럼 보이게 할 수 있다.

이번 절에서는 SimGAN 아키텍처가 어떻게 작동하는지에 대해 논할 것이다.

출발 준비

이번 단원에서 필요한 것은 앞서 언급한 논문인데 https://arxiv.org/pdf/1612.07828.pdf에서 내려받아 읽을 수 있으며, 제목은 「Learning from Simulated and Unsupervised Images through Adversarial Training」이다.

수행 방법 ⋯

SimGAN 논문에서 저자들은 비지도 방식으로 합성 이미지의 사실성을 정확하게 향상시킬 수 있는 정제기 신경망(refiner network)[1]을 만드는 데 착수했다. 과거에는 이와 같은 신경망을 훈련하기 위해 일치된 모조 데이터나 실제 데이터를 찾기가 무척 어려웠지만, SimGAN은 모조 아키텍처 및 비지도 아키텍처에 초점을 맞춤으로써 상황을 바꿨다.

SimGAN 아키텍처에서는 신경망이 실제 행동(real actions)과 모조 행동(simulated actions) 사이의 관계를 인식할 수 있는 시뮬레이션을 할 때 유사한 방향으로 사례를 모조해 볼 수 있게 실제 모델에서 사용하기 위한 가시 정보(line-of-sight information)를 수집한다. 다음 그림은 이 기법을 보여주며, 원래 논문에 실려 있다.

---

1 (옮긴이) refine은 영상 처리나 이미지 처리에서 '다듬기'라고 부르는 작업이다. 윤곽선 등이 더 선명하게 보이게 다듬는 작업인 것이다. 포토샵의 refine edge(윤곽선 다듬기) 기능이 그러한 예이다. 선명하게 하기(sharpening)나 부드럽게 하기(smoothing)와는 개념이 달라 화학 분야에서 쓰는 '정제'라는 말을 차용했다. '불순물을 제거한다'는 개념이 일맥상통하기 때문이다. 이에 따라 refiner는 '정제기'로 표현했다. 이는 '판별기'나 '생성기'의 용례에 맞춰 '-기'라는 어미를 붙인 것이다.

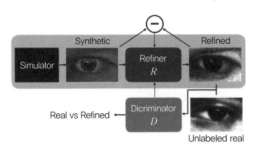

SimGAN 아키텍처 설계[2]

SimGAN 아키텍처가 동작하는 것을 보고 싶다면 다음 단계들을 따른다.

1. 도커 컨테이너를 만들고 스크립트를 실행해 모델을 만든다.

2. SimGAN 아키텍처를 위한 정제기 신경망(즉, 생성기 코드)을 구축한다.

3. 판별기 신경망을 구축한다.

4. 훈련 코드를 개발한다.

5. 훈련 코드의 출력을 평가한다.

의사코드: 어떻게 작동하는가?

특정 코드를 작성하는 일을 마치기 전에, 모든 기술을 동원해 기준선 알고리즘(baseline algorithm)[3]을 이해해야 한다. 따라서 이번 단원에서는 훈련 알고리즘의 작동 방식을 설명한다.

출발 준비

이번 단원에서는 SimGAN 논문을 다시 한번 언급할 것이다.

---

2   (옮긴이) 원래 논문에 실린 그림이라서 문구를 수정하지 않았다. 참고로 각 문구의 의미는 이렇다. Simulator → 시뮬레이터, Synthetic → 합성 이미지, Refind → 정제 이미지, Unlabeled real → 레이블이 없는 진짜 이미지, Refiner → 정제기, Discriminator → 판별기, Real vs Refined → 진짜 이미지 대 정제 이미지.

3   (옮긴이) 머신러닝 알고리즘이나 딥러닝 모델을 개발할 때 최소한의 기대 성능을 달성하는 알고리즘이나 모델을 의미한다. 보통 기준선 알고리즘이나 모델을 먼저 만든 다음에 이런저런 기법(주로 편향과 분산을 절충해 손실값을 최소로 하기 위한 기법을 말하며, 미세 조정이나 조기 중단 등이 그러한 예다)을 동원해 점진적으로 개선해서 최종 모델을 완성한다. '기준 모델(baseline model)' 또는 '기저 모델(base model)'이라고도 부른다.

수행 방법 …

SimGAN 논문에서 저자들은 사용자를 위해 자신들이 개발한 것을 기반으로 하는 편리한 그래프를 제공했다. 우리는 이미 각 신경망에 대한 모델을 개발해야 한다는 것을 알고 있지만, 신경망을 처음에는 어떻게 훈련해야 할까? 다음 그림에 설명이 담겨 있다.[4]

Algorithm 1: Adversarial training of refiner network R_θ

Input: Sets of synthetic images $\mathbf{x}_i \in \mathcal{X}$, and real images $\mathbf{y}_j \in \mathcal{Y}$, max number of steps ($T$), number of discriminator network updates per step (K_d), number of generative network updates per step (K_g).

Output: ConvNet model R_θ.

for $t = 1, \ldots, T$ **do**

    for $k = 1, \ldots, K_g$ **do**

        1. Sample a mini-batch of synthetic images $\mathbf{x}_i$.

        2. Update θ by taking a SGD step on mini-batch loss $\mathcal{L}_R(\theta)$ in (4).

    end

    for $k = 1, \ldots, K_d$ **do**

        1. Sample a mini-batch of synthetic images $\mathbf{x}_i$, and real images $\mathbf{y}_j$.

        2. Compute $\tilde{\mathbf{x}}_i = R_\theta(\mathbf{x}_i)$ with current θ.

        3. Update ϕ by taking a SGD step on mini-batch loss $\mathcal{L}_D(\phi)$ in (2).

    end

end

알고리즘

앞에 나온 그림을 다음과 같이 더 구체적인 단계들로 변환해 보자.

1. 합성 이미지들과 실제 이미지들을 모두 변수들 속으로 읽어 들인다.

2. 그런 다음 모든 에포크마다 다음을 수행한다.

    - K_G 회에 걸쳐 임의의 미니배치에 대해 정제기 신경망을 훈련한다.

    - K_D 회에 걸쳐 판별기를 무작위 미니 배치를 사용해 훈련한다.

3. 지정한 에포크 수가 되거나, n회 에포크 동안 손실이 크게 변화하지 않았을 때 훈련을 중단한다.

---

4 (옮긴이) SimGAN 논문에 나오는 그림이다. 이 그림에 나오는 알고리즘을 이 책의 본문에서 설명하고 있으므로, 따로 번역하지 않았다.

훈련 데이터로 작업하는 방법

이 책에서 다루는 모든 아키텍처와 마찬가지로 데이터 구조와 개발 환경을 이해하는 게 전반적으로 성공 여부를 좌우한다. 그러므로 이번 절에서는 개발 환경을 설정하고 도커 컨테이너 안에 있는 데이터를 내려받을 것이다.

출발 준비

다음 디렉터리 구조(tree 함수를 사용하면 이런 구조를 확인할 수 있음)에 맞게 리눅스 시스템의 $HOME 디렉터리 레벨에 폴더를 작성해야 한다.

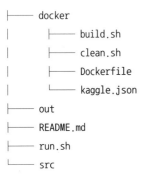

```
├── docker
│     ├── build.sh
│     ├── clean.sh
│     ├── Dockerfile
│     └── kaggle.json
├── out
├── README.md
├── run.sh
└── src
```

수행 방법 …

이번 장에서, 우리는 Kaggle API를 도입해 SimGAN 훈련 아키텍처에 필요한 데이터를 획득할 수 있게 하려고 한다. Kaggle API를 사용하려면 Kaggle 계정을 설정하고 API 토큰 액세스 권한을 얻어야 한다.

Kaggle과 API

Kaggle.com은 머신러닝 대회를 개최하고 토론장을 개설해 인기를 끌고 있는 온라인 사이트이다. Kaggle은 무료로 데이터셋에 액세스하기 위한 API도 제공하며 이 API에서 이번 장의 SimGAN 훈련을 위한 데이터셋을 수집한다.

계정에 가입하고 API에 액세스하기 위한 토큰을 받으려면 다음 단계를 수행한다.

1. 다음 화면과 같이 Kaggle 계정에 가입한다.

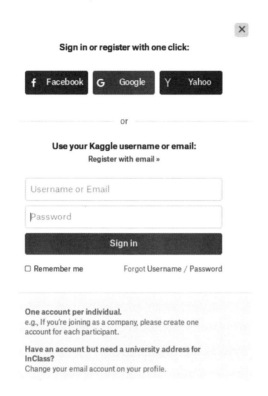

2. 로그인을 해서 오른쪽 상단 모서리에서 사용자 아이콘을 선택하고 다음과 같이 My Account(내 계정)을 선택한다.

My Profile

My Account

Sign Out

3. 새 API 토큰을 만들고 도커 폴더에 다음과 같이 토큰을 저장한다.

API

Using Kaggle's beta API, you can interact with Competitions and Datasets to download data, make submissions, and more via the command line. Read the docs

Create New API Token	Expire API Token

이제 이 토큰을 사용할 도커 컨테이너를 만들어야 한다.

도커 이미지 만들기

여기에서 사용할 도커 이미지는 **2장, '데이터 중심, 용이한 환경, 데이터 준비'**에서 만든 base_image를 기반으로 한다. 도커 이미지를 작성하려면 다음 단계를 수행한다.

1. 도커 파일을 만들고 다음 줄을 추가해 base_image에서 상속한다.

```
FROM base_image
```

2. 다음 코드를 사용해 파이썬 및 Kaggle 라이브러리에 대한 몇 가지 의존 라이브러리를 설치한다.

```
# 그래프 작성 및 분석을 위한 설치
RUN apt update && apt install -y python3-pydot python-pydot-ng graphviz
RUN pip3 install kaggle ipython pillow
```

3. 이전 연습에서 작성한 kaggle.json을 다음과 같이 도커 컨테이너에 복사한다.

```
# Kaggle.json 복사
COPY kaggle.json ~/.kaggle/kaggle.json
```

4. 다음과 같이 Kaggle API를 사용해 /data 폴더에 데이터를 내려받는다.

```
# 데이터를 내려받기
#https://www.kaggle.com/c/mp18-eye-gaze-estimation/data
RUN kaggle datasets download -d 4quant/eye-gaze -p /data/
```

5. 작업 디렉터리를 /data 폴더로 이동한 후 다음과 같이 데이터를 폴더에 압축을 푼다.

```
WORKDIR /data
RUN unzip eye-gaze.zip -d eye-gaze
RUN rm eye-gaze.zip
```

 공간을 절약하려면 eye-gaze.zip을 제거해야 한다는 점을 기억하자.

6. 도커 컨테이너의 작업 디렉터리를 다음과 같이 설정한다. 코드를 실행하려면 이렇게 해야 한다.

```
WORKDIR /src
```

도커 이미지 실행하기

어쩌면 가장(최종적으로) 중요한 점은, 일반적인 스크립트를 docker 폴더에 넣을 것이라는 점일 것이다. 도커 컨테이너를 컴퓨터에서 구축하고 제거하려면 다음 단계를 수행한다.

1. build.sh라는 파일을 만들고, 실행 파일이 되게 한 다음. 다음과 같은 텍스트를 파일 안에 넣는다.

```
#/bin/bash
nvidia-docker build -t ch7
```

2. clean.sh라는 파일을 하나 더 만들어 실행 파일로 만들고 다음 텍스트를 파일에 넣는다.

```
#/bin/bash
docker rmi ch7
```

이제 작업 환경을 갖추었으니 생성기 개발 단계로 넘어갈 시간이다!

코드 구현: 손실 함수

이번 단원에서는 판별기와 생성기 및 적대 모델에 사용될 사용자 지정 손실 함수를 개발할 것이다. 우리는 이번 절에서 두 가지 손실 함수를 자세히 다룰 것이다.

출발 준비

디렉터리를 점검할 시간이다! 다음 폴더 및 각 파일에 관련 데이터를 작성하고 배치했는지를 확인한다. 이번 단계에서는 loss.py 파일을 추가한다.

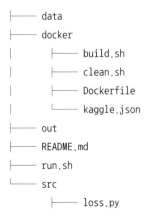

```
├── data
├── docker
│       ├── build.sh
│       ├── clean.sh
│       ├── Dockerfile
│       └── kaggle.json
├── out
├── README.md
├── run.sh
└── src
        ├── loss.py
```

수행 방법 ⋯

이번 단원은 세 가지 기본 단계로 구성되어 상당히 간단하다. 우리는 loss.py 파일을 만들고 두 개의 손실 함수를 배치해 나중에 개발 과정에서 상속받을것이다.

loss.py 파일을 만들려면 다음 단계들을 따른다.

1. python3 인터프리터를 파일의 맨 위에 추가하고 다음과 같이 텐서플로를 가져온다.

```
#!/usr/bin/env python3
import tensorflow as tf
```

2. 저자들이 제안한 **자기 정칙화 손실(self-regularization loss)**을 구현하래(즉, 수학적 표현을 구현). 구현한 게 다음과 같은 수학 표현에 맞아야 한다는 말이다.

$$\ell_{reg} = ||\psi(\widetilde{X} - X)||$$

```
def self_regularization_loss(y_true, y_pred) :
    return tf.multiply(0.0002, tf.reduce_sum(tf.abs(y_pred-y_true)))
```

3. 이전 단계에서는 훈련을 하는 동안에 예측 값과 실제 값 사이의 정규화된 절댓값을 취한다. 논문에 나오는 수학적 표현을 토대로 다음과 같은 **적대적 손실 함수(adversarial loss function)**를 추가한다.

$$\mathcal{L}_D(\Phi) = -\sum log(D_\Phi(\widetilde{X_i})) - \sum log(1 - D_\Phi(y_j))$$

```
def local_adversarial_loss(y_true, y_pred) :
    truth = tf.reshape(y_true, (-1,2))
    predicted = tf.reshape(y_pred, (-1,2))

    computed_loss =
        tf.nn.softmax_cross_entropy_with_logits_v2 (labels=truth, logits=predicted)
    output = tf.reduce_mean(computed_loss)
    return output
```

앞서 나온 코드에서 볼 수 있듯이, softmax_cross_entropy_with_logits_v2 함수는 본질적으로 **이산 분류 (discrete classification)** 과업들 간의 **확률 오차(probability error)**를 계산하는데, 우리의 경우에 이 확률은 실제 이미지들과 모조 이미지들의 중간쯤에 있게 된다.[5]

코드 구현: 생성기

이번 경우에 나오는 생성기를 **정제기 신경망(refiner network)**이라고도 한다. 그러므로 이 생성기는 모조 데이터를 취합해 **정제(refine)**할 신경망인 셈이다.

출발 준비

적절한 자리에 다음 파일들이 들어 있는지 확인한다.

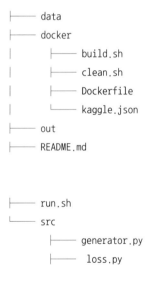

```
├──── data
├──── docker
│      ├──── build.sh
│      ├──── clean.sh
│      ├──── Dockerfile
│      └──── kaggle.json
├──── out
├──── README.md


├──── run.sh
└──── src
       ├──── generator.py
       ├──── loss.py
```

수행 방법 …

이번 단원에서는 생성기 전체를 구축하는 일을 돕기 위해 상용구(boilerplate)[6] 항목 제작, 모델 개발, 도우미 함수에 대해 알아보겠다.

---

5   (옮긴이) 즉, 실제 이미지들이 나타내는 확률과 모조 이미지들이 나타내는 확률 사이에서 확률 값이 결정된다.
6   (옮긴이) 즉, '상용구 코드'.

상용구 항목

상용구에는 다음과 같은 두 가지 주요 단계가 있다.

1. 생성기(정제기) 신경망을 만드는 데 필요한 다음 import 문을 모두 추가한다.

```
#!/usr/bin/env python import sys
import numpy as np
from keras.layers import Dense, Reshape, Input, BatchNormalization,
                         Concatenate, Activation
from keras.layers.core import Activation
from keras.layers.convolutional import UpSampling2D, Convolution2D,
                                       MaxPooling2D, deconvolution2D, Conv2D
from keras.layers.advanced_activations import LeakyReLU
from keras.models import Sequential, Model
from keras.optimizers import Adam, SGD, Nadam, adamax
from keras import initializers
from keras import layers
from keras.utils import plot_model
import tensorflow as tf
from loss import Loss
```

2. 모델을 구축하고, 컴파일하고, 저장할 수 있게 생성기 신경망에 init 메서드를 다음과 같이 작성해 둔다.

```
class Generator(object) :
    def __init__ (self, width = 35, height= 55, channels = 1, name= 'generator') :
        self.W = width
        self.H = height
        self.C = channels
        self.SHAPE = (width, height, channels)
        self.NAME = name
        self.Generator = self.model ()
        self.OPTIMIZER = SGD(lr=0.001)
        self.Generator.compile(loss=Loss.self_regularization_loss,
                               optimizer=self.OPTIMIZER)
        self.save_model_graph()
        self.summary ()
```

모델 개발

생성기 신경망은 몇 개의 res_net 블록과 출력 계층을 기반으로 한 모델이다. 생성기 신경망을 구축하는 데 필요한 단계들은 다음과 같다.

1. 다음과 같이 입력 계층과 첫 번째 2D 합성곱 계층으로 모델을 작성한다.

```
def model (self) :
    # 입력
    input_layer = Input (shape=self.SHAPE)
    x = Convolution2D (64, 3, 3, border_mode= 'same', activation= 'relu') (input_layer)
```

2. 다음과 같이 첫 번째 ResNet 블록을 살펴보라.

```
# ResNet 블록 1
res_x_input_1 = Conv2d (64, (3,3), border_mode= 'same', activation= 'relu') (x)
x = Convolution2D (64, 3,3, border_mode= 'same', activation= 'relu') (res_x_input_1)
x = layers.Add() ([res_x_input_1, x])
x = Activation('relu') (x)
```

3. 다음과 같이 ResNet 블록 세 개를 더 이 신경망에 추가한다.

```
# ResNet 블록 2
res_x_input_2 = Conv2d (64, (3,3), border_mode= 'same', activation= 'relu') (x)
x = Convolution2D (64, 3,3, border_mode= 'same', activation= 'relu') (res_x_input_2)
x = layers.Add() ([res_x_input_2, x])
x = Activation('relu') (x)

# ResNet 블록 3
res_x_input_3 = Conv2d (64, (3,3), border_mode= 'same', activation= 'relu') (x)
x = Convolution2D (64, 3,3, border_mode= 'same', activation= 'relu') (res_x_input_3)
x = layers.Add() ([res_x_input_3, x])
x = Activation('relu') (x)

# ResNet 블록 4
res_x_input_4 = Conv2d (64, (3,3), border_mode= 'same', activation= 'relu') (x)
x = Convolution2D (64, 3,3, border_mode= 'same', activation= 'relu') (res_x_input_4)
x = layers.Add() ([res_x_input_4, x])
x = Activation('relu') (x)
```

4. 나중에 다음 코드를 사용해 입력 및 출력 모델을 구축한다.

```
output_layer = Convolution2D (self.C,1,1, border_mode= 'same', activation= 'tanh') (x)
return Model (input_layer, output_layer)
```

클래스에 추가해야 할 몇 가지 도우미 함수가 있으니 한번 살펴보자!

도우미 함수

생성기 신경망에 필요한, 중요한 사용자 지정 손실 함수인, 자기 정칙화 손실(self-regularization loss)이라는 게 있다. 우리는 이 함수를 생성기의 도우미 함수의 일부로 정의할 것이다.

1. 다음과 같이 자기 정칙화 손실을 정의한다.

```
def self_regularization_loss(self, y_true, y_pred) :
    return tf.multiply(0.0002, tf.reduce_sum(tf.abs(y_pred-y_true)))
```

2. 다음과 같이 요약 도우미 함수를 만든다.

```
def summary (self) :
    return self.Generator.summary ()
```

3. save_model_graph는 다음과 같이 이전 단원과 같다.

```
def save_model_graph(self) :
    plot_model (self.Generator, to_file= '/out/Generator_Model.png')
```

4. 다음 코드를 사용해 사용자가 요청한 경우에 모델을 h5 파일 형식으로 저장한다.

```
def save_model (self, epoch,batch) :
    self.Generator.save('/out/'+self.NAME+'_Epoch_'+epoch+'_Batch_'+batch+'model.h5')
```

코드 구현: 판별기

SimGAN의 판별기는 끝 부분을 약간 비튼 아주 단순한 합성곱 신경망으로서, 모조가 진짜일 **가능성 (likelihood, 가능도 또는 우도)**을 출력한다. 이번 절에서는 앞서 구축했던 손실 클래스에서 나오는 함수도 활용할 것이다..

출발 준비

손실 함수들과 생성기 클래스를 작성했으므로 이제 판별기 클래스를 작성할 차례이다. 디렉터리에 다음 구조가 표시되어야 한다.

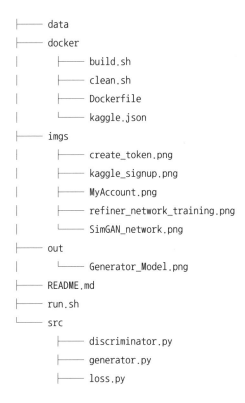

```
├─── data
├─── docker
│       ├─── build.sh
│       ├─── clean.sh
│       ├─── Dockerfile
│       └─── kaggle.json
├─── imgs
│       ├─── create_token.png
│       ├─── kaggle_signup.png
│       ├─── MyAccount.png
│       ├─── refiner_network_training.png
│       └─── SimGAN_network.png
├─── out
│       └─── Generator_Model.png
├─── README.md
├─── run.sh
└─── src
        ├─── discriminator.py
        ├─── generator.py
        ├─── loss.py
```

수행 방법 …

판별기는 이전 장에서 작성해 보았던 그 밖의 판별기들과 아주 비슷하다. 이번 경우에, 우리는 본질적으로 사용자 지정 손실 함수를 사용하기 위해 출력이 조금은 다른 CNN을 만들고 있다.

상용구

이 부분을 이루는 주요 단계들은 다음과 같다.

1. 판별기에 대한 모든 가져오기를 정의하고 다음과 같이 python3을 사용할 수 있게 한다.

   ```
   #!/usr/bin/env python3
   ```

```
import sys
import numpy as np
from keras.layers import Input, Dense, Reshape, Flatten, Dropout,
                         BatchNormalization, Lambda, Concatenate, MaxPooling2D
from keras.layers.core import Activation
from keras.layers.convolutional import Convolution2D
from keras.layers.advanced_activations import LeakyReLU
from keras.activations import relu
from keras.models import Sequential, Model
from keras.optimizers import Adam, SGD, nadam, Adamax
from keras.utils import plot_model
import tensorflow as tf
from loss import Loss
```

2. 판별기 클래스를 만들고 다음 초기화 단계들을 추가한다.

```
class Discriminator(object) :
    def __init__ (self, width = 35, height= 55, channels = 1, name= 'discriminator') :
```

3. 변수를 사용해 클래스를 인스턴스화하고 다음과 같은 내부 self 변수들을 초기화한다.

```
self.W = width
self.H = height
self.C = channels
self.SHAPE = (width, height, channels)
self.NAME = name
```

4. 모델과 최적화기를 작성한 후 다음과 같이 지역적이고 적대적인 손실 함수로 모델을 컴파일한다.

```
self.Discriminator = self.model ()
self.OPTIMIZER = SGD(lr=0.001)
self.Discriminator.compile(loss=Loss.local_adversarial_loss,
                optimizer=self.OPTIMIZER)
```

5. 다음과 같이 모델 그래픽을 저장하고 요약을 인쇄한다.

```
self.save_model_graph()
self.summary ()
```

모델 아키텍처

내부 모델 함수를 구축하게 되면, 판별기 신경망을 만들고 컴파일할 수 있다. 해당 함수를 구축하려면
다음 단계들을 따른다.

1. 판별기 클래스 내에서 모델을 정의하고 다음과 같이 이미지 모양을 기반으로 입력 계층을 만든다.

```
def model (self) :
    input_layer = Input (shape=self.SHAPE)
```

2. 다음과 같은 두 가지 합성곱 계층으로 착수한다.

```
x = Convolution2D (96,3,3, subsample=(2,2),
                        border_mode= 'same', activation= 'relu') (input_layer)
x = Convolution2D (64,3,3, subsample=(2,2),
                        border_mode= 'same', activation= 'relu') (x)
```

3. 다음과 같이 저자들이 제안한 대로 최대 풀링 계층을 추가한다.

```
x = MaxPooling2D(pool_size=(3,3),border_mode= 'same') (x)
```

4. 다음과 같이 최종 합성곱 계층을 사용해 신경망을 마무리한다.

```
x = Convolution2D (32,3,3, subsample=(1,1),
                        border_mode= 'same', activation= 'relu') (x)
x = Convolution2D (32,1,1, subsample=(1,1),
                        border_mode= 'same', activation= 'relu') (x)
x = Convolution2D (2,1,1, subsample=(1,1),
                        border_mode= 'same', activation= 'relu') (x)
```

5. 신경망의 출력 계층을 구성하고 다음 코드를 사용해 모델을 반환한다.

```
output_layer = Reshape((-1,2)) (x)
return Model (input_layer, output_layer)
```

도우미 함수

이러한 각 클래스의 끝 부분에서 우리는 요약 표시, 모델 파일 저장 및 모델 그래픽 저장과 같은 간단한
기능을 완성하는 도우미 함수를 삽입해야 한다. 판별기 클래스에 이 기능을 추가하려면 다음 단계를 수
행한다.

1. Discriminator 클래스에 summary를 추가하면, 다음과 같이 모델 요약이 표시된다.

```
def summary (self) :
    return self.Discriminator.summary ()
```

2. 다음 도우미 함수는 epoch와 batch에 대한 변수를 사용해 모델을 저장할 수 있도록 한다.

```
def save_model (self, epoch,batch) :
    self.Discriminator.save('/out/'+self.NAME+'_Epoch_'
                            +epoch+'_Batch_'+batch+'model.h5')
```

3. 다음과 같이 save_model_graph 함수를 삽입한다. 인스턴스화된 모든 판별기 객체와 함께 호출된다.

```
def save_model_graph(self) :
    plot_model (self.Discriminator, to_file= '/data/Discriminator_Model.png')
```

코드 구현: GAN

생성적 적대 모델(generative adversarial model), 즉 GAN은 적대적 훈련 아키텍처의 핵심이다. 사실, 이 모델은 컴파일 단계에서 사용자 지정 손실 함수를 사용한다는 점에서만 다르다. 어떻게 구현되는지 살펴보자.

출발 준비

이번 단원에서는 SimGAN 아키텍처를 훈련하기 위해 필요한 기저 클래스들과 기능의 핵심을 작성한다. 다음 파일과 구조가 현재 디렉터리에 포함되어야 한다.

```
├── data
├── docker
│       ├── build.sh
│       ├── clean.sh
│       ├── Dockerfile
│       └── kaggle.json
├── out
├── README.md
├── run.sh
└── src
```

```
├───── discriminator.py
├───── gan.py
├───── generator.py
├───── loss.py
```

수행 방법 …

GAN 모델은 생성기 및 판별기의 구축과 비교해 크게 단순화되었다. 본질적으로, 이 클래스는 생성기와 판별기를 사용자 지정 손실 함수와 더불어 적대적인 훈련에 포함시킨다. 다음 단계들을 수행하자.

1. python3 인터프리터를 사용하고 다음과 같이 구현에 필요한 가져오기를 한다.

```python
#!/usr/bin/env python3
import sys
import numpy as np
from keras.models import Sequential, Model
from keras.layers import Input
from keras.optimizers import Adam, SGD
from keras.utils import plot_model
from loss import Loss
```

2. 다음과 같이 GAN 클래스를 만들고 몇 가지 초기화된 변수를 만든다.

```python
class GAN (object) :
    def __init__ (self, model_inputs=[ ], model_outputs=[ ], name= 'gan') :
        self.OPTIMIZER = SGD(lr=2e-4, nesterov=True)
        self.NAME=name
```

3. 인스턴스화에서 모델 입출력의 배열을 가져와서 다음과 같이 클래스의 내부 변수로 만든다.

```python
        self.inputs = model_inputs
        self.outputs = model_outputs
```

모델 입출력은 배열이므로 GAN 모델에 일련의 모델을 전달할 수 있어야 한다.

4. 다음과 같이 모델을 만들고 최적화기를 추가하고 손실 함수가 있는 모델을 컴파일한다.

```python
        self.gan_model = Model (inputs = self.inputs, outputs = self.outputs)
        self.OPTIMIZER = SGD(lr=0.001)
        self.gan_model.compile(loss=[Loss.self_regularization_loss,
                                     Loss.self_regularization_loss],
                                        optimizer=self.OPTIMIZER)
```

5. 모델 그래픽을 저장하고 다음과 같이 요약을 화면에 쓴다.

```
self.save_model_graph()
self.summary ()
```

6. 이전 단원에서와 같이 요약을 표시하려면 다음 정의를 추가한다.

```
def summary (self) :
    return self.gan_model.summary ()
```

7. 다음과 같이 모델 그래픽 저장에 대한 다른 정의를 추가한다.

```
def save_model_graph(self) :
    plot_model (self.gan_model, to_file= '/out/GAN_Model.png')
```

8. 다음 기능을 추가한다. 이 기능으로 모델을 저장해 두었다가 나중에 사용할 수 있다.

```
def save_model (self, epoch,batch) :
    self.gan_model.save('/out/'+self.NAME+'_Epoch_'+epoch
                        +'_Batch_'+bat ch+'model.h5')
```

SimGAN 신경망 훈련

기반 구조를 구축했으므로 이제 우리는 훈련 방법론을 훈련 스크립트에서 개발할 수 있다. 이번 절에서는 도커 환경의 모든 것을 실행하는 데 사용될 파이썬 실행 및 셸 스크립트도 작성한다.

출발 준비

거의 다 했다! 따라서 $HOME 디렉터리에 다음 디렉터리와 파일이 있는지 확인한다.

```
├──── data
├──── docker
│     ├──── build.sh
│     ├──── clean.sh
│     ├──── Dockerfile
│     └──── kaggle.json
├──── out
│     ├──── GAN_Model.png
│     └──── Generator_Model.png
```

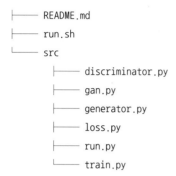

```
├──── README.md
├──── run.sh
└──── src
           ├──── discriminator.py
           ├──── gan.py
           ├──── generator.py
           ├──── loss.py
           ├──── run.py
           └──── train.py
```

수행 방법 ⋯

훈련 스크립트로 데이터를 읽고, 신경망에 입력하기 위한 데이터를 처리한 다음, SimGAN 모델을 훈련한다.

초기화

모델을 훈련하는 데 필요한 훈련 클래스 및 기본 기능을 초기화하려면 다음 단계를 수행한다.

1. train.py 파일을 만들고 파일의 맨 위에 다음 가져오기를 배치한다.

```python
#!/usr/bin/env python3
from gan import GAN
from generator import Generator
from discriminator import Discriminator
from keras.datasets import mnist
from keras.layers import Input
from random import randint
from PIL import Image
import numpy as np
import matplotlib.pyplot as plt
import os
import numpy as np
from copy import deepcopy
```

2. 다음과 같이 초기화 단계를 사용해 최상위 훈련기 클래스를 만든다.

```python
class Trainer:
    def __init__ (self, height=55, width=35, channels=1, epochs =100,
```

```
        batch=16, checkpoint=50, sim_path= '', real_path= '',
        data_limit=0.001, generator_s teps=2, discriminator_steps=1) :
```

3. 다음과 같이 훈련 스크립트의 모든 내부 변수를 초기화한다.

```
self.W = width
self.H = height
self.C = channels
self.EPOCHS = epochs
self.BATCH = batch
self.CHECKPOINT = checkpoint
self.DATA_LIMIT=data_limit
self.GEN_STEPS = generator_steps
self.DISC_STEPS = discriminator_steps
```

4. 다음과 같이 데이터를 모델에 적재한다.

```
self.X_real = self.load_h5py(real_path)
self.X_sim = self.load_h5py(sim_path)
```

5. 우리가 SimGAN을 위해 만들 필요가 있는 두 가지 중요한 신경망이 있는데, 다음에 나오는 정제기(생성기)와 판별기가 그것이다.

```
self.refiner = Generator(height=self.H, width=self.W, channels=self.C)
self.discriminator = Discriminator(height=self.H, width=self.W, channels=self.C)
self.discriminator.trainable = False
```

6. 모델에 대해 다음 입력을 작성한다.

```
self.synthetic_image = Input (shape=(self.H, self.W, self.C))
self.real_or_fake = Input (shape=(self.H, self.W, self.C))
```

7. 다음과 같이 서로 다른 입력 내용을 가지고 각 모델을 낚아챈다.

```
self.refined_image = self.refiner.Generator(self.synthetic_image)
self.discriminator_output = self.discriminator.Discriminator(self.real_or_fake)
self.combined = self.discriminator.Discriminator(self.refined_image)
```

8. 방금 생성한 입력 및 출력을 사용해 다음과 같이 적대적 모델을 만든다.

```
model_inputs = [self.synthetic_image]
model_outputs = [self.refined_image, self.combined]
self.gan = (model_inputs=model_inputs, model_outputs=model_outputs)
```

훈련 함수

훈련 함수를 구축하려면 다음 단계들을 밟아 나간다.

1. train을 정의하고 다음과 같이 각 에포크를 거친다.

```
def train(self) :
    for e in range(self.EPOCHS) :
        b = 0
        X_real_temp = deepcopy(self.X_real)
        X_sim_temp = deepcopy(self.X_sim)
```

변수 b로 배치를 추적하면서 실제 데이터 및 모조 데이터의 사본이 있는지 확인해야 한다는 점을 기억하자.

2. 다음 코드처럼 조합된(combined) 모델에서 발생하는 손실, sim이라는 판별기 모델에서 발생하는 손실, real이라는 판별기 모델에서 발생하는 손실을 저장할 변수를 생성한다.

```
combined_loss =
    np.zeros(shape=len(self.gan.gan_model.metrics_names))
discriminator_loss_real =
    np.zeros(shape=len(self.discriminator.Discriminator.metrics_names))
discriminator_loss_sim =
    np.zeros(shape=len(self.discriminator.Discriminator.metrics_names))
```

3. 다음과 같이 배치가 더 이상 남아 있지 않을 때까지 모든 데이터를 반복한다.

```
while min(len(X_real_temp), len(X_sim_temp))>self.BATCH:
    # 배치들을 추적한다.
    b=b+1
```

4. 배치 번호를 사용해 다음과 같이 이미지를 가져오기 위한 시작 인덱스를 만든다.

```
count_real_images = int(self.BATCH)
starting_indexs = randint(0,
    (min(len(X_real_temp), len(X_sim_temp))-count_real_images))
```

5. 다음 코드 부분처럼 진짜 이미지를 잡고 모델을 학습하기 위한 실제 y 값을 만든다.

```
real_images_raw = X_real_temp[ starting_indexs :
        (starting_indexs + count_real_images) ]
real_images = real_images_raw.reshape(
        count_real_images, self.H, self.W, self.C )
y_real = np.array([[[1.0, 0.0]] *
        self.discriminator.Discriminator.output_shape[1]] * self.BATCH)
```

6. 다음 y_sim 데이터를 사용해 이미지의 sim 변수를 만든다.

```
sim_images_raw = X_sim_temp[ starting_indexs :
            (starting_indexs + count_real_images) ]
sim_images = sim_images_raw.reshape(
            count_real_images, self.H, self.W, self.C )
y_sim = np.array([[[0.0, 1.0]] *
            self.discriminator.Discriminator.output_shape[1]] * self.BATCH)
```

7. 주어진 분량에 해당하는 단계들에 대해 다음과 같이 생성기를 훈련한다.

```
for _ in range(self.GEN_STEPS) :
    combined_loss = np.add(self.gan.gan_model.train_on_batch
            (sim_images, [sim_images, y_real]), combined_loss)
```

8. 판별기와 결합된 모델을 다음과 같이 주어진 단계들만큼 훈련한다.

```
for _ in range(self.DISC_STEPS) :
    improved_image_batch = self.refiner.Generator.predict_on_batch(sim_images)
    discriminator_loss_real = np.add(
        self.discriminator.Discriminator.train_on_batch(real_images, y_real),
            discriminator_loss_real)
    discriminator_loss_sim = np.add(
        self.discriminator.Discriminator.train_on_batch(improved_ima ge_batch, y_sim),
            discriminator_loss_sim)
```

9. 각 에포크 이후에 각 신경망에 대해 다음과 같은 계량기준들을 작성한다.

```
print ('Epoch: '+str(int(e))+',
    [Real Discriminator :: Loss: '+str(discriminator_loss_real)+'],
    [GAN :: Loss: '+str(combined_loss)+']')
return
```

도우미 함수

우리는 훈련 스크립트를 구축하는 동안 일련의 도우미 함수를 사용한다. 이번 단원에서는 SimGAN을 만드는 데 필요한 다음과 같은 함수들과 단계들을 간략하게 설명한다.

1. 모조 시선 데이터(simulated eye gaze data)와 실제 시선 데이터(real eye gaze data)를 적재하는 load_h5py에 대한
   메서드를 작성한다.

```
def load_h5py(self, data_path) :
    with h5py.File(data_path,'r') as t_file:
        print('Images found:', len(t_file['image']))
        image_stack = np.stack([np.expand_dims(a,-1)
                                        for a in t_file['image'].values()], 0)
    return image_stack
```

파이썬 실행 스크립트

run.py라는 src 폴더에 파일을 만들고 거기에 다음 코드를 입력한다.

```
#!/usr/bin/env python3
from train import Trainer

# 명령 행 인수 메서드
HEIGHT = 55
WIDTH = 35
CHANNELS = 1
EPOCHS = 100
BATCH = 16
CHECKPOINT = 50
SIM_PATH = "/data/eye-gaze/gaze.h5"
REAL_PATH = "/data/eye-gaze/real_gaze.h5"

trainer = Trainer(height=HEIGHT, width=WIDTH, channels=CHANNELS,
                epochs=EPOCHS, batch=BATCH, checkpoint=CHECKPOINT,
                sim_path=SIM_PATH, real_path=REAL_PATH)
trainer.train()
```

셸 실행 스크립트

마지막으로 run.py 코드를 실행하려면 run.sh라는 셸 스크립트를 작성해 실행 가능하게 만들고 다음 코
드를 스크립트에 넣어야 한다.

```
#/bin/bash

# 훈련 단계
xhost +
docker run -it \
    --runtime=nvidia \
    --rm \
    -e DISPLAY=$DISPLAY \
    -v /tmp/.X11-unix:/tmp/.X11-unix \
    -v $HOME/SimGAN/out:/out \
    -v $HOME/SimGAN/src:/src \
    ch7 python3 /src/run.py
```

이 스크립트를 실행하려면 SimGAN을 다룬 장에 나오는 디렉터리 구조를 참고해 루트 디렉터리에서
다음을 수행한다.

```
sudo ./run.sh
```

이것으로 SimGAN을 다룬 장에 필요한 훈련 과정을 마친다. 나는 여러분이 다른 손실 함수에 대한 실
험을 포함하여 이 아키텍처로 다른 데이터셋을 시도해 볼 것을 권장한다.

연습문제

1. 정제기 및 판별기 신경망을 사전에 훈련하는 방법을 창안해 보자.

다음 내용들은 이번 장에서 다루게 될 레시피이다.

- 3D 모델 제작을 위한 GAN 사용 소개 환경 준비

- 2D 데이터 인코딩 및 3D 객체와의 매칭 코드 구현: 생성기

- 코드 구현: 판별기

- 코드 구현: GAN

- 이 모델을 훈련하기

들어가며

2D 이미지를 3D 모델로 변환하는 최신 기법이 몇 가지 있는데, 이번 장에서는 이런 기법들을 쉽게 이해할 수 있도록 단순하게 구현해 볼 생각이다. 이번 장에서는 2D 이미지를 잠재 공간과 같은 표현으로 인코딩하는 레시피와 3D 데이터를 학습하기 위한 3D 합성곱을 살펴보고, 그 결과를 시각화하는 방법을 다룬다.

3D 모델 제작을 위해 GAN 사용 소개

이 레시피에서 우리는 GAN을 사용해 3D 모델을 제작하기 위한 몇 가지 기본적인 기술을 다룰 것이고, 학습하기 좋게 이러한 구조들을 단순하게 하는 방법을 살펴볼 것이다.

출발 준비

이 레시피를 이해하려면 논문 세 가지를 살펴봐야 한다.

- 「Learning a Probabilistic Latent Space of Object Shapes via 3D Generative-Adversarial Modeling」(3차원 생성적 적대 모델링을 통해 물체 모양의 확률적 잠재 공간을 학습하기, http://3dgan.csail.mit.edu/papers/3dgan_nips.pdf)

- 「Learning Shape Priors for Single-View 3D Completion and Reconstruction」(단일 시점 3차원 완성과 재구성을 위한 선행 형상 학습, http://shapehd.csail.mit.edu/papers/shapehd_eccv.pdf)

- 「Interactive 3D Modeling with a Generative Adversarial Network」(생성적 적대 신경망을 이용한 상호작용 방식 3차원 모델링, https://arxiv.org/pdf/1706.05170.pdf)

수행 방법 …

2D 이미지에서 **3D 복셀 모델(3D voxelized models)**[1]로 진행하는 과정(인코딩한 후에 3D 합성곱을 하는 과정)에 두 가지 주요 단계를 거쳐야 한다.

각 단원에서는 이번 장 전체에서 사용할 개념의 기본에 대해 다룰 것이다.

2D 이미지의 경우: 이미지의 인코딩 공간 학습

이미지를 가져 와서 표현과 같은 **잠재 공간(latent space)**을 만드는 방법을 이해할 때 몇 가지 중요한 단계가 있다.

1. 이미지를 인코딩 공간으로 가져가서 압축하는 인코더를 만든다. 다음에 보이는 블록 다이어그램이 이 과정을 설명한다.

인코더가 어떻게 이미지의 압축된 표현을 생성하는지 보여주는 블록 그림

---

1 (옮긴이) 복셀(voxel)이란 체적(volumne)이 있는 픽셀(pixel)의 줄임말이다. 픽셀이 2차원 평면상의 최소 그리기 단위(즉, 화소)라면, 복셀은 3차원 입체상의 화소에 해당한다. 3차원 물체를 구성할 수 있는 가장 작은 입자라고 생각하면 된다. 그래픽 분야에서 3차원 입체를 구현할 때 메시(즉, 그물코)로 얼개를 짜고 그 위에 매터리얼(질감)을 입혀서 구성하는 방법도 있지만, 이와 같은 복셀을 쌓아서 구성하는 방법도 있다. 복셀을 사용하게 되면 아무래도 메시 구조보다는 연산량이 많아지게 된다.

2. 인코딩된 표현을 사용하고 이미지를 다시 만드는 디코더를 만든다.

디코더가 압축된 표현을 취해 이미지를 재생하는 방법을 보여주는 블록 그림

3. 두 가지 모델을 결합해 오토인코더(autoencoder, 즉 자기부호화기)를 만들고 훈련한다.

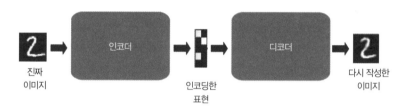

오토인코더가 인코더와 디코더를 동시에 훈련할 수 있는 방법을 보여주는 블록 그림

4. 나중에 나올 단원에서 개발할 때 사용할 인코더 모델을 저장한다.

인코더 모델을 실제로 구축하는 방법을 보려면 다음 레시피를 참조한다.

3D 합성곱을 사용해 모델을 훈련하기

지금까지 작업한 모든 모델에서는 2D 합성곱을 사용했다. 이번 장에서는 3D 합성곱(3D convolutions) 사용에 대한 개념을 소개한다. 3D 합성곱을 사용하는 방법을 이해하기 위한 몇 가지 기본 아이디어가 있다.

1. 1차원(1D) 배열의 경우, 가중치를 계산한 다음 각 배열의 값을 근사화한다. 이 그림은 근삿값을 그래프로 나타낸다.

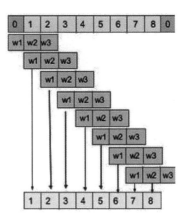

보기: 이 배열과 관련된 특징을 이해하기 위해 1D 배열을 거쳐 1D 합성곱을 하기

2. 우리는 2차원 배열로 작업해왔다. 예를 들어 이미지는 점들의 2D 배열이다. 이미지 위에 합성곱을 계산할 때는 두 가지 중요한 항이 있다.

   1) 핵(kernel): 합성곱 계산을 할 때에 한 번에 모아서 계산하는 픽셀 개수

   2) 보폭(stride): 다음 핵을 계산하기 위해 얼마나 이동할지를 픽셀 개수로 나타낸 것.

   다음 그림은 이 단계를 설명한다.

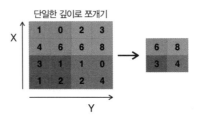

보기: 2D 이미지의 일부를 취해 압축된 표현을 생성하는 2D 합성곱의 예

3. 이제 우리는 3D 데이터 배열을 가지게 되었으며 우리는 유사한 합성곱 계층을 사용해 데이터상의 핵을 순회한다. 다음 그림은 이 작업을 보여준다.

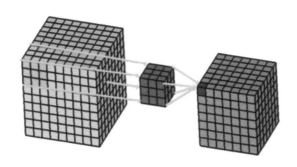

보기: 3D 이미지의 일부를 가져 와서 그 이미지의 압축된 표현을 생성하는 3D 합성곱의 예

3D 합성곱을 사용하면 보폭과 핵을 3차원에서도 사용할 수 있다. 3D 합성곱의 함정 중 하나는 아직 **희박 배열(sparse arrays)**을 구현하지 않았다는 것이다. 다시 말하자면, 합성곱 계층이 점유된 픽셀의 합성곱만 계산하는 대신에 전체 배열을 탐색해야 한다는 말이다.

다음으로, 우리는 이 새로운 기술을 사용하기 위한 환경을 준비하는 쪽으로 나아갈 것이다!

환경 준비

이 레시피는 3D 모델 생성기와 인코더를 실행하는 데 필요한 도커 컨테이너를 개발하는 방법을 보여준다. 이번 장에서는 Kaggle API를 사용해 데이터를 내려받은 이전 장을 사용한다. 우리는 이번 장의 데이터를 내려받기 위해 동일한 API를 사용할 것이다.

출발 준비

이전 장과 마찬가지로 우분투 시스템의 홈 디렉터리에 폴더가 만들어 졌는지 확인해야 한다. 디렉터리 구조가 다음과 같이 나타나는지 확인한다.

```
├── data
├── docker
│   ├── build.sh
│   ├── clean.sh
│   ├── Dockerfile
│   └── kaggle.json
```

```
├──── out
├──── README.md
└──── src
```

수행 방법 …

도커 컨테이너는 우리가 이러한 레시피를 실행하는 방법의 핵심이다. 이번 장은 기반 구조를 구축하는 일로 시작해 도커 컨테이너를 만드는 것으로 끝난다.

도커 컨테이너 만들기

이번 장의 도커 컨테이너를 만드는 방법은 다음과 같다.

1. Dockerfile이라는 도커 폴더 아래에 파일을 만들고 다음 텍스트를 파일에 넣는다.

   ```
   FROM base_image
   ```

 TIP 이것은 우리가 2장, '데이터 중심, 용이한 환경, 데이터 준비'에서 지금까지 구축한 기본 이미지로부터 단순히 계승된 것이다.

2. 그래프를 그리는 유틸리티와 Kaggle API를 그 밖에 필요한 라이브러리에 설치한다.

   ```
   # 그래프 작성 및 분석을 위한 설치
   RUN apt update && apt install -y python3-pydot python-pydot-ng graphviz
   RUN pip3 install kaggle ipython pillow
   ```

3. 7장, 'SimGAN에서 모조 이미지를 이용해 사실적인 눈동자 사진을 생성하기'에서 우리는 kaggle.json을 얻는 방법을 배웠다. 여기서는 같은 파일을 사용하여 (docker 폴더에 있는) 컨테이너에 복사한다.

   ```
   # Kaggle.json을 복사한다.
   COPY kaggle.json /root/.kaggle/kaggle.json
   ```

4. 우리는 3D MNIST 데이터셋을 내려받을 것이다. 이것은 단순히 복셀화된 포맷 또는 점 구름 포맷의 MNIST 3D 모델을 포함하는 데이터셋이다.

   ```
   # 데이터를 내려받기
   RUN kaggle datasets download -d daavoo/3d-mnist
   ```

5. 컨테이너 안의 3d-mnist 폴더에 데이터셋의 압축을 푼 다음 ZIP 파일을 제거해 공간을 절약한다.

```
RUN unzip 3d-mnist.zip -d 3d-mnist
RUN rm 3d-mnist.zip
```

6. src 폴더 수준에서 컨테이너를 시작할 작업 디렉터리를 설정한다.

```
WORKDIR /src
```

이 파일을 다 작성한 후, 우리는 이 새로운 환경을 만들고, 청소하고, 작업할 수 있도록 몇 개의 셸 스크립트를 만들 것이다.

도커 컨테이너 만들기

Docker 파일이 내장되어 있으므로 나중에 사용할 수 있도록 이 컨테이너를 구축하는 빌드 스크립트를 작성하고 실행하면 된다. 다음과 같은 단계가 있다.

1. 도커 폴더에 있는 build.sh라는 파일에 다음 텍스트를 입력한다(이 파일이 실행 가능한지 확인하라).

```
#/bin/bash
nvidia-docker build -t ch8 .
```

7. 터미널에서 다음 명령을 실행한다.

```
sudo ./build.sh
```

모든 것이 잘 되면, 다음 차례가 될 인코더 레시피를 만들 준비가 된 컨테이너가 있어야 한다!

8. 마지막 단계로서 새로운 컨테이너를 생성하기 위해 clean.sh 스크립트를 작성한다.

```
#/bin/bash
docker rmi ch8
```

우리의 환경이 준비되었다. MNIST 데이터셋의 인코딩을 만들기 위해 다음 환경에서 이 환경을 사용하자.

2D 데이터 인코딩 및 3D 객체와 짝짓기

이 레시피에서 우리는 인코더와 디코더를 포함하는 오토인코더를 만드는 방법을 분석한 다음에, 이번 장에서 나중에 사용할 수 있도록 해당 오토인코더를 훈련해서 저장해 둘 것이다.

우리는 훈련이 목적이므로 오토인코더를 단순하게 표현하는 일에 초점을 맞출 것이다.

출발 준비

이 시점에서 디렉터리 검사를 수행하여 디렉터리에 같은 다음과 같은 파일이 모두 있는지 확인한다.

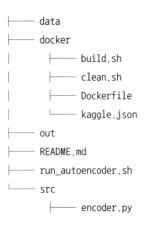

```
├──── data
├──── docker
│       ├──── build.sh
│       ├──── clean.sh
│       ├──── Dockerfile
│       └──── kaggle.json
├──── out
├──── README.md
├──── run_autoencoder.sh
└──── src
        ├──── encoder.py
```

또한, 앞으로 나올 모든 레시피는 이전 장에 나온 컨테이너에 의존하므로, 해당 컨테이너가 만들어져 있어야 한다.

수행 방법 …

오토인코더를 간단히 구성하고 훈련할 수 있다. 이 과정을 간단하고 이해하기 쉽게 하는 게 이번 장의 역할이다. 이 레시피는 오토인코더의 개념을 소개하고 2D에서 3D로의 컨텍스트에서 오토인코더 장치를 사용하는 방법을 소개한다.

간단한 인코더를 실행하는 코드

레시피 중에서 이 부분은 인코더 스크립트를 구축하는 데 필요한 단계들을 거치게 된다.

1. 오토인코더를 만들려면 필요한 모든 가져오기를 해야 한다. 이렇게 하려면 몇 가지 패키지가 필요하다.

```
from keras.datasets import mnist
import numpy as np
from keras.layers import Input, Dense
from keras.models import Model
```

2. 케라스 API를 통해 mnist 데이터를 내려받고 값을 0에서 1 사이로 변환한다.

```
# 학습용 데이터 및 형식 내려받기
(x_train, y_train), (x_test, y_test) = mnist.load_data()
x_train = x_train.astype('float32') / 255.
x_test = x_test.astype('float32') / 255.
x_train = x_train.reshape((len(x_train), np.prod(x_train.shape[1:])))
x_test = x_test.reshape((len(x_test), np.prod(x_test.shape[1:])))
```

3. 이 단계에서 MNIST 데이터셋을 나타내는 데 필요한 숫자의 개수인 인코딩 차원을 만든다.

```
# 설정에 필요한 인코딩 차원은 얼마인가?
encoding_dimension = 256
```

기존의 GAN 아키텍처에서와 같이 잠재 공간 표본(latent space sample)을 모방하기 위해 이 인스턴스에서 더 큰 숫자를 선택한다.

4. 케라스 MNIST 데이터는 입력 모양이 784이므로 입력에서 나중에 사용한다. 우리는 또한 인코딩되고 디코딩된 계층 집합을 생성한다. 이 모델은 매우 간단하다.

```
input_layer = Input (shape=(784,))
encoded_layer = Dense(encoding_dimension, activation= 'relu') (input_layer)
decoded = Dense(784, activation= 'sigmoid') (encoded_layer)
```

5. input_layer를 입력 계층으로 사용하고 decoded를 출력 계층으로 사용해 오토인코더 모델을 구축한다.

```
# 모델 구축
ac = Model (input_layer, decoded)
```

6. 우리가 나중에 저장할 인코더 모델을 만든다.

```
# 우리가 나중에 저장할 인코더 모델을 만든다.
encoder = Model (input_layer, encoded_layer)
```

7. 오토인코더를 100 에포크에 걸쳐 훈련하고 테스트 데이터를 사용해 검증한다.

```
# 오토인코더 모델인 ac를 훈련한다.
ac.compile(optimizer= 'adadelta', loss= 'binary_crossentropy')
ac.fit(x_train, x_train,
                epochs=100,
                batch_size=256,
                shuffle=True,
                validation_data=(x_test, x_test))
```

8. 이제 훈련된 오토인코더 모델이 생겼으므로 이 인코더 모델을 사용해 전체 x_train 데이터셋의 인코딩을 예측할 수 있다. 훈련 레시피에서 사용할 수 있게 이 모델을 저장한다.

```
# 예측 데이터인 x_train을 저장한다.
x_train_encoded = encoder.predict(x_train)
np.save('/src/x_train_encoded.npy', x_train_encoded)
```

9. 테스트 집합에 대해서도 동일한 작업을 수행한다. 인코딩된 x_test 데이터셋을 npy 파일에 저장한다.

```
# 예측 데이터인 x_test를 저장한다.
x_test_encoded = encoder.predict(x_test)
np.save('/src/x_test_encoded.npy', x_test_encoded)
```

10. 인코더가 다시 필요할 경우에 h5 모델 파일을 모델 데이터와 함께 저장한다.

```
# 인코더 모델을 저장한다.
encoder.save('/src/encoder_model.h5')
```

다음 단계들에서는 이 스크립트를 실행해 모델 및 npy 파일들을 생성하는 방법을 보여준다.

도커 컨테이너로 인코더를 실행하는 셸 스크립트

이번 단원의 마지막 단계는 이 디렉터리의 루트에 run_autoencoder.sh라는 셸 스크립트를 구축하고 다음 내용을 추가하는 것이다.

```
#/bin/bash

# 오토인코더 단계를 실행한다.
xhost +
docker run -it \
    --runtime=nvidia \
    --rm \
    -e DISPLAY=$DISPLAY \
    -v /tmp/.X11-unix:/tmp/.X11-unix \
    -v $HOME/3d-gan-from-images/out:/out \
    -v $HOME/3d-gan-from-images/src:/src \
    ch8 python3 /src/encoder.py
```

npy와 모델 파일들을 만들려면 터미널에서 다음 명령을 실행한다.

```
sudo ./run_autoencoder.sh
```

이제 이러한 인코딩을 이용할 GAN 아키텍처의 핵심을 구축하는 것으로 넘어가자.

코드 구현: 생성기

생성기는 제공된 입력 표본을 기반으로 새 이미지를 생성하는 신경망 부분을 나타낸다. 우리의 경우, 인코딩된 버전의 이미지로부터 입력을 제공할 텐데, 그러면 생성기가 물체(object)[2]의 $16 \times 16 \times 3$ 표현을 만들어 낼 것이다.

출발 준비

docker 폴더와 인코딩 코드를 작성했으며 이제 생성기를 생성하려고 한다. src 폴더에서 generator.py 라는 파일을 만들고 디렉터리에 같은 파일과 폴더가 있는지 확인한다.

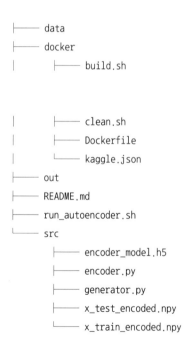

```
├── data
├── docker
│       ├── build.sh
│
│
│       ├── clean.sh
│       ├── Dockerfile
│       └── kaggle.json
├── out
├── README.md
├── run_autoencoder.sh
└── src
        ├── encoder_model.h5
        ├── encoder.py
        ├── generator.py
        ├── x_test_encoded.npy
        └── x_train_encoded.npy
```

---

2 (옮긴이) 생성기가 만들어 내는 3D 모델은 그 개념으로 보아 '객체' 또는 '오브젝'라고도 표현하면 가장 적합하지만, 프로그래밍과 관련해서 이 책에 클래스라는 말이 많이 나오므로 이에 관련된 말인 '객체'를 지칭하는 게 아닌가라고 혼동할 수 있으므로, 여기서는 물체로 표기했다. 물체 검출(object detection)과 같은 용례도 있기 때문이다.

수행 방법 …

생성기 클래스를 만드는 데는 준비 부분, 모델, 도우미 함수 등 세 가지 기본 부분들이 있다. 우리는 이 레시피 전체에 걸쳐 각 부분을 자세히 다룰 것이다.

생성기 클래스 준비

다음 단계들을 따라 클래스를 준비하는 게 제일 먼저 할 일이다.

1. 첫 번째 단계는 생성기를 구축하는 데 필요한 모든 패키지를 수집하는 것이다.

```python
#!/usr/bin/env python3
import sys
import numpy as np
from keras.layers.advanced_activations import LeakyReLU
from keras.models import Sequential, Model
from keras.layers.convolutional import Conv3D, Deconv3D
from keras.layers import Input, BatchNormalization, Dense, Reshape
from keras.layers.core import Activation
from keras.optimizers import Adam, SGD
from keras.utils import plot_model
```

2. SGD의 최적화기와 잠재 공간의 입력 형태를 사용하여 클래스를 만든다.

```python
class Generator(object) :
    def __init__ (self, latent_size=100) :
        self.INPUT_SHAPE = (1, 1, 1, latent_size)
        self.OPTIMIZER = SGD(lr=0.001, nesterov=True)
```

3. 초기화를 위해 마지막 단계에서는 모델을 생성하고, 컴파일하고, 요약을 생성한다.

```python
        self.Generator = self.model ()
        self.Generator.compile(loss= 'binary_crossentropy', optimizer=self.OPTIMIZER)
        self.summary ()
```

다음으로 모델 메서드를 만드는 단계로 넘어 가자!

생성기 모델 구축

다음으로, 이 클래스 개발 과정에서는 블록(block) 메서드와 모델 생성 메서드라는 두 가지 메서드를 작성한다.

1. 블록 메서드는 모델 생성 메서드에서 사용된다. Deconv3D 계층, BatchNorm 및 ReLU 활성의 이 모델 아키텍처에서 재사용되는 블록 템플릿을 만드는 데 중점을 둔다.

```
def block(self, first_layer, filter_size=512, stride_size=(2,2,2),
        kernel_size=(4,4,4), padding= 'same') :
    x = Deconv3D(filters=filter_size, kernel_size=kernel_size, strides=stride_size,
            kernel_initializer='glorot_normal',
            bias_initializer='zeros', padding=padding) (first_layer)
    x = BatchNormalization() (x)
    x = Activation(activation= 'relu') (x)
    return x
```

2. 우리가 초기화 단계에서 정의한 입력 모양을 사용하고 1개 블록을 사용해 시작되는 모델 메서드를 만든다.

```
def model (self) :
    input_layer = Input (shape=self.INPUT_SHAPE)
    x = self.block(input_layer, filter_size=256, stride_size= (1,1,1),
            kernel_size=(4,4,4), padding= 'valid')
```

3. 두 번째 블록을 만들고 필터 수를 절반으로 줄인다.

```
x = self.block(x, filter_size=128, stride_size=(2,2,2), kernel_size=(4,4,4))
```

4. 마지막 블록에는 몇 가지 변경 사항이 필요하므로 여기에서 명시적으로 정의한다. 말하자면, 채우기(padding)이다.

```
x = Deconv3D(filters=3, kernel_size=(4,4,4), strides=(2,2,2),
        kernel_initializer= 'glorot_normal', bias_initializer= 'zeros', \
        padding= 'same') (x)
x = BatchNormalization() (x)
```

5. 이 메서드의 끝 부분에서 시그모이드(sigmoid) 활성을 사용해 명시적으로 입력 및 출력 계층을 지정해 모델을 만든다.

```
output_layer = Activation(activation= 'sigmoid') (x)
model = Model (inputs=input_layer, outputs=output_layer)
return model
```

6. 마지막 작업으로 요약 메서드를 정의한다(이제는 이 절차에 익숙해져야 한다).

```
def summary (self) :
    return self.Generator.summary ()
```

다음 레시피에서는 판별기 클래스를 개발하는 데 중점을 둘 것이다!

코드 구현: 판별기

판별기는 생성된 표본이 진짜인지 아니면 가짜인지를 판단하는 역할을 한다. 판별기는 생성기가 올바른 방향으로 계속 움직이게 할 수 있을 만큼 충분히 좋은지를 판단하기 위한 균형을 잰다. 우리가 사용할 판별기 클래스는 3D 표본이 진짜인지 가짜인지를 판단하기 위한 3D 합성곱들이다.

출발 준비

생성기가 이제 완성되었으므로 이번에는 판별기 클래스를 개발하려고 한다. src 폴더에 discriminator. py 파일을 추가한다.

다음 디렉터리 구조가 있어야 한다.

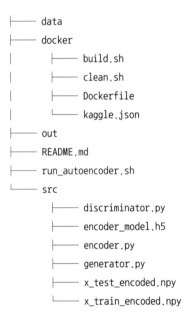

```
├── data
├── docker
│      ├── build.sh
│      ├── clean.sh
│      ├── Dockerfile
│      └── kaggle.json
├── out
├── README.md
├── run_autoencoder.sh
└── src
          ├── discriminator.py
          ├── encoder_model.h5
          ├── encoder.py
          ├── generator.py
          ├── x_test_encoded.npy
          └── x_train_encoded.npy
```

수행 방법 …

Discriminator 클래스에는 초기화 단계와, 블록(block) 메서드 한 개, 모델(model) 메서드 한 개, 요약(summary) 메서드 한 개가 있어야 한다. 이어서 나오는 레시피에는 이 부분들을 만드는 방법이 담겨 있다.

판별기 클래스 준비

가져오기 부분을 정의하고 클래스를 초기화하는 일로 Discriminator 클래스가 시작된다.

1. 이 클래스에 필요한 모든 가져오기를 정의한다.

```python
#!/usr/bin/env python3
import sys
import numpy as np
from keras.layers import Input, Dense, Reshape, Flatten, Dropout, BatchNormalization
from keras.layers.convolutional import Conv3D, Deconv3D
from keras.layers.core import Activation
from keras.layers.advanced_activations import LeakyReLU
from keras.models import Sequential, Model
from keras.optimizers import Adam
from keras.utils import plot_model
```

2. 유일한 입력으로 측면(side) 길이를 사용해 Discriminator 클래스를 만든다(3D 객체가 정육면체라고 가정하기 때문).

```python
class Discriminator(object) :
    def __init__ (self, side=16) :
        self.INPUT_SHAPE = (side, side, side, 3)
```

 우리는 또한 입력 모양(input shape)을, 정의된 변을 길이로 하고 각 픽셀에 대한 세 가지 채널 색상 표현을 사용하는 정육면체로 정의한다.

3. Adam 최적화기를 정의하고 모델을 작성한다.

```python
self.OPTIMIZER = Adam(lr=0.000001, beta_1=0.5)
self.Discriminator = self.model ()
```

4. 모델이 생성되었으므로 초기화 단계에서 모델을 컴파일한다.

```python
self.Discriminator.compile(loss= 'binary_crossentropy',
                           optimizer=self.OPTIMIZER,
                           metrics=['accuracy'])
```

5. 모델을 요약한 내용을 화면에 인쇄한다.

```python
self.summary ()
```

판별기 모델 구축

이 클래스에는 block 및 model 이라는 두 가지 중요한 메서드가 있다. 다음 단계들에서는 이러한 메서드를 만드는 방법을 보여준다.

1. 계층 입력, 필터 크기 및 커널 크기를 취하는 block이라는 메서드를 정의한다.

```python
def block(self, first_layer, filter_size=512, kernel_size=(3,3,3)) :
    x = Conv3D(filters=filter_size, kernel_size=kernel_size,
                kernel_initializer= 'glorot_normal',
                bias_initializer= 'zeros', padding= 'same') (first_layer)
    x = BatchNormalization() (x)
    x = LeakyReLU (0.2) (x)
    return x
```

이 블록은 판별기 모델 메서드에서 사용할 일반 빌딩 블록을 나타낸다.

2. 내부 클래스 변수인 INPUT_SHAPE로 입력이 있는 model 메서드를 정의해 보자.

```python
def model (self) :
    input_layer = Input (shape=self.INPUT_SHAPE)
```

3. 우리가 정의한 model 메서드를 사용해 여러 필터 크기를 가진 몇 개의 블록을 만든다.

```python
x = self.block(input_layer, filter_size=8)
x = self.block(x, filter_size=16,)
x = self.block(x, filter_size=32)
x = self.block(x, filter_size=64)
```

4. Generator 클래스와 마찬가지로 마지막 블록에는 몇 가지 변경 사항이 있으므로 이를 명시적으로 정의한다.

```python
x = Conv3D(filters=1, kernel_size=(3,3,3),
            strides=(1,1,1), kernel_initializer= 'glorot_normal',
            bias_initializer= 'zeros', padding= 'valid') (x)
x = BatchNormalization() (x)
x = Flatten() (x)
```

5. 이 메서드의 끝부분에서 우리는 단수 출력을 정의하고 반환할 모델을 정의한다.

```python
output_layer = Dense(1, activation= 'sigmoid') (x)
model = Model (inputs=input_layer, outputs=output_layer)
return model
```

6. 마지막 단계에서 요약 도우미 함수를 정의한다.

```
def summary (self) :
    return self.Discriminator.summary ()
```

자, 다음 레시피에서는 적대적인 훈련에 쓸 판별기와 생성기를 함께 가져올 것이다!

코드 구현: GAN

GAN 아키텍처는 적대 훈련에 쓰이는 신경망을 두 개 이상 배치하는 방식을 나타낸다. 지금 우리가 다루는 아키텍처에서 유일한 주요 변경 사항은 3D 합성곱과 새로운 입력 서식을 사용한다는 점이다. 이 GAN 구조는 우리가 이 책을 통해 소개한 다른 구조들과 매우 비슷하다.

출발 준비

생성기와 판별기를 정의한 후에는 gan.py라는 새 파일을 정의해 개발을 계속할 것이다. 이 파일은 src 폴더 아래에 있다. 이 시점에서 동일한 디렉터리 구조인지 확인한다.

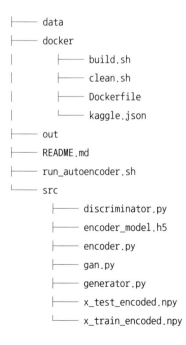

```
├── data
├── docker
│   ├── build.sh
│   ├── clean.sh
│   ├── Dockerfile
│   └── kaggle.json
├── out
├── README.md
├── run_autoencoder.sh
└── src
    ├── discriminator.py
    ├── encoder_model.h5
    ├── encoder.py
    ├── gan.py
    ├── generator.py
    ├── x_test_encoded.npy
    └── x_train_encoded.npy
```

수행 방법 ···

GAN 클래스를 구현하기는 쉽다. 이 클래스는 **3장, '첫 번째 GAN을 100줄 이내로 만들기'**과 **4장, 'DCGAN을 이용한 새 외부 구조물에 대한 꿈'**에서 정의한 것과 동일한 클래스이다.

클래스를 만드는 단계들은 다음과 같다.

1. GAN 클래스에 대해 가져올 필수 패키지를 모두 정의한다.

```python
#!/usr/bin/env python3
import sys
import numpy as np
from keras.models import Sequential, Model
from keras.optimizers import Adam
from keras.utils import plot_model
```

2. discriminator 및 generator 모델을 입력으로 사용하는 클래스를 정의한다.

```python
class GAN (object) :
    def __init__ (self, discriminator, generator) :
```

3. 클래스를 초기화한 후에 GAN 아키텍처에 대한 최적화기와 내부 변수를 정의한다.

```python
self.OPTIMIZER = Adam(lr=0.008, beta_1=0.5)
self.Generator = generator
self.Discriminator = discriminator
self.Discriminator.trainable = True
```

4. 모델 메서드(아래 5 단계에서 정의함)를 사용해 모델을 컴파일하고 요약을 인쇄한다.

```python
self.gan_model = self.model ()
self.gan_model.compile(loss= 'binary_crossentropy',
                       optimizer=self.OPTIMIZER)
self.summary ()
```

5. 모델 정의를 작성해 보자. 이 정의에서는 생성기를 판별기에 공급한다.

```python
def model (self) :
    model = Sequential()
    model.add(self.Generator)
    model.add(self.Discriminator)
    return model
```

6. 마지막 단계로 summary 메서드로 화면에 요약을 인쇄한다.

```
def summary (self) :
    return self.gan_model.summary ()
```

마지막으로, 우리는 이 모델을 훈련하고 결과물을 이해할 것이다!

이 모델을 훈련하기

훈련이란 늘 모험 같은 것이다. GAN 아키텍처를 개발하는 동안에 많은 함정이 도사리고 있다. 본 훈련 클래스에서는, 2D 이미지를 취해 3D 모델을 작성하는 GAN을 훈련할 수 있게 간단히 설정하는 법을 제공하고자 한다.

출발 준비

이번 장의 마지막 레시피인 여기서 우리는 train.py, run.py, run.sh라고 하는 파일들을 생성해야 한다. 계속하기 전에 디렉터리에 정확히 같은 디렉터리 구조가 있는지 확인한다.

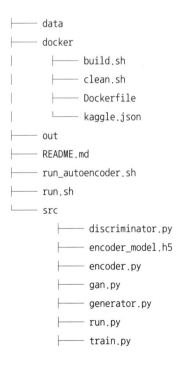

```
├── data
├── docker
│   ├── build.sh
│   ├── clean.sh
│   ├── Dockerfile
│   └── kaggle.json
├── out
├── README.md
├── run_autoencoder.sh
├── run.sh
└── src
        ├── discriminator.py
        ├── encoder_model.h5
        ├── encoder.py
        ├── gan.py
        ├── generator.py
        ├── run.py
        ├── train.py
```

```
├──── x_test_encoded.npy
└──── x_train_encoded.npy
```

수행 방법 …

이 모델을 잘 훈련하기 위한 몇 가지 단계가 있다. 이는 클래스 준비, 데이터 가져오기, 훈련하기, 그림 그리기, 코드의 실행과 훈련이다. 이 레시피에서는 이 모든 측면을 상세히 다룰 것이다.

훈련 클래스 준비

훈련 클래스 초기화 단계는 다음 단원에서 설명한다. 다음은 순수한 뼈대 역할을 할 훈련용 클래스를 만드는 단계이다.

1. 훈련 과정을 실행하는 데 필요한 모든 패키지를 가져온다.

```
#!/usr/bin/env python3
from gan import GAN
from generator import Generator
from discriminator import Discriminator
from keras.datasets import mnist
from random import randint import numpy as np
import matplotlib.pyplot as plt
import h5py
# 아래 가져오기 부분에서는 3차원 투영(3D projection)을 사용하겠다고 가져오고는 있지만
# 사용하지는 않는다.
from mpl_toolkits.mplot3d import Axes3D # noqa: F401 unused import
from voxelgrid import VoxelGrid
```

2. 몇 가지 입력 값을 가진 Trainer 클래스를 정의한다.

```
class Trainer:
    def __init__ (self, side=16, latent_size=32, epochs =100, batch=32,
                checkpoint=50, data_dir = '') :
```

다음은 각 입력 값에 대한 설명이다.

- side: 입력 데이터에 의해 정의된 정육면체의 옆면 길이이다.
- latent_size: 이번 장 앞부분에 나오는 인코더의 출력 크기이다.
- epochs: 우리가 훈련 스크립트가 데이터를 넘길 때까지 반복하는 횟수이다.

- batch: 각 에포크에 대해 수집하려는 데이터의 크기이다.

- checkpoint: 우리가 훈련의 결과를 그래프로 나타내기를 원하는 빈도이다.

3. 가져오기가 끝나면 클래스 전체에서 사용할 내부 변수를 만든다.

```
self.SIDE=side
self.EPOCHS = epochs
self.BATCH = batch
self.CHECKPOINT = checkpoint
self.LATENT_SPACE_SIZE = latent_size
self.LABELS = [1]
```

4. 우리는 클래스에 전체 부분에서 사용할 데이터를 적재하기 위해 내부 메서드들을 사용할 것이다.

```
self.load_3D_MNIST(data_dir)
self.load_2D_encoded_MNIST()
```

5. 입력을 사용해 generator 및 discriminator 클래스를 인스턴스화한다.

```
self.generator = Generator(latent_size=self.LATENT_SPACE_SIZE)
self.discriminator = Discriminator(side=self.SIDE)
```

6. 방금 생성한 Generator와 Discriminator를 사용해 GAN 모델을 만든다.

```
self.gan = GAN (generator=self.generator.Generator,
                discriminator=self.discriminator.Discriminator)
```

이제 기본적인 훈련 클래스 구조를 갖추었으니 도우미 함수 개발로 넘어가자.

도우미 함수

클래스 내에 필요한 몇 가지 도우미 함수가 있는데, 이 도우미 함수들을 만드는 단계들과 필요한 이유를 살펴보자.

1. array_to_color 함수는 2 단계에 나오는 translate 함수에 대한 도우미 함수로서, 기본적으로 점들을 독특한 색상에 대응(mapping)하게 하기 위한 단계 중 하나를 단순하게 만든다.

```
# 데이터를 색상으로 변환
def array_to_color(self, array, cmap="Oranges"):
    s_m = plt.cm.ScalarMappable(cmap=cmap)
    return s_m.to_rgba(array) [:,:-1]
```

2. translate 함수는 3D MNIST 데이터 점을 3색 정의와 연관된 픽셀 x, y, z로 변환하는 기능을 제공한다.

```
def translate(self, x) :
    xx = np.ndarray((x.shape[0], 4096, 3))
    for i in range(x.shape[0]) :
        xx[i] = self.array_to_color(x[i])
    del x
    return xx
```

3. load_2d_encoded_MNIST 함수는 인코더에서 생성한 npy 파일을 인코딩 2D 데이터 레시피에서 읽는다.

```
def load_2D_encoded_MNIST(self) :
    (_, self.Y_train_2D), (_, self.Y_test_2D) = mnist.load_data()
    self.X_train_2D_encoded = np.load('x_train_encoded.npy')
    self.X_test_2D_encoded = np.load('x_test_encoded.npy')
    return
```

4. 다음 메서드인 load_3D_MNIST는 입력 dir의 입력을 가져 와서 3D MNIST 데이터를 적재한다. 첫 번째 단계는 h5 파일에서 원시 데이터를 가져오는 것이다.

```
def load_3D_MNIST(self,input_dir) :
    raw = h5py.File(input_dir, 'r')
```

5. X_train 데이터를 가져 와서 데이터를 표준화하고 모델에 필요한 입력에 맞게 다시 만들 것이다.

```
self.X_train_3D = np.array(raw['X_train'])
self.X_train_3D = ( np.float32(self.X_train_3D) - 127.5) / 127.5
self.X_train_3D = self.translate(self.X_train_3D).reshape(-1, 16, 16, 16, 3)
```

6. 테스트 집합에 대해 동일한 과정을 반복해 테스트 집합 데이터를 가져 와서 정규화한 다음 모델의 입력과 일치하도록 변형한다.

```
self.X_test_3D = np.array(raw['X_test'])
self.X_test_3D = ( np.float32(self.X_test_3D) - 127.5) / 127.5
self.X_test_3D = self.translate(self.X_test_3D).reshape(-1, 16, 16, 16, 3)
```

7. 우리는 Y 데이터셋들이 이에 대응하는 2D 데이터셋들과 일치하지 않기 때문에 Y 데이터셋들을 저장할 것이다.

```
self.Y_train_3D = np.array(raw['y_train'])
self.Y_test_3D = np.array(raw['y_test'])
return
```

훈련 메서드로 넘어 가자!

훈련 메서드

훈련 메서드는 이 클래스의 핵심 메서드이다. 이 메서드에서는 각 모델을 훈련하는 방법과 데이터를 사용하는 방법을 정의할 것이다.

다음으로 나오는 여러 단계는 우리가 이 아키텍처를 훈련하는 방법을 안내한다.

1. 우리는 훈련 메서드를 정의하고 진짜 이미지와 생성된 이미지의 수를 정의하는 일부터 할 생각이다. 거기에서부터, 우리는 에포크 수만큼 반복하게 되며, 마찬가지로 모든 에포크의 각 레이블 수만큼 반복하게 된다.

```
def train(self) :
    count_generated_images = int(self.BATCH/2)
    count_real_images = int(self.BATCH/2)
    for e in range(self.EPOCHS) :
        for label in self.LABELS:
```

2. 우리는 클래스의 인스턴스를 생성할 때 정의한 레이블과 일치하는 3D 표본을 가져와야 한다.

```
# 실제 3D 표본을 부여잡는다.
all_3D_samples = self.X_train_3D[np.where(self.Y_train_3D==label)]
```

3. 우리의 레이블과 일치하는 모든 3D 표본을 얻은 후 배치 크기보다 작은 데이터를 수집할 수 있는 임의의 인덱스를 찾는다.

```
starting_index = randint(0, (len(all_3D_samples)- count_real_images))
```

4. 일단 우리가 무작위 인덱스를 가지면, 시작 인덱스의 모든 표본을 우리의 배치 크기로 번호를 매긴다.

```
real_3D_samples = all_3D_samples[starting_index :
                        int((starting_index + count_real_images))]
```

5. 1로 된 배열(1은 판별기에서는 '진짜'에 해당함)을 생성해 y_real_labels을 만든다.

```
y_real_labels = np.ones([count_generated_images,1])
```

6. 인코딩된 표본에 대해 동일한 선택 과정을 반복한다.

```
# 이 훈련 배치에 대해 생성된 이미지들을 부여잡는다.
all_encoded_samples =
    self.X_train_2D_encoded[np.where(self.Y_train_2D==label)]
starting_index = randint(0, (len(all_encoded_samples)- count_generated_images))
batch_encoded_samples =
    all_encoded_samples[ starting_index :
                    int((starting_index + count_generated_images)) ]
```

7. 모델 입력의 모양과 일치하도록 인코딩된 표본의 모양을 변경한다.

```
batch_encoded_samples =
        batch_encoded_samples.reshape( count_generated_images,
                                       1, 1, 1, self.LATENT_SPACE_SIZE )
```

8. 생성기를 사용해 표본을 생성하고 판별기를 훈련시키기 위해 표본에 대한 레이블을 생성한다.

```
x_generated_3D_samples =
        self.generator.Generator.predict(batch_encoded_samples)
y_generated_labels = np.zeros([count_generated_images,1])
```

9. 판별기를 훈련하기 위해 모든 데이터셋들(진짜와 가짜)을 결합한다.

```
# 판별기상에서 훈련하기 위해 결합한다.
x_batch = np.Concatenate ([real_3D_samples, x_generated_3D_samples])
y_batch = np.Concatenate ([y_real_labels, y_generated_labels])
```

10. 새로 결합한 데이터를 사용해 판별기를 훈련한다.

```
# 이제 이 배치를 사용해 판별기를 훈련한다.
self.discriminator.Discriminator.trainable = False
discriminator_loss =
    self.discriminator.Discriminator.train_on_batch(x_batch, y_batch) [0]
self.discriminator.Discriminator.trainable = True
```

11. 이전에 했던 것처럼 선택 메서드를 사용해 인코딩된 표본에서 임의의 인덱스를 가져 와서 GAN 훈련 데이터를 만든다.

```
# 잡음 생성
starting_index = randint(0, (len(all_encoded_samples)-self.BATCH))
x_batch_encoded_samples =
    all_encoded_samples[ starting_index : int((starting_index + self.BATCH)) ]
x_batch_encoded_samples =
    x_batch_encoded_samples.reshape( int(self.BATCH),
                                     1, 1, 1, self.LATENT_SPACE_SIZE )
y_generated_labels = np.ones([self.BATCH,1])
```

12. 생성기는 인코딩된 표본 및 생성된 레이블에 대해 훈련을 받는다.

```
generator_loss =
        self.gan.gan_model.train_on_batch(x_batch_encoded_samples,
                                          y_generated_labels)
```

13. 이 단계에서, 우리는 예측하는 에포크 번호와 레이블을 사용해 각 모델의 손실을 표시한다.

```
print ('Epoch: '+str(int(e))+' Label: '+str(int(label))+',
    [Discriminator :: Loss: '+str(discriminator_loss)+'],
    [Generator :: Loss:'+str(generator_loss)+']')
```

14. 마지막 단계는 내부 검사점에서 모델을 검사할 수 있는지 확인하는 것이다.

```
if e % self.CHECKPOINT == 0 and e != 0 :
    self.plot_checkpoint(e, label)
return
```

이 다음 단계들에서는 내부 plot_checkpoint 메서드를 작성하는 방법을 이해하자!

신경망의 출력을 그려내기

이 훈련 메서드의 그리기(plotting) 함수를 사용하면 이 아키텍처를 훈련할 때의 진행 상황을 확인할 수 있다. 다음 단계들을 따르면 신경망 출력을 그려내는 데 도움이 된다.

1. 우리는 두 개의 입력 값(평가할 에포크 수와 레이블)을 사용해 그리기 메서드를 정의하고, 해당 정보(즉 두 개의 입력값)를 사용해 파일 이름을 지정한다.

```
def plot_checkpoint(self, e, label) :
    filename = "/out/epoch_"+str(e)+"_label_"+str(label)+".png"
```

2. 다음 코드에 보이는 바와 같이 훈련 단계와 유사한 방식으로 인코딩된 표본으로 구성된 배열을 만들고 인코딩된 표본의 크기를 조정하면, 이 시점에서 생성기를 통해 그리기를 실행할 수 있다.

```
all_encoded_samples =
    self.X_test_2D_encoded[np.where(self.Y_test_2D==label)]
index = randint(0, (len(all_encoded_samples)-1))
batch_encoded_samples = all_encoded_samples[ index ]
batch_encoded_samples =
    batch_encoded_samples.reshape( 1, 1, 1, 1, self.LATENT_SPACE_SIZE)
```

3. 이 시점에서 생성기를 사용하고 색상이 있는 3D 이미지를 만든다.

```
images = self.generator.Generator.predict(batch_encoded_samples)
```

4. 각 픽셀을 통해 실행되는 for 루프를 만들고 완전히 검정색이거나 완전히 흰색이 아닌 픽셀을 붙여잡는다.

```
xs = [ ]
ys = [ ]
zs = [ ]
```

```
        cs = [ ]
        for i in range(16) :
            for j in range(16) :
                for k in range(16) :
                    color = images[0][i][j][k]
                if np.mean(color)<0.75 and np.mean(color)>0.25:
                    xs.append(i)
                    ys.append(j)
                    zs.append(k)
                    cs.append(color)
```

5. Matplotlib의 scatter 함수를 사용해 픽셀을 그린다. 그려낸 다음 파일을 드라이브에 저장한다.

```
        fig = plt.figure()
        ax = fig.gca(projection= '3d')
        ax.scatter(xs, ys,zs, alpha=0.1, c=cs)
        plt.savefig(filename)
        plt.close()

        return
```

이번에는 실행기(runner) 역할을 할 파이썬 스크립트를 만들고, 다음 단원에서 해당 셀 스크립트를 실행하자!

훈련 스크립트 실행

마침내 훈련 코드를 실행하기 위한 모든 준비를 마쳤다. 다음 단계들을 통해 파일을 만들고 코드를 실행할 수 있다.

1. run.py라는 src 폴더 아래에 파일을 만들고 다음 코드를 추가한다.

```
#!/usr/bin/env python3
from train import Trainer

# 명령 행 인수 메서드
CUBE_SIDE=16
EPOCHS = 100000
BATCH = 64
CHECKPOINT = 10
```

```
LATENT_SPACE_SIZE = 256
DATA_DIR = "/3d-mnist/full_dataset_vectors.h5"

trainer = Trainer(side=CUBE_SIDE, \
                    latent_size=LATENT_SPACE_SIZE, \
                    epochs =EPOCHS, \
                    batch=BATCH, \
                    checkpoint=CHECKPOINT, \
                    data_dir = DATA_DIR)
trainer.train()
```

이 코드는 단순히 훈련 클래스에 필요한 입력을 정의하고 GAN 아키텍처에 대한 훈련 메서드를 실행한다.

2. 루트 디렉터리에 run.sh 스크립트를 만들고(실행 파일인지 확인) 파일에 다음 내용을 추가해야 한다.

```
#/bin/bash

# 훈련 단계
xhost +
docker run -it \
    --runtime=nvidia \
    --rm \
    -e DISPLAY=$DISPLAY \
    -v /tmp/.X11-unix:/tmp/.X11-unix \
    -v $HOME/3d-gan-from-images/out:/out \
    -v $HOME/3d-gan-from-images/src:/src \
    ch8 python3 /src/run.py
```

3. 코드를 실행하려면 이 코드의 루트 디렉터리로 디렉터리가 지정되어 있는 터미널에서 다음 명령을 실행한다.

```
sudo ./run.sh
```

이게 다이다! 여러분은 지금 이 아키텍처를 훈련하고 있다!

연습문제

1. 모든 MNIST 숫자를 일반화하기 위해 신경망을 적응시킬 수 있는가? 어떤 하위 집합(subset)이 가장 잘 작동하는가?